面試學

潘國樑、邱宇溶 著 **第二版**

書泉出版社 印行

‖第二版自序‖

　　「面試學」自民國九十七年出版以來，大約歷經三年的時間，現在準備要出第二版。非常感謝讀者們對這本書的喜愛；重要的是它對你的就業或考試確實幫上了忙。

　　三年來，求職的市場更加競爭，僧多粥少的情況更加嚴峻，同時，面試的考題也更加刁難，所以我們為了應運新的情勢發展，乃新增一章（第十九章），名為「會讓你突然愣住的問題與回應要領」。它尤其適合於 IT 業職場的需求。

　　現在的就業市場有「降級應徵」的趨勢，即新鮮的博士加入碩士群搶攻有限的職位，剛畢業的碩士則加入學士群爭食職場的小餅。在今天這種幾乎全民皆是大學畢業生的社會，大家修的課程都差不多，成績也沒有明顯的差異，因此你要如何才能出人頭地？有很多人去考證照，但這只是你要「異於常人」的策略之一。不管你拿到多少張證照，你還是要通過面試這個窄門。

　　我們一直提醒讀者，面試是有技巧的；有準備跟沒有準備的結局，差別非常大。因此，這本「面試學第二版」就是為了現階段的時代需求，以及你的需要而作。希望你會喜歡它，也誠摯希望它能助你躍入龍門。

潘國樑

邱宇溶　謹識

中華民國 101 年 9 月 18 日於台北市

|自序|

作者在十餘年前即開始注意面試的問題，結果愈來愈覺得面試實在比筆試還重要。面試其實是求學、求職或求官的重要關卡；它是錄取與否的決定性因素。因此，我們乃將面試形成一門學問；使它受到應有的重視。我們在兩年前即開始執筆，並以教科書的方式撰寫完成。

作者以學理工的背景，將面試的技術予以策略化、邏輯化、系統化及程序化，故取「面試學」為書名。由於面試已經成為就業、轉業、考試及升官的必經過程，成功與否完全決定於面試當口，所以我們預測，不久的將來坊間將會出現面試補習班。

每一個人一生只要上過學，都要接受無數次考試的煎熬；而面試則算是考試的延伸，它是一個人畢業後決定其前途的緊要關卡。一個人除非不工作，或者自己想當老闆，否則都要通過面試這一關。不論就業、轉業、進研究所或升官，面試是指向勝利之路的臨門一腳。

不過，很多人卻輕忽面試的重要性，殊不知面試可以補其他條件之不足，甚至是求才單位決定取捨的第一要件。現代的面試已經成為一種技術，需要講究技巧及訣竅；尤其是目標職位的階層愈高，面試的重要性就愈大。

本書的特點包括：

＊視面試為一門學問，一種技術；側重於面試的策略、技巧與方法；讓你容易脫穎而出，贏得勝利。

＊教你如何從考官的口中探取招才單位的真正需求，讓你在短

短幾十分鐘的面試過程中「對症下藥」，運用正確的說服技巧，投其所好，推銷自己，凸顯自己，且向考官證明你才是最適任的人選。

* 教你如何站在招才單位的立場，模擬考方對目標職位可能設下的需求資格條件，讓你知己知彼，百戰百勝。

* 模擬常問的問題，分成教育、經歷、管理及個人特質與其他等四大類，提供應答的要領，讓你消除緊張，答覆得體，並且吸引考官的注意。

* 向你點明考官提問的用意，告訴你他在問題中如何暗藏玄機，讓你從容應答，不要誤入陷阱。

* 特別點出現代職場需要的及不歡迎的人格特質，讓你「隱惡揚善」，增加錄取的機會。

* 教你如何化解負面的、詰難的、諷刺的、侮辱的、損人的尷尬問題，在 EQ 及急智反應的項目上獲得高分。

* 教你許多撇步，讓那些木訥的、膽小的、容易緊張的、資歷欠佳的應試者也能妥善地應付，可以勇敢地與那些滔滔不絕的應徵者一爭短長，並獲得考官的青睞。

* 教你說服的技巧，同樣的問答話語可以運用不同的問法及答法，一則可以有效地回答考官的問題，二則可以引導考官的發問方向，三則可以剖開考官的內心葫蘆。

* 特闢外企面試一章，使你在國際上可以暢通無阻。

作者希望本書對於那些學業告一段落而準備就業者、正準備考研究所者、正想轉換跑道另謀高就者、公司內部正想升遷者及正謀求主管職位或官位者在面試的項目上得到加分的效果，甚至成為決定勝出的臨門一腳；祝你們鯉躍龍門。

本書所談到的面試形式、面試策略、考應雙方的攻防技巧，以及面試常問的問題等，對於考官們也都很有參考價值；因此是一本

考應雙方咸宜的面試技巧綱領。我們相信本書應可提供未來十年職場面試的需要。如果作為通識教育或補習班的教材，將可提供一個學分的學程所需。

　　本書由國樑主筆；宇溶提供許多資料及寶貴的意見，使本書得以順利完成。書中如有任何謬誤之處，概由國樑負全責。

潘國樑
邱宇溶　謹識
中華民國 97 年 3 月 29 日於台北市

|目錄|

Chapter *4* 攻防的技巧　57

Chapter *5* 面試的策略與對策　71

序　言

1.1　前言

現在是一個「讀書容易，就業艱難」的時代。不管是歐、美、日或台灣，打從高等教育的窄門全面大開之後，就業市場的競爭壓力就節節攀升；再加上產業全球化的同步衝擊，一大群在求學戰場上一帆風順的知識菁英，才如夢初醒的，頓然驚覺到自己好像快要成為高學歷的求職流浪漢了。

在今天這種多元而且競爭激烈的職場中，凡是求職、易職、升遷、參加甄試或考研究所，面試已經成為必經的一關，而且可以說是成功與否的臨門一腳。現在連考研究所都要補習，不久的將來，恐怕就有人會開面試補習班了。

面試的設計就像相親一樣，主要是要讓考方與應方的需求都能找到互相「麻吉」（MATCH）的機制，使雙方有一個交集的機會。即考方意圖藉用面試的方法以尋找天下英才；利用面試的機會，了解應徵者的優點及缺點，深入探索，並且測試應徵者的態度、能力、穩定性、積極性、成熟性等，對應徵者的資歷、技能、智力、素質、情緒管控、未來的發展等進行綜合評估，希望找到最適合他們所需求的人才。而應徵者則可以利用面試的機會展現自己的知識、智慧、經驗、能力與特質，以證明自己才是最能勝任招募職位的人選。

很顯然的，面試之前經過充分的準備，在面試時能夠表達得體

的語言，並且深諳回答的策略之應試者，一定可以增強自己的競爭力，幫助自己成功地獲得心目中想要的職位。反之，那些面試前毫無準備，面試時在考官面前胡亂回答一番，說些不得體的語言，不知略施面試技巧的奇效之應徵者，一定會損及自己的形象、削弱自己的競爭力，甚至導致求職的失敗。尤其在僧多粥少的強烈競爭之職場上，如果要取得招募單位的青睞，試圖從眾多競爭者中脫穎而出，一定要在面試的技巧上下很大的功夫，否則將是難上加難。

　　本書將站在應試者的立場，告訴讀者們各種面試的策略、方法與技巧，並且告訴讀者們，考官在面試時所採取的方法、常問的一些問題以及早就預先設計好的陷阱；同時教讀者們如何應對及如何破解其陷阱，俾便脫穎而出，以爭取應試者夢寐以求的職位，或者在考場上能夠中榜及第。

　　本書對於在職場上（畢業生及易職者）及考場上（入學考試、甄試或國家考試）追逐勝利的讀者們，都可以一體適用。

1.2　面試的由來

　　面試是因為考、應雙方為了求得最佳匹配而生。由於天下英才何其多！所以徵才的單位必須將覓才的目標職位及其相關條件公開，俾讓符合條件者或有興趣者提出資格證明，參加競爭。徵求單位即可從眾多候選人中挑選自己所需要的人才。

　　由於近年來就業的壓力驟增，就業競爭異常激烈，所以比較有名的公司每到徵才季節都會收到成千上萬份的大學畢業生之求職信。隨著企業用人的方法從過去只注重學歷的時代，到現在強調人才適用性的理性回歸，徵才單位已經愈來愈重視「入門」關卡的把風。一般而言，比較上軌道的公司，其求才的過程可分成四道步驟：

(1) 第一關姑且稱為簡歷關

係由徵才單位向外公開徵求人才，或者由求職人毛遂自薦，向公司投寄簡歷書或履歷表，加上一張簡短的求職信，有人也許還附上一、兩份推薦函。這就成為求職的敲門磚。

(2) 第二關可以稱為筆試關

筆試內容一般可以分成三部分，有的公司三者都辦，有的公司則只辦其中一、兩個。第一個是基本職業傾向的測試，主要在測試應徵者的認知能力；包括邏輯推理能力、資料分析能力、閱讀理解能力、文字表達能力等。其中以邏輯推理能力作為測試的核心，它代表一個人智能的高低。第二個是知識與技能測試。有的測試專業知識的程度，有的測試知識面，有的則測試語文能力。第三個為性向測驗，以其結果作為最終錄用與否的參考。

(3) 第三關為小組討論關（Leadless Group Discussion，簡稱 LGD）

其測驗方法是將五至七個應徵者組成一個小組，給予一個虛擬的題目，請他們共同討論，並且提出解決的方案。求才單位即從中觀察應徵者的獨立分析、溝通協調、團結合作、組織領導、適應及應變等方面的能力。LGD 測試主要是要測驗應徵者在團隊互動中的表現，以及是否值得培養為團隊組織的領導人。

(4) 第四關就是本書的重點，即面試關

這是決定錄取與否最為關鍵的一關，也就是臨門一腳的一關。求才單位從面試關卡中儘量挖掘應徵者過去實際經歷過的事情，從而預測其未來行為的表現。例如，同樣是做事，有的人喜歡思辨性的工作，有的人則喜歡互動性的工作；有的人只要完成工作就可以

了，有的人卻要做得十全十美；有的人遇到困難就半途而廢，有的人則鍥而不捨。求才單位即從面試中，區別應試者的細微差異，以預測他們在職場上的潛力高低。

很多公司選才時，只有採取上述的第一關及第四關而已，尤其規模屬於中、小型的公司都是如此。因此，在求職的過程中，首先一定要吸引徵才單位對你的注意，也就是簡歷書的展現要夠吸引力；第二就是在面試時要想盡辦法，從眾多應試者中脫穎而出。

1.3 面試的方法

面試的主要目的在於考方想挑選最優秀的人才，以為公司所用，為公司創造價值；考驗應徵者的才能、在職場上的適應力、進取心、刻苦努力、團隊意識、創意等，或者甄選優秀的學生，俾便作育英才，得天下英才而教之。

傳統的面試方法都採用你問我答的方式；所以一般人都認為這是一件再簡單不過的事，只要考官提出問題，由應徵者一一回應，應徵者只要負責答話就可以了；這種你問我答的程序，連小孩子都會。其實，整個面試過程中，處處暗藏玄機與陷阱；應試者如果要獲得考官的青睞，確實需要知道很多面試方面的技巧與策略。

雖然面試的主體內容是考應雙方的問答部分，但要知一個人的言談舉止也能夠反映出他的個性、氣質、價值取向、所學專業等等。不同類型的人會表現出不一樣的行為模式。所以打從應試者一踏進試場的大門那一刻起，考官就已經暗地裡在考察應試者的舉止，包括應試者如何與考官打招呼、握手，怎樣遞送自己的名片、簡歷或文件，用怎樣的坐姿及言談中的肢體語言等等；這些不經意的動作，都在考官的考評範圍之內。

其實，應試者在應試過程中就應當把自己看成已經是招募單位的一個職員，正在與長官討論一項新計畫一樣，而不應該視自己是

一個為了渴望獲得被錄用的求職者，因而表現出卑躬屈膝、唯唯諾諾的樣子。

1.4 面試方法的改變

　　有一個統計數字揭露，當一個公司僱用一個比平均人才還要優秀的人才時，他的生產力可以比平均人還要提升 20％；同時他的業務量也可以比平均人提升 123％。這項驚人的發現使得職場的選才方式起了革命性的變化。那些競爭激烈的企業必須選在第一時間就要找對人，即找到比平均人還要優秀的人。因此，現代的企業在選才的方式及面試的技巧方面也不得不跟著改變。現在需要一些更精確的篩選及面試方法。

　　以前只要找到一個工作勤奮，對交代的任務可以如期完成的人，就是一個很好的人才；但是到了今天，這種人反而成了公司的累贅，因為他的逐漸老化、生產力的持續降低、觀念的守舊，在在都成為進步的絆腳石；他的待遇不降反升，使得公司的盈餘逐年降低，失去競爭力，最後招致被淘汰的命運。在今天這種國內外的企業競爭都同樣劇烈的時代，公司不得不求新求變，才有可能生存。而生存之道就是要挑選對公司有貢獻、有創意又有新想法的人才。他對公司必須是個正數，即對公司要有很高的附加價值。這個人的優勢一定可以用來填補公司最弱的一環，但如何能找到這種人，那就需要設計一套特別的求才及選才程序，而面試就是這個程序中最最重要的一個環節。

　　很奇怪的是，公司挑選出來的勝利者通常不一定是條件最好，最符合公司需求的那個人，原因何在？理由很簡單，因為這個勝利者，係贏在面談上。他在面試之前即已做了很多準備工作，而且他深諳面試的技巧與策略，因此他能夠脫穎而出。

1.5 知己知彼

應徵者應該在面對面的問答過程當中，一方面要對自己的資格條件與能力做出簡要清楚的表達，另一方面還要知道對方真正需要的是什麼樣的人才；此因考方的真正需求一般是不會在招募公告中完全公開，因為他們所公開的募才條件會寫得比較籠統，意在廣徵天下英才，然後選出個中的翹楚者。所以應徵者在試前就必須做過很多功課，唯有知己知彼，通過面試，且在眾多應試者中脫穎而出，才有可能獲得自己渴望的職位。

由於對於同一個職位而言，應試者的教育背景大多相當，每個人在學校所修的課程大同小異，除非功課特別優秀者，否則連學業成績都差不了多少；所以面試時大家要比的並不是在學成績的好壞，而是應試者是否修過某些特別的課程，或研究過某種特別的課題，或者具備某種特殊的才能或特質，而這些特殊之處正好是考方所需要的。職是之故，應試者不但要運用熟練的技巧，探得考方真正想要的人才，而且還要利用適當的策略將自己推銷給對方，並且投其所好，最後才能脫穎而出，金榜題名，而贏得勝利。

1.6 成敗的關鍵

面試的場合可以說是人山人海，每年要擠進這道窄門的人不知凡幾。而如何在這種人潮擁擠的激烈競爭中順利地贏得勝利，其中有一個會直接影響成敗的關鍵課題就是，如何在短短幾十分鐘的面試接觸中迅速地引起考方對你的興趣與重視？

我們認為，除了準備好一份簡明扼要、重點突出的個人履歷書之外，最重要的就是應徵者應該熟知面試的方式與性質、自己的特長與優勢，儘量尋找雙方的最佳麻吉度（配合度），然後運用本書引導你的技巧與策略，在很短的面試過程中凸顯自己，讓考官對你

慧眼識英雄！這個跟你在學校的成績好壞並沒有直接關係，而繫於你所掌握的面試技巧。

現代的面試技巧已經從主觀的表面印象發展到精心設計的科學評價。考方不僅要和應徵者見上一面，而且還設計了許多方法，甚至暗藏著陷阱，試圖從應試者的形象、儀表、溝通能力、自信心及發展潛力等各方面進行全方位的評估。因此，身為現代的求職者，應該講究及諳練面試的技巧與策略，並且實際應用於面試的戰場上，以期增加贏的機會。

不管是考方或者是應方，面試技巧已經成為一門學問了，雙方都要各盡所能、各施手腕，前者希望藉面試的方式找到對自己機構有用的人才，而後者則希望藉面試的技巧以贏得被錄取的機會。因此可以說，面試是一種諜對諜的競智局面。

1.7 反面試技巧

傳統的面試都是由考官發問，應徵者回答；雙方完全處於一種不平衡的翹翹板之兩端。而現在的面試在觀念上及技巧上已經有了很大的轉變。現在的應徵者也可以採取反面試技巧，向考官發問，俾及時蒐集必要的資訊，探取考官的錦囊裡裝的是什麼寶物。這樣有利於自己在剩餘的面試時間裡盡情的發揮，針對招募單位的真正需要或特別重視的必備才能，以推銷自己。這種反面試的邏輯及技巧將是本書的核心價值之一。

這種反面試的技巧若能發揮到淋漓盡致，應徵者就如握有尚方寶劍，無往而不利。例如，招募單位可能要為未來儲備一位積極的、具有創意的，且具有領導能力的主管，但是這種意圖在求才廣告中絕對不會明說。應徵者在面試時必須利用反面試技巧，探取招募單位真正需要的是怎麼樣的人才；然後根據招募單位所開的資格條件，儘量說出自己的經驗及能力。這樣他贏得這個職位的機會就

會大增。這時應試者如果不知對方真正的需求是什麼,而傻乎乎地一直在強調他擁有哈佛大學的 MBA 學位、他對最新的管理理論很有研究……。各位讀者應該可以看得出來,考官挑選他的機率幾乎等於零。這就是反面試技巧的魅力;知己知彼,百戰百勝的道理即在於此。

1.8 自我推銷

謙虛本來是一種美德,但是並不適用於面試的場合。為了贏取面試,一定要懂得如何推銷自己,以與眾多的競賽者有別。

有一年,飛利浦小家電為了要儲備未來的業務人才,特別到校園裡公開甄選;他們預先設計一種輕鬆逗趣的比賽方式,要求參賽的學生們,都必須通過走台步、表演才藝,以及銷售飛利浦刮鬍刀的考驗。

只見大多數的參賽者千篇一律地表演唱歌、彈奏鋼琴、吉他等樂器,甚至還緊張得全曲走音。但是其中就有一個女學生卻與眾不同,她走上舞台,劈頭就說「大家好,我是 12 號的徐瑋萍,很高興飛利浦能給我這個機會站在舞台上,也希望我能站在飛利浦的舞台上打拚出屬於我自己的未來。」

在轉眼間,只見身形瘦小,就讀於中文系四年級的徐瑋萍,她既不唱歌,也不跳舞,只是拿出鑼棒,一邊敲鑼、一邊大聲的說出飛利浦刮鬍刀的三大特色,「鏘!第一,為您設計;鏘!第二,輕鬆體驗;鏘!第三,先進科技……」;接著她又戴著草莓造型的紅布帽,飾演一顆期待被挑選的草莓,以逗趣的方式比喻自己是一個不怕困難的草莓族。她無所畏懼的台風、全神投入的喜感演出,把台下原本正襟危坐的評審們,弄得邊點頭邊微笑,也融入劇情之中。徐瑋萍的創意,以及用心的表達與自信,簡直將其他二十位年紀相仿的參賽者遠遠地拋在後頭。

　　名次揭曉，徐瑋萍果然被評選為冠軍，她不僅獲得五萬元的獎學金，還成為飛利浦小家電的儲備人才。暑假時將到飛利浦在全台的零售經銷處實習，並且帶領十名工讀生，進行父親節的電鬍刀行銷活動。徐瑋萍突出的表現力，讓評審們看到她突出的行銷長才。其實，她是經過仔細地思考與設計，才能脫穎而出的。

　　有一次作者在報紙上公開徵求一位女秘書，結果挑出兩位最適合的候選人進行面試。當時作者只問她們一個同樣的問題：「妳的學歷及經歷都表現得不錯，但是這裡的工作非常的忙碌及繁雜，妳認為自己可以勝任這種工作嗎？」第一位的回答是：「對於這種工作，我雖然沒有做過，但是願意試試看。」第二個的回答是：「我認為憑自己的能力應該足以勝任，只要給予時間，我會很努力地做到老闆的要求。」我明知第一位表現的是謙虛，第二位表現的是自信，但是我還是決定挑選第二位，因為公司的工作不能讓人試做，而且公司也不是職業訓練所。雖然第一位候選人的學經歷還優於第二位，但是我認為第二位比較積極能幹，而且具備上進心；同時，比較有能力應付各種狀況。

　　由上面的案例可知，傳統的「沉默是金」與「謙虛是美德」這兩句話在當今的社會價值觀上，有需要重新定位。在今天的職場中，如果常存這種觀念，將會使自己喪失許多發揮才能或獲取事業成功的大好機會。

Chapter 2 簡歷書的展現力

2.1 前言

在職場上，求職人喜歡用坊間印好的單張履歷表，填好後到處投遞。我們的看法是：這種履歷表太過於簡略，無法充分顯示應徵者的資格與特長。因此，我們的建議是：自己設計及準備一份一、兩頁的簡歷書（Resume），而捨棄傳統的履歷表。這種做法在第一輪的徵選過程中，比較容易獲得重視，而且取得面試的機會大增。

一個公司在媒體上刊登求才廣告時，對於比較熱門的職位，各方投送的履歷表或求職的文件將不下於數百封，甚至上千封。一位人事主管或部門經理整天不處理公文，光看一千份求職文件就要花上兩個禮拜的時間。如果我們是他的話，我們將如何從這一千份的資料中挑出可以進入面試階段的人選。一般的習慣做法就是把寫得比較差的，或資格不符的求職者先行剔除。可見寫出一份好的簡歷書是多麼的重要，因為這是應徵者在角逐工作時的一張入場券。

根據美國的統計數字，每一個商業廣告只能吸引讀者 1.5 秒的時間；又每 245 份簡歷書才能贏取一個面試的機會；可見一個認真的應徵者須花很多的心思在簡歷書的設計及書寫上。

也許一份好的簡歷書不見得能夠獲得一份工作，但是可以肯定的是，一份糟糕的簡歷書卻可以使一個應徵者被淘汰出局。最糟的情況是，明明你是最適合的應徵者，卻因為簡歷書寫得不夠好，而平白地喪失機會。

2.2 簡歷書的結構

撰寫簡歷書的目的只有一個,即贏得面試的機會。它不是用來使別人稱讚你,也不是用來使別人尊敬你;它是要用來說服求才單位,告訴他們你就是最適合的人才。因此,簡歷書不是自傳,它是一篇廣告,一種商業文件;將你的技能、經驗及知識用最適宜而搶眼的語句寫出來,以吸引求才單位,令他們看了之後,會覺得不邀請你來面談,將有遺珠之憾。所以坊間的履歷表完全不能達成這些目的,因此不要用。因為它是制式的,沒有特色,你的競爭對手可能寫得比你更好。職是之故,求職者必須要為自己設計一份簡歷書,以凸顯自己,有別於競爭者,這樣你才有機會進入面試的門檻。

簡歷書通常採用三種結構形式,茲分別說明如下:

(1) 年代式結構

依據年代的先後順利而記述自己的經驗與成就(美國人習慣用倒年代的順序,即依照由新而舊的順序)的方式,叫作年代式結構。這種結構較適用於經歷沒有斷過的應徵者。

(2) 機能式結構

不按照年代的方式,完全以重要成就為主軸的結構,稱為機能式結構。這種結構較適合於曾有斷代經歷的應徵者,如轉換公司太勤、自立公司的成就不彰、賦閒一段時間、被資遣、坐過牢,或有其他不願意公開的經歷等。

機能式結構還可凸顯應徵者想要凸顯的經歷,以適應求才單位的需求。例如,有一個應徵者擁有十一年的教學經驗,但是只有兩年的工程經驗;因此,採用年代式結構將會凸顯多年的教學經歷,而減弱工程經驗的能見度。如果他應徵的是工業界的職位,則採用

機能式結構顯然將有加分的作用。

　　機能式結構還可應用於剛畢業的學生，或者賦閒在家很長一段時間的應徵者，因為他們沒有很長的職場生涯，也等於沒有很漂亮的經歷可以記述。

(3) 複合式結構

　　年代式與機能式結構混合使用，將顯現兩者的優點。但是有一些人事主管並不喜歡這種形式，因為他們認為應徵者很可能使用障眼法，隱瞞許多事實；比如，隱瞞他曾失業很長一段時間。

2.3　撰寫原則

　　撰寫一份好的、動人的簡歷書雖然是一種藝術，但是還是有一些規則可循。現在說明於下：

(1) 簡短

　　簡歷書不是自傳，也不是人生觀的闡述，所以只要將事實及重點寫出來即可；最好是寫成一頁，頂多兩頁就夠了。你的配偶及小孩的名字等資料，都與你的能力無關，因此沒有必要將他們列入。此外，高中（含）以前的學歷，及與應徵工作無關的經歷，也都可以省略。現代人都很忙，尤其是一天要看幾百份簡歷的人事主管，幾乎沒有人喜歡看又臭又長的簡歷書。

　　因此，剛畢業、沒有很多經歷的同學只要一頁就可以了。唯一的例外是專業顧問，他們需要將專業技能、參與過的計畫及客戶名單等都要明列出來，所以可能會長達四、五頁，但最好不要超過五頁；有些東西可以用附件的方式，附在簡歷書的後面。

(2) 形式

　　簡歷書的頁首應該包含進去的資料有你的大名、通訊地址（包含 e-Mail）、辦公室與住家電話及手機號碼等；都將它們擺在簡歷書的最上方。通訊地址的前面記得要加上郵遞區號；又通訊快速的 e-Mail 已經愈來愈普遍了，所以建議附上你的 e-Mail 位址。有時候，怕漏接求才單位來電通知面試的時間，所以手機的號碼也應該提供。

　　接著要清楚、且正確地說出你應徵的是什麼職位，或者你在職場所要追求的生涯目標（Career Objectives）。然後提綱挈領地將你的成就、資格、經歷、學歷、榮譽等列出。在某些情況下，學歷可以列在經歷之前。例如，你的專長或專研領域比較特殊，正好與求才單位的需求非常接近等。

　　簡歷書中避免用第一人稱「我」，因為簡歷書的主角就是你自己，所以你無須畫蛇添足；除非你想用「我」來加強語氣。

　　簡歷書必須編排整齊、語文通順、段落清楚且組織緊湊。簡歷書一定要自己撰寫、自己設計，絕不能用制式格局，更不能抄襲大家都在使用的詞句，因為人事主管看多了，他們只要看到抄來的詞句時，一定連看都不看一眼，馬上將它們都打入淘汰的一堆中。一般說來，只有自己親自寫自己的簡歷書時，才會生動引人，才不至於空洞無力，其關鍵在於自己對自己才有深入的感覺（Feeling），才有感情。這樣在面試時才能侃侃而談，應付自如，而且也容易把自己推銷給求才單位。

　　簡歷書上絕不能使用火星文，不能打錯字、也不能有錯別字。又為了給求才單位一個最好的第一印象，簡歷書的版面一定要求高品質，例如使用雷射印表機將簡歷書打在品質良好的紙上；紙面不能有污點或墨汁有被抹散的痕跡。在編排上，要採用同一種字體及大小貫穿全文。但是標題可以採用大一點的、粗一點的方式加以

強化，以捕捉求才單位的目光。打好後，最好找親朋好友分別看一下，問他們有什麼意見；一定要做到盡善盡美的地步為止。

(3) 內容

簡歷書的內容不外乎包括你的大名、通訊方法、應徵的目標、資格、主要成就（Accomplishments）、經歷、學歷、特殊技能等。

應徵目標要表明你所要應徵的職位，或者在職場上你所要追求的目標；前者稱為職勤目標（Job Objectives），後者稱為生涯目標（Career Objectives）。應徵目標寫起來必須是很吸引人的一段短句，其語句要清楚、精確，且要言之有物；同時要能夠呼應你所應徵的職位。

職勤目標與你所要應徵的職位有密切的相關性；生涯目標則是你在職場上的長程目標，它可以與你所要應徵的職位有關，但也可以不生直接關係。比如，「將土石流的力學研究成果應用於山坡地防災工程之規劃與設計」，是一種職勤目標。「致力於山坡地防災工程，研發並取得五項以上的專利權」，則是一種生涯目標。如果只是說「將研究所所學到的知識應用於山坡地的防災工程」，則與前述職勤目標相比，顯然比較模糊，而且沒有那麼具體。職勤目標與生涯目標也要與你所修的課程，或與你的成就及技能一致才行。例如一個學習機械的人不太可能去應徵土木工程師，除非你在土木工程方面的經驗非常地出類拔萃。

(4) 資格摘要（Summary of Qualification）

可以簡要地將你的經歷列出，並將你的經歷聚焦在求才單位所需求的資格條件上，以吸引求才單位的目光，使他們有一種急著想進一步看你的資料之慾望。有時資格摘要可以用來替代職勤目標，或者將兩者結合起來，並以資格與職勤目標為標題；頗適合於經歷豐富者或背景多元者（如既有教學經驗，又有工程經驗）所採用。

(5) 個人資料（Personal Data）

是外國人常顯示的資料。但是作者的看法是，能不寫就不要寫，因為隱私的資料常常反而造成反效果；例如，年紀很大而未婚、久婚而未生小孩、年紀老了才要找工作，甚至離婚等等問題，都會遭到別人懷疑的眼光。你寫明生日，無非告訴人家你不是太年輕、尚未成熟，就是太老、已喪失衝力。只有你當兵的經歷也許有一些幫助，因為你當兵時所做的也許正好與應徵的工作有些關聯性。但是如果必要，且個人資料對你的形象有害時，則建議把個人資料擺在簡歷書的最後面。

以下的資料建議不要提供：

- 曾經離開過職場一段時間：徒然留下負面的印象。
- 過去的待遇：除非求才單位非要你不可，否則你過去的待遇與目前應徵的工作並無直接的關係。
- 要求待遇：不必要得太早；先把工作的內容與責任釐清，才來談待遇不遲；否則你可能以職薪不相等的待遇被聘用。
- 嗜好：求才單位並不需要這種資料，而且你也不知道是否會造成反效果。
- 政黨或宗教的經歷：很可能造成反效果；具有爭議性的社團也不宜列入。
- 未服役：讓人懷疑你的健康狀況有問題，或逃避兵役。
- 其他負面的資料：如被記過、留過級、重修、體育成績不及格、遭資遣、減薪、降調、身體開過刀等等。但是有些逃不過的負面資料，你非得坦白不行，否則反而被誤認為你不誠實、不可靠，如坐過牢、身體有殘障等。

學歷是必須提供的一個項目。它通常尾隨在通訊地址之後，最先出現在簡歷書上。如果你的學歷對應徵的工作並不是一個強項時，建議把它擺在工作經歷之後。在兩頁式的簡歷書中，學歷通常被擺在第二頁的開頭。但是如果你的學歷非常亮麗耀眼，則不妨把它擺在第一頁，緊跟在應徵目標或資格摘要之後。

學歷的寫法，只要寫出較高的幾項即可，即從大學填起。必須將學校、科系、主修、副修、修學期間及取得的學位等，全部填上去。如果你獲得什麼獎勵或獎學金，不妨也寫出來，但是不能太過誇張。任何的短期進修、專業訓練或語文訓練等也可以寫在學歷中。但是短期性（一個禮拜以下）的研討會則不要放進來。如果擁有什麼證照則應該放進來。學歷的描述最好不要超過五、六行。

工作經歷（Employment History）及成就（Accomplishments）當然是簡歷書的核心部分，也是最重要的部分；它是一般人看簡歷書最感興趣及最注意的部分；它通常占有簡歷書三分之二的篇幅，因此值得你投下大部分的時間與心血於這個部分。寫經歷時絕對不能只列出曾經工作過的公司或部門、職銜及期間；也不必強調工作內容及工作方法，最重要的是你的職責及對公司的貢獻；一定要強調你做了什麼重要的工作或計畫、你負責的部分是什麼（最好與應徵的工作有關）、是否使公司改進、降低成本、增加獲益或其他貢獻等。一定要用動詞做起頭，且內容要具體、成效要量化，如：

- 完成一件需要具有創意的邊坡穩定之設計工作，結果使得材料費節省了三分之一，施工時間縮短了四分之一；這種工法曾經獲得行政院公共工程委員會所評比的年度最佳設計獎。
- 為公司爭取到一件時程達二十年的長期計畫，每年提供給政府一百幅國土調查成果圖，作為政府決策及管理之依據；現在已被政府列為土地開發之必備基本資料。

■ 擔任部門經理後，開始建立成本分析制度，結果使部門的成本顯著地降低，利潤比原來的增加 30％；總經理現在已經將這一套成本分析法施行於全公司的所有技術部門。

描述工作績效時，用語不能誇大，更不能掠奪別人的功勞。

如果你的經歷太過豐富，洋洋灑灑可以列出一大串時，建議將其集中在最近的十至二十年內；更久的年代只要列出一、兩項即可。相反的，如果職場銜接不上，且超過一、兩個月時，建議要將其巧妙地掩飾起來；或簡單地提一下理由即可。例如，為了完成學業、為了專心撰寫論文、生病、開刀、幫助長輩的事業等。

至於寫經歷是要按照年代順序，或是逆年代順序排列則是見仁見智。外國人喜歡用逆年代的方式編寫，即先寫最近的事，將過去的事放在後面。然而作者比較喜歡用順年代的方式，就好像在寫歷史一樣，這樣可以看出一個人在職場上的升遷史，看到他成長的過程、技能的深化與廣化以及責任遞增的情形。

在職場工作一段時間後，如果成效不錯，通常都會受到公司或相關機構的獎勵；這些獎勵對你的求職絕對有加分的效果，所以一定要將其凸顯出來。對於剛畢業的學生，則可舉出獎學金、書卷獎、論文講等之類的獎勵事跡。這些獎勵最好要與應徵的工作有關。至於運動方面的得獎，則不需要寫出來，因為這種事跡可能讓人覺得你具有以自我為中心的性格；考官對你將產生什麼印象，具有很大的不確定性。

總而言之，撰寫簡歷書的訣竅是：

■ 不必說你、我、他等人稱代名詞。
■ 不必寫出完整的句子；一般是沒有主詞。
■ 要精簡；消除不必要的贅字。

■ 每一句均以動詞做起頭。

2.4 專業成就的寫法

專業成就是求才單位最重視的部分，所以有必要特別加以說明。

專業成就（Professional Accomplishments）的描寫一定要用主動語式，最好採用行動的、充滿活力的及積極性的字眼，如「創造」一定比「做」來得有力得多；又「推動」、「促進」、「創立」、「產生」等一定比「不停的工作」、「變成」、「完成」等詞語更能吸引別人的注意。也就是說，第一個字會給人一種非常深刻的印象，所以要慎選第一個字，有時需要推敲老半天才能決定用什麼字。以下列出一些可供挑選的第一個字，它們可以應用於很多專業的領域：

創始　　開創　　率先　　肇始

規劃　　籌劃　　計畫　　設計

開發　　研發　　專利　　深入研究

發起　　推動　　推進　　推行　　促進　　發展

創新　　改善　　改良　　革新　　振興

設立　　設置　　制定　　訂立　　奠定　　奠基

評估　　評價　　分析　　解析　　超越

設法　　提升　　增強　　擴大　　擴張　　增大　　廣化

深化　　強化

現代化　合理化　效率化　概念化　自動化　電腦化

組織　　帶領　　率領　　引導　　指揮　　主持　　節制

控制	教育	訓練				
決策	提供	集中	聚焦	綜合	統合	分配
管控	任命					
審查	審核	批准				
指導	監督	督導				
運轉	生產	製造				
檢驗	驗證	確認				
交涉	協調	協議	談判	爭取	訂約	
重建	解決	調整	排除	扭轉	堅持	
編製	削減	撙節	節省			
撰寫	著述	出版	公開發表			
達成	實現					

以下就將沒有活力的與充滿活力的描述法做一個比較，其關鍵在於會不會使用積極性的動詞。

毫無活力	充滿活力
●比去年度的營收有所增加。	●扭轉了每況愈下的走勢，使營業額比去年提升了 45%。
●將部門的運轉成本降低了 100 萬元。	●率先在本部門推行撙節計畫，使成本降低27%（100 萬元），且對生產力沒有產生負面的影響。
●由於研究成果豐碩，政府今年再度挹注 1,000 萬元研究經費。	●改善設備且調整研究方向後，結果有驚人的發現，遂受到政府高度的重視，乃再增加研究經費 20%，以擴大研究規模。

● 對中階主管進行管理訓練。	● 開設領導統御訓練班，對公司內部的 11 位中階主管進行在職訓練。

　　由以上所舉的例子，可見運用積極性動詞所造成的衝擊力，而且其對成就的描述也較為詳細、完整、具體，同時加以量化。因此，善用正確的動詞，加上生動及具體的描述每每可以吸引求才單位的注意，使應徵者雀屏中選，參加下一輪的面試機會大增。

2.5　學歷的寫法

　　學歷在簡歷書中也是必備的部分。如果應徵者的就業時間比較短，或者是剛畢業的學生，沒有值得炫耀的經歷可以寫，則可以將學歷當作是第一個經歷；但是你的學歷應該要跟應徵的工作有關聯性。同時，在簡歷書中你可以將學歷放置在經歷的前面。如：

民國 95 年──國立成功大學土木工程研究所碩士；
　　　　　　學業成績 3.6/4.0；
　　　　　　● 專長於大地工程，尤擅長於山岳及潛盾隧道工程；
　　　　　　● 碩士論文刊登於《中國土木水利工程學刊》第 16 卷，第 1 期，第 161-190 頁。

或

● 國立台灣大學化工系畢業，民國 90 年；全系第三名畢業。
● 美國科羅拉多大學環境工程碩士，2005 年；成績保持 3.8/4.0；獲得州政府的水污染調查最佳報告獎（2005）。

在就學期間，如果參加過短期訓練班，或重要的研討會，或者聆聽過著名人士的演講等，都可以記上一筆。如：

民國 95 年 9 月 28 日：參加微軟公司的「MDSN Windows Mobile 講座：企業級應用程式開發」；知道未來在企業 M 化應用程式的開發上，將是開發者競逐的另一個新領域。

或

民國 94 年參加國立台灣大學資訊工程系主辦的「JSP 網站程式設計與 SCWCD 認證介紹」假日進修班，並領有結業證書。

記得將所有獎助或證照、文憑等都列上去。如：

民國 94～95 年：獲得中華扶輪社獎學金。
民國 94 年：取得公共工程品質管理訓練證照。
民國 94 年：取得營造業工地主任訓練班證照。
民國 95 年：取得新拌混凝土中氯離子量檢測訓練證照。

如果你沒有碩士學位，那就強調任何你曾經上過或正在上的暑期班、夜間班、或假日班。如：

民國 93～94 年，在國立台灣大學數位學習網的網路學分班進修；選修行銷管理及策略管理。
民國 94 年起，考上國立成功大學的夜間進修學士班，主修企業管理；現在仍在進修中。

民國 93 年起，考上國立成功大學的博士在職進修專班（博士班）；仍在進修中。

對於擁有豐富經歷的應徵者，則應以亮麗的經歷為主；而將學歷擺在次位。你可以簡單地列出你畢業的學校、獲得的學位及主修的課程。如：

2001：學士，淡江大學，機械與機電工程學系。
2005：碩士，台灣大學，商學研究所，主修高科技創新模式。

同時，應該將曾經獲得的獎勵或榮譽儘量列出來，如：

民國 92〜93 年：逢甲大學，獲得研究生入學獎學金。
民國 92 年：獲得國際電子電機工程師協會（IEEE）類神經網路學會的 Walter Karplus 獎（深入研究獎）。
民國 90 年：獲得九十年度中華民國資訊學會最佳論文優等獎，題目為「區塊對應、最近鄰居搜尋，與 DNA 序列搜尋之快速演算法」。

2.6　範例

以下所舉的例子為簡略型的；應徵者自己撰寫時應該要更加充實與具體一點。

(1) 適用於大學新鮮人範例之一

陳春雷

807 高雄市建工路 xx 號 3 樓

07-381-0000

0935-345-000

pan@msa.hinet.net

職勤目標：尋求有關大地工程的分析與設計，且讓我磨
　　　　　練、成長與發揮的挑戰性工作。

學歷：●學士，台北科技大學營建工程系，民國 90 年；
　　　　GPA ＝ 3.5/4.0。

　　　　●碩士，成功大學土木系大地工程組，民國 95 年；
　　　　GPA ＝ 3.9/4.0。

專業相關經歷：

民國 94 年及 95 年暑期：德威建設公司，高雄市。

●協助分析基坑的排水與支撐，參與設計參數的決定。

●全程參與鄰房保護的監測與數據的分析，曾提出一次危
險警告，而防患於未然。

●在公司與業主之間居中協調，致使工程進行得非常順
利。

學生時代的榮譽榜：

民國 87～89 年：研究助理；協助老師蒐集資料，及從事
　　　　　　　電腦繪圖工作。

民國 89～90 年：研究助理；協助老師從事數據統計及數
　　　　　　　據分析。

民國 93～95 年：班長；做班導師與同學之間的橋樑，及

協助處理班務的工作。

民國 94 年：獲得系主任頒發的最佳服務獎。

民國 94～95 年：獲得 xxx 獎學金。

(2) 適用於大學新鮮人範例之二

林 欣 田

402 台中市國光路 000 號 5 樓

04-2284-0000

0935-234-234

hst@msa.hinet.net

學歷

學士：中興大學企業管理系（民國 88 年～92 年）；主修
　　　資訊管理，副修管理心理學；GPA ＝ 3.7/4.0。

碩士：中興大學企業管理研究所（民國 94～96 年）；主
　　　修資訊管理；GPA ＝ 3.8/4.0。

主要成就

- 2005 年參加 GMAT 測試，在台灣地區排名前 10％。
- 2005 年參加 GRE 考試，在問題分析能力一項的成績排
　名前 5％。
- 大三至大四期間被推選為班長。
- 大四時被推選為最佳學期論文（Term Paper）。
- 大四時有幸當老師的研究助理；在研究所期間擔任助
　教。
- 德文的讀、聽、講、寫能力極佳，溝通沒有困難。
- 對 WordPerfect 及 Microsoft Excel 非常嫻熟。

經歷

- 心威顧問公司,台中市,民國94~96年暑期

  參與人力資源部門主持的外勞在台消費傾向的調查計畫;協助經理規劃全公司的在職訓練計畫,包括技能提升、領導統御、決策方法及溝通協調;並且為全將工程公司獨力規劃一個十期的統御領導訓練課程;其他的工作還包括員工福利政策、電腦程式訓練等。

- 台中市政府,台中市,民國95年迄今

  參與老師的研究計畫,擔任助理研究員,為台中市政府規劃一個結合衛星影像與數值地形模型(DTM)的地理資訊系統(GIS);負責程式的撰寫及所有的文字與圖形的處理。

(3) 適用於研究人員

郭天禹

106台北市通化街00號　　　　　手機:0928-000-000

kukl@seed.net.tw　　　　　　　辦公室:02-2932-000

　　　　　　　　　　　　　　　　住宅:02-2705-000

經歷

- 台灣大學化工研究所:副教授　　　　1996~1999

  講授xx、xx及xx課程;培養了10位研究生,現在都已成為其公司的中間幹部。

- 台灣大學化工研究所:教授　　　　　1999~2003

  講授xx及xx課程;指導8位碩士生及4位博士生,全部聚焦在xx問題的研究上,已獲得令人鼓舞的成果。

- 工業技術研究院聯合工業研究所：正研究員兼組長
  2003～2006
  帶領 30 人的團隊，傾全力於 xx 特殊技術的研發，目前已取得 3 樣專利權，只要再 2 年的芻型工廠試驗，即可商業化。

學歷

- 台灣大學化工系畢業　　　　　　　　1983～1987
  取得 3 年獎學金，成績都在班上的前 3 名；4 年的 GPA 平均為 3.81/4.0。
- 美國加州柏克萊大學化工系碩士及博士　1989～1996
  7 年時間幾乎以實驗室為家，專注於下列領域的實驗室研究與試驗：

  xxx　xxx　xxxx　xxx　xxxxx　xxxx　xxxxxx　xxxx

代表性著作

- xxxxxxxxxx
- xxxxxxxxxx
- xxxxxxxxxx
- xxxxxxxxxx
- xxxxxxxxxx
- xxxxxxxxxx

特殊技能：電腦文學。

(4) 適用於轉換跑道的求職人範例之一（年代式編製法）

邱奇道

106 台北市羅斯福路四段 000 號　　住家：02-2363-0000

chiu@ms38.hinet.net　　　　　　　辦公室：02-2363-0055

手機：0928-000-000

經歷

9/97～8/01　輔仁大學　　　　　　　　心理學助理教授
- 在大學部及研究所講授行為心理學。
- 首創校本部與系出版部之間的聯絡機制，增加 50～60 個學生的工作機會。

8/01～5/06　欣榮圖書公司　　　　　　社會科學主編
- 簽約及出版大專教科書
  - 重新規劃心理學及社會學教科書的短程與中程之優先出版順序，增加公司的獲益力。
  - 撙節成本，使部門的獲益力增加 45％。
  - 改進編輯部與業務部的溝通，結果使單年獲益的增加量成為 11 年來的最大者。

5/06～ 迄今　 道統出版公司　　　　　總編輯
- 簽約及出版專業參考書及教科書
  - 取消 20 個過時及不想出版的合約，未涉及賠償及訴訟。
  - 修正出版計畫，使公司的歲入在 2 年內增加 1 倍。
  - 嘗試出版歷史教科書，不但使公司獲益，而且增加 1 位助理編輯。

專業相關工作
- 在大學教書時，即同時擔任閣勵圖書公司的顧問。
- 擔任新意心理諮詢顧問公司的顧問。

著作
- xxxxxxxxxxxxxxxxxxxxxxxxxxx
- xxxxxxxxxxxxxxxxxxxxxxxxxxx
- xxxxxxxxxxxxxxxxxxxxxxxxxxx

學歷

1991：學士，政治大學心理系。

1992：碩士，愛荷華大學心理系。

1996：博士，加州洛杉磯大學心理系。

(5) 適用於轉換跑道的求職人範例之二（機能式編製法）

邱 奇 道

106 台北市羅斯福路四段 000 號　　住家：02-2363-0000

chiu@ms38.hinet.net　　　　　　辦公室：02-2363-0055

手機：0928-000-000

職勤目標

擔任專業教科書及參考書的出版公司之總編輯。

資格摘要

6 年以上在欣榮圖書公司及道統出版公司從事非常成功的編輯工作，包括產品開發、規劃、編制預算、成本管控、市場行銷、管理、監督、員工訓練等。

專業成就

● 產品開發

　● 選擇及出版高獲益的教科書，使公司的歲入在 2 年內增加 100％以上，獲益力增加 45％。

● 規劃與編制預算

　● 擬訂 1 年及 5 年的優先出版順序，並且編列預算及預測歲入。

　● 取消 20 個過時及不想出版的合約，未涉及賠償及訴訟，替公司節省約 150 萬元。

- ●市場行銷
  - ●給予業務部精確的數據，使獲益力顯著地增加。
- ●管理與訓練
  - ●每天對外要協調約 25 位作者，對內則要協調出版的流程及控制時間表。
  - ●監督 2 名資淺的編輯，他們不久之後都獲得升遷。
  - ●設計及執行有效而且非常成功的編輯助理之在職訓練，使工作效率大為提升。

專業相關工作

- ●xx 大學心理學助理教授。
- ●在大學教書時即同時擔任 xx 圖書公司的顧問。
- ●擔任 xx 心理諮詢顧問公司的顧問。

著作

- ●xxxxxxxxxxxxxxxxxxxxxxx
- ●xxxxxxxxxxxxxxxxxxxxxxxxxxxx
- ●xxxxxxxxxxxxxxxxxxxxxxxxxx

學歷

1991：學士，政治大學心理系。

1992：碩士，愛荷華大學心理系。

1996：博士，加州洛杉磯大學心理系。

(6) 適用於升遷（由技術主管轉為高階主管）

孫 國 強

360 苗栗市中正路 xx 號　　　　　　　037-356-000

gap@seed.net.tw　　　　　　　　　　0935-345-000

職勤目標

　　尋求視訊相關的高階管理位置，使作業管理、圖形設計，及人力開發等方面的知識與能力都非常強的員工可以發揮並貢獻給組織，使公司提高產量及獲益力。

專業摘要

　　在圖形設計專業上已有 15 年以上的經驗，深諳生產管理、2D 及 3D 圖形解決問題的創意、人力資源開發及後勤敏感度分析等，且熟知複製系統，對於客戶的需求提供開創性的解決方法具有豐富的經驗。

主要成就

● 管理／作業方面

　● 將 15 個監工、190 個工人及 3 班制改為 11 個監工、170 個工人及 2 班制，生產量及營收反增 20％。

　● 訓練技工多技能化，減少冗員，並且使操作程序合理化，導致 2 年內年收益從 600 萬突增至 7,500 萬。

● 管理／人力資源方面

　● 建立員工評估改革制度，分績效分析、目標設定及工資調整等三項，結果加薪的幅度比以前降低下來。

　● 利用結構式的團隊活動及推動「16 小時換班制」的觀念，消弭了過去兩班間的惡性競爭以及敵意。

● 解決問題的創意

　● 首創顏色樣品簿以取代傳統的 PMS 顏色牌，讓客戶可以更容易地指定其喜愛的顏色。

　● ‧‧‧‧‧

　● ‧‧‧‧‧

● 節目設計

　● 為 200 位以上的顧客提供 A／V 節目的設計，建議他們適當地使用投影片及單槍投影，指導他們如何選擇

適宜的樣式及風格。

- 為 xx 醫院重新設計環境圖案與色彩，使費用從原先的 100 萬降至 70 萬。

- 為 xx 博物館設計展示空間的裝飾與美化，由於距離展出的時間非常緊迫，所以想出一套極有效率的施工程序，結果在開幕前兩天完成交案。

經歷

民國 80～87 年　　米蘭創意設計　　　　圖案設計師

民國 87～92 年　　圖晴美術設計社　　　企畫經理

民國 92 年～迄今　大觀視覺設計公司　生產部經理

- 主要計畫

‧‧‧‧‧

‧‧‧‧‧

‧‧‧‧‧

‧‧‧‧‧

‧‧‧‧‧

‧‧‧‧‧

學歷

民國 80 年達觀專科學校廣告設計科畢業

(7) 不好的範例

方美芳

955 台東縣鹿野鄉瑞祥路 000 號

089-123-000

學歷：東華大學　　　資訊工程系

專長：電腦程式，擅長 Cobol 語言

職勤目標：努力工作，以成為好的程式設計師

希望待遇：月薪 50,000 元

經歷

麗奇服裝設計公司　　資料管理員

民國 90 年～民國 93 年，待遇：月薪 35,000 元

勳杰管理顧問公司　　資料室主任

民國 93 年～迄今待遇：月薪 43,000 元

背景參詢人：鐘天行教授，038-325-000

評語

　　沒有什麼內容，完全不吸引人；即使有再好的經驗及學識，也不會引起求才單位的興趣。第一，編排不美觀；第二，完全看不出做了什麼事，有什麼工作上的成就，可以提供給求才單位什麼貢獻；第三，過去的待遇及希望的待遇絕不能出現在簡歷書上；因為如果你獅子大開口時，求才單位會望而卻步；如果你要求太少，可能會同工不同酬，所以待遇是與貢獻度成正比的。

　　以下是改進後重寫的形式：

<h1 style="text-align:center">方美芳</h1>

955 台東縣鹿野鄉瑞祥路 000 號　　　　　　　089-123-000

職勤目標

尋求電腦程式設計師的職位，可以開發專業技能、磨練成長及貢獻能力的環境。

經歷

民國奇 90 年～93 年

　　　麗奇服裝設計公司──資料管理員

　　　● 建立人事管理電腦化系統，使人事管理自動化

　　　● 建立物料管理電腦化系統，節省了三分之一的人力

民國 93 年～迄今

　　　勳杰管理顧問公司──資料室主任

　　　● 建立完整的客戶資料，方便業務部對業務的開發與
　　　　拓展，兩年內新客戶計增長 40％。

　　　● 建立辦公室自動化系統，使公司的產能在第三年即
　　　　突增 150％，人力反而減少 40％。

　　　● 部門曾獲得公司最佳楷模 7 次的殊榮。

學歷

東華大學 資訊工程系　　　　　　　　　　民國 90 年

資策會高階電腦程式設計訓練班　　　　　　民國 92 年

常閱期刊

　　　　Computer Weekly

　　　　Computer Edge

　　　　Computer User

2.7 敲門信

　　應徵者不能唐突的將簡歷書直接寄給求才單位。一般，前面都
需要加一封敲門信（Cover Letter）。而敲門信應該怎麼寫，它是攸
關求才單位要不要看應徵者的簡歷書之一把開門鑰匙，所以不能等
閒視之。

　　敲門信非常簡短，大約半頁至三分之二頁即可，但起碼要向求
才單位傳達三件事情：

- 寄信的目的
- 表現求職的熱誠
- 證明寄信者了解求才單位的需求

因此，敲門信必須達成下列四個目的：

(1) 必須寄給特定對象

簡歷書是沒有指明要給特定對象的，所以它可以用在很多場合。但是敲門信不同，它必須指明給特定對象；如果沒有指明特定對象，則只有遭受被丟到垃圾桶的命運，因為求才單位認為，這不過是一封散彈打鳥的信。

因之，敲門信連簡歷書一定要寄給特定的個人，最好是具有決定權的人，或者是求才案的主辦人。如果你不知道特定對象是誰，則應打電話到目標單位探詢，以確定特定對象（一般是人事或部門主管）的名字及頭銜。

(2) 將看信者的注意力導向你的技能

站在求才單位的立場，他們尋找人才時，內心一定會自問「這個人能為我們做什麼？」因之，敲門信一定要強調（Highlight）你的特殊技能或主要成就的部分，突出你的優勢及價值，而且這些技能或優勢一定要呼應求才單位的需求，不能將牛頭去對馬嘴。你一定要讓看信者感覺到「啊哈！這個人正是我們所要找的人」。

(3) 清楚地陳述你感到興趣的理由

這一點與前一條有關，你應該講清楚，你的技能可以用在求才單位的什麼地方，這正是你可以貢獻給求才單位的地方。

(4) 鼓勵回音

　　一般而言，求才單位對於你的信是否回覆握有主控權，他可以決定要不要採取下一步行動；而應徵者通常是居於被動的地位。因此，你需要在敲門信中技巧地誘導求才單位再往前行走一步，以爭取面談的機會。

　　以下是一封敲門信如何寫的範例：

嚴主任勛鑒：

　　首先要恭喜您剛接任能工研究中心的主任。在您的帶領下必定會有另一番新氣象。根據報紙的報導，在您前瞻性的規劃下，您預備為研究中心增添先進的儀器，並且廣化研究方向及擴大研究能量。如果能夠加入您的研究團隊，一定會感到非常的光榮與驕傲，而且可以發揮所能，並與您共享成就感。

　　隨信附上我的簡歷書，顯示我在太陽能方面的多年研究經驗，以及小小的成就。我的研究經驗非常符合您未來的研究方向。無庸置疑的，您正在尋覓最佳的研究團隊主持人，我有自信能夠貢獻我的研究經驗與團隊領導能力予貴中心；同時我將自我要求，必定達到您對高度卓越的需求。

　　我渴望與您見面，並且聆聽您對未來的構想。我將於下週三（六月十八日）上午打電話給您，敲定面談的時間，俾便向您報告我能夠貢獻的地方。

弟　　顏正儀 敬上

國立能源研究所

太陽能研究室主任

中華民國 97 年 6 月 11 日

面試的形式

3.1　前言

　　現代職場的求職競爭非常劇烈，例如，中國鋼鐵公司因為面臨退休潮，乃於 2008 年招募員工五百二十六名，結果吸引了三萬七千六百多人報考，錄取率僅約 1.4% 而已。因此，現在的求才方法愈來愈多。

　　為了免於勞師動眾，招募單位通常都會在面試之前進行篩選，例如，筆試就是一種常用的方法；但是最常用的還是審查履歷及自傳資料。第一輪審查過後，才會決定是否給予求職者真正的面試機會。所以面試的第一道關卡，應該是書面審查。通過書面審查的候選人，才有資格列為面試的參選人。因此，如何在第一時間就抓住招募單位的注意力，以及爭取到他們的好印象，其重要性絕不下於在面試中如何勝出。通過書面審查的機會大小，我們稱為書面展現力，也就是寫好求職信及簡歷書的能力；在前一章已有詳細的說明。

　　通過了書面審查，才具有面試的資格。取得了面試的資格之後，接著就要知道考方可能會採取哪一種形式的面試方法。知道面試的形式，就像補習班在抓考題一樣；因為人們對未知的事情往往會產生一種恐懼感，所以應徵者如果能夠稍微了解考官的發問方法，以及常問的問題性質，就可以在面試前進行充分的準備，而在面試過程中就比較容易消除恐懼感與焦慮感，這樣應徵者才能很有

自信地面對考官，侃侃而談。

面試的形式可以分成電話面試、視訊面試，以及會面面試（面對面的面試）等三種。其中以面對面的形式最為普遍。

3.2 電話面試

徵才單位一旦看中了應徵者的簡歷書，就會與其聯絡。一般以利用電話通知為最方便且最有效；同時也可以順便進行簡單的口試。徵才單位希望先透過電話，聽聽應徵者的電話禮貌、談吐、語氣、態度、用詞遣字、誠實度等，俾以初步判斷應徵者的個性與教養。這就是所謂的電話篩選（Phone Screen）。如果應徵者給予對方的印象不佳，或者感覺不很好，甚至覺得無禮，那麼不論應徵者的簡歷書寫得多好，就別妄想會得到一個面試的機會了。

當徵求的職位比較單純，徵才單位就會採用電話面試的方法，俾便淘汰一部分參選人。因此電話面試可以說是一種首輪面試，求職者必須先通過電話面試這一關之後，才有資格進入面對面的面試階段。

再者，現在的求職者大多能夠提供一張非常漂亮的簡歷表，所以招募單位每每需要利用電話面試的方法進行一次求證的工作，以預先篩掉一些不符合已設定好的資格條件之求職者，避免他們參加面對面的面談而浪費太多雙方的時間與資源。同時招募單位為了初步測試求職者的語言表達能力，通常也都會預先透過電話進行。有時候，因為路途太遙遠，或者求職者身在國外的時候，也可以進行電話面試。如今隨著通訊技術的發達，也可以採用視訊面試的方式。

有些人接受電話面試時就有一點洩氣，以為是招募單位想找個理由來拒絕自己的申請，其實不一定是如此。處於今天這個通訊發達的時代，電話已經成為最便捷的通訊工具之一，所以考應雙方非

常習慣應用電話的方式進行初次的溝通。因此「如何打電話」將是職場人應該首先學習的一門課。電話面試的問答時間一般不會超過三十分鐘。

一般而言，招募單位使用電話面試時，通常都會打到家裡，或者是打手機，絕對不會打到求職者的辦公室。如果招募單位是選擇求職者正在上班或上課的時間進行面試，求職者應該委婉地加以拒絕，並且挑選更為合適的時間，例如休假或請假在家的時間。通常對方會問的第一句話是：「你現在方便說話嗎？」所以在回答之前，要先確定自己是否身處於一個吵雜的環境（如在車上或街上）、手持收訊不良的手機，或有第三者在身旁；如果遇到上述情況中的任何一種，求職者應該非常禮貌地告訴對方：「對不起，我現在正好在外面（或在開車），環境比較吵雜，是否能夠改在 xx 時間進行？」徵求對方的同意之後，並留下他的電話及大名。這樣的做法可以讓自己利用「時間差」來理清思路。

如果要和招募單位敲定電話面試的時間與地點，應該儘量安排在對方的辦公時間內，此因應徵者很難要求用人單位在工作時間以外去面試一個求職者。同時應徵者一定要考慮到時差的問題，絕不能挑半夜的時候；應徵者還要選擇能安靜接聽電話的場所，才不會被別的事情或吵雜的聲音所破壞，以致接聽效果不佳，或者弄得心緒不寧。一般來說，進行電話面試的時間以上午九點至十一點以及下午二點至四點三十分之間最適合。在剛上班的時間，對方會比較繁忙，而臨近下班時又會歸心似箭，無心工作，所以應該避開這些敏感的時段。

雖然求職者有權要求面試的時間與地點，但是這通常都是由招募單位來決定。當雙方要敲定電話面試的時間時，求職者常常會答應招募單位，可以隨時打電話來。在這種沒有固定的面試時間與地點之情況下，應試者每每沒有準備好，不是太倉促，就是不清醒，最後使得電話面試以失敗結束。因此，一旦投了簡歷，就要隨時準

備好，對方可能在任何時間會打電話來。現在則可以利用手機或電子信件等現代化的通訊技術，比較萬無一失。

電話面試顯然不同於一般的會面面試；它們最大的差別是，電話面試除了耳朵能聽到對方的說話之外，難以感觸到其他東西，所以很容易流於形式或僵硬。然而，會面面試可以透過考官的眼神及手勢等肢體語言而領悟到他說話的含意。但是在電話面試中，由於看不到這些動作，所以對求職者而言，多少有些不利。不過，反過來看，如果好好地加以運用，對求職者來說，也不失為是一種省時省錢的面試法。

在電話面試的過程中，招募單位提出的問題不外乎是要查問求職者是否具有勝任某種工作的最基本能力和技術；以及對求職者的求職信及簡歷表上的內容進行重新的確認。同時，探試求職者能否與他人進行很好的溝通等。根據電話面試的經驗，求職者在進行電話面試之前，最好準備一張簡歷表，或者記下要講的重點，將它們貼在電話機旁邊的牆壁上。對於一些跳槽多次，或者工作經驗複雜的求職者，對照著簡歷可以避免錯報次數及跳槽時間，以免留下「不誠實」的印象。

在回答問題之間，如果對問題含糊不清，就應詢問清楚才應答；同時要儘可能的回答得簡短與專業。求職者也可以向考官提出任何你想了解的問題，表示你對所應徵的職位具有濃厚的興趣，以及對招募公司的關注。

如果在電話中考官問起所期望的待遇時，求職者不應該立刻就說出一個數目；最好告訴他，等待雙方有了進一步的結果時，才來討論這個問題。如果考官堅持要問清楚，求職者就無須刻意迴避，你可以告訴他一個範圍，但還是不要急著說出實際的數字。

電話面試的考官很可能會因為個人的好惡而決定是否把求職者推薦給公司，所以電話禮儀非常的重要。沒有社會經驗的應屆畢業生，最大的問題恐怕就是不懂得基本的禮儀，更不要說親和力了。

例如，在接到電話時，不知說「您好」，而劈頭就說「喂」，很可能就給對方一個先入為主的不良印象，接下來的面試效果如何就可想而知了。進行電話面試時，最重要的就是聲音與談吐；扯著嗓子講電話會讓對方誤會你沒有禮貌。首次交手，為了讓對方留下良好的印象，使用「喂，主任您好，我是 ......」，或者將「請問」、「謝謝」等禮貌性的電話用語常掛嘴上，必定能給自己獲得加分的效果。

電話面試時，求職者應該情緒平穩、心情放鬆；有時在便條上寫字或說話時緊握著拳頭，對於消除緊張的情緒會有所幫助。所以，面試之前可以預先準備一些紙、筆等物品，放在電話機的附近。有時招募單位會出一些技術上的題目或邏輯的問題請求職者回答，因此手邊的紙筆可以方便記錄和計算。

因為電話面試時看不見考官的面部表情，所以要仔細地聽清楚每一個問題，而且回答時一定要面露笑容，好像就在考官的面前一樣。切記在應答時，千萬不要橫躺在椅子或沙發上，這樣的姿勢一定會影響到你的聲音和態度。對方可以從你的口氣頓揚中感覺到你的表情與體態。

又人的語速有很大的差別，注意要儘量配合面試官的語速。如果面試官的語速相對的較慢，你就該放棄一貫快速的說話方式，轉為和對方的語速同步。同時注意不要搶話或插話，一定要等到對方提問完畢後才回答。另外，回答時不要滔滔不絕，也不能簡單的只答「是」或「好」。在通話時態度要謙虛、語調要溫和，而且要語言簡潔、口齒清晰。同時語氣及態度也應該配合對方，這樣才有利於雙方愉快的交流，勝算的機會自然就會提升。

電話的禮儀特別要注意下列幾件事：

- 永遠稱呼對方為「您」，而不是「你」；詢問公司的名號時要說「貴公司的大名是？」

- 要經常回應對方「是」或「對」，以表示你在傾聽。
- 音調及語氣不可以給人敷衍或不專心的感覺。
- 不可以拉長尾音，一來會讓人覺得你沒有精神；二來感覺很做作、太嗲，女生尤其要注意這一點。
- 於談話結束時，記得要感謝對方的來電。例如，假設對方在下班時間或利用假日加班時，打電話給你，你就可以這樣說：「謝謝您這麼晚還打電話通知我，那麼我們下星期二早上九點鐘見面囉。謝謝！再見！」

這樣可以使對方感受到你的禮貌與體貼，也可以順便確認一下面試的時間，使你又向成功的目標往前邁進一步了。

3.3 視訊面試

隨著 e 化時代的來臨及國際化腳步的加快，人力招募也進入了新的階段；傳統的面對面之面試方式，已逐漸被越洋電話，甚至視訊面試所取代。視訊面試是屬於一種遠距面試，也是一種初步的面試，一般還會有後續的會面面試。採用視訊面試的目的還是在做篩選的工作，以避免浪費雙方的時間與金錢。

在視訊面試的整個過程中，應徵者可以一邊看著用人單位的負責人，一邊進行交談。雖然雙方相隔千里，但是電腦螢幕上的畫面及聲音都非常的清晰，考應雙方就像面對面的座談一樣。求職者既可以單機使用軟體上網接受面試，也可以到指定的視訊終端機進行面試。他必須準備個人的 Power Point 履歷、作品等，在線上接受求才單位的面試。由此，求職者可以不必遠奔求才公司，就可以在電腦前面完成與招聘公司的面試。足不出戶就能與心儀的單位面對面地交談，現在已經不再是夢想了。

視訊面試能夠提供一點對多點、甚至多點對多點的面試方式。

一家公司的一個或數個主管可以透過網路，同時對多個應徵者進行面試交談，同一公司的其他單位也能在網路上看到，雙方交談互動的全部過程。這種新型的面試方法也能直觀地觀察到應徵者的反應能力，及語言表達能力；免去舟車勞頓之苦，節省了雙方寶貴的時間與開支，大大地降低了用人成本，而且簡單便捷，效率又高。

電話面試只能聽到聲音，但是視訊面試卻是影音雙全。傳統的面談方式使得人力市場的供需雙方十分強調應徵者的臨場表現，包括面相、穿著及舉止等，但在甄才 e 化的情況下，這些要素是否仍然具有影響力，目前大家的看法仍然很分歧。有的人認為視訊面試的方式減輕了應試者的緊張度；有的人則持相反的看法，他們認為視訊面試增加了應試者的緊張度，所以 e 化的甄選方式與傳統的面談方式做比較，究竟何者對應徵者的心理壓力較大，恐怕得做一番研究之後才能知道答案。

3.4 單人面試

單人面試（One-on-One Interview）是最簡單的一種會面面試的方法。它也是最普遍的面試形式，因為招募單位可以省卻人手及簡化程序，這種形式可以讓雙方深入地了解，且直接地交換意見。

單人面試是採用一對一的面試方式，考方只有一個人獨挑大樑，這個人一般是用人部門的經理或其代表，很少是人事主管。如果是部門的主管，則提問會集中在測試應試者的專業才能；此時應試者應該留意考官的反應而隨機應變。如果考官是人事主管，則提問大多會涉及應試者對該公司的認識程度，以及有關一般辦事能力的問題。單人面試適用於職務界定已經非常清楚，如秘書、採購、會計、工友之類的，他們所須具備的條件與技能非常的明確，很容易測試與挑選。技術部門徵求技術人員時一般不採用單人面試的方式。

　　單人面試的內容常常會涉及一些應試者做過的，或者將來要從事的工作，也可能會涉及未來職位所需的個人能力等。所以，經歷方面的問答就成為面試的重點，有時可能還要接受臨場的技能測試，如打字、電腦操作、體能等。如果應徵者有所創作，就應該將其作品或照片顯示給考官看，以增加得分的機會。

　　單人面試時，考應雙方的距離會拉近，所以禮儀、態度與身體語言的印象分會非常重要。應徵者對考官要保持一定的尊重，不能侵犯到他的安全範圍；不能太熱情，也不能太冷酷；保持微笑、親切、熱誠、傾聽及興趣就是不二法則。

　　單人面試時，考官可能會姍姍來遲，這很有可能是故意的。遇到這種情況時，一定要保持冷靜與笑容，不要灰心，更不要展現怒容，要裝得毫不在意、若無其事的樣子；當然，別忘了還要面帶笑容，並且立刻自座位上起立，向他問好。

　　在面試過程中考官離席去接電話，當然也是一種不禮貌的行為。但是你也要裝得毫不在意的樣子，儘量記住你們談到了什麼地方。等他回來時，你應該馬上就回到原來的話題上去。

　　在面試過程中，考官通常會善用長久沉默的技巧來暗中觀察應徵者的反應與沉著。這時你不要急著去打破沉默，不要問考官還想知道些什麼；你要保持冷靜，不要因為害怕沉默而無話找話。回答完一個問題後，你只管耐心地等待下一個問題。

　　考官於問了一個刁鑽的問題之後，例如，「你為什麼會考不及格？」或「你為什麼會離開現在的公司？」等，他知道你的回答可能不是百分之百的事實真相，所以他很可能會追問一句：「還有嗎？」你可能誤以為考官還知道更多。在這種時候，你不要慌忙地馬上坦白以對，你只要說你已經把所有事實真相都向他報告了。

　　有些考官在面試過程中嘮嘮叨叨，根本打不開局面，讓應徵者沒有說話的餘地。遇到這種狀況時，你應該善於把考官引導到正常的軌道上來，不要讓他一個人霸占所有的時間。你要知道這也是考

官暗中在測試你的談判技巧及積極性的一面。所以你在應試前,就
要準備好面試的多方面課題,以便在適當的時機插入,然後再導入
正軌。

3.5 群組面試

群組面試(Panel or Group Interview)是由多位考官組成面試
團,輪流地向應試者提問。這種情形大都出現在大型機構的選才。

在群組面試中,考官的成員通常可以從三人至八人不等,其成
員可能包括用人部門、別部門但業務上有相關者、人事部門,或者
董事長及總經理的特助等。他們可能同時出現,以一列排開的方式
進行面試;但是有時候是以一對一的方式,依據事先安排好的先後
順序對應考人進行面試。由於考官的人數眾多,所以難免會令應試
者緊張。應試者切不要被這種架勢所嚇,一定要保持鎮定,每次回
答問題時要望著發問者,找出面試的主持人,儘量引起他的注意,
並且博取其好感;同時,回答問題時也要表現得一視同仁,不要選
擇性的回答。

群組面試的方式可以分成沒有分工的自由發問方式,以及有分
工的問話方式。現在說明於後。

(1) 自由式的群組面試

自由發問(Unstructured Interview)是最常被採用的群組面試
的方式之一。採用本方法時,眾位考官在進行面試時並沒有按照預
先分配好的題目發問,所以他們可以天馬行空,自由的對應試者提
問任何有關的問題;因此,面試的問題會有重疊交錯的現象,但是
有些問題可能又該問而未問,使得應試者的一些特殊才能因而被埋
沒了,所以應試者必須懂得如何在適當的時機,主動地向考官呈現
你的強項及特殊技能。

通常在面試之前，每位考官均會拿到一張已經預先設計好的所謂「候選人資格條件表」，這張表上所列的各項候選人資格與條件便是面試時考官要問的焦點。應試者對這些資格條件當然無從得知，他必須運用反面試的技巧，在進行面試時，從考官的口中旁敲側擊地探問出來，而且愈早得知，在後面的面試過程中對自己愈有利，因為應試人會有更多的時間根據考方的真正需求推銷自己。

自由發問式的群組面試有一個缺點，即有一些常問的問題常被重複地提出，使得應試人一些比較特殊的技能反而沒有被發覺。遇到這種情況時，應試人應該要很有禮貌地提醒考官，某些問題已經被問過了，然後機警地把面試的重點導向沒被問過但對自己有利的方向去。

(2) 分工式的群組面試

與自由式群組面試不同的分工式群組面試（Structured Intetrview），眾位考官有一定的分工任務，即每人負責對應試人提問一些不同的問題，例如，有人負責學歷的部分、有人負責經歷的部分、又有人負責技術的部分，另外有人則負責管理風格的部分等等。

分工式群組面試沒有自由式群組面試的缺點，前者對應試人各方面的資格條件幾乎都能顧及到，所以沒有重複或遺漏的問題。其優點是過程結構嚴密、層次分明，但缺點是評價標準不一，每位考官的發問技巧參差不齊，所以在問答上難免會有深淺廣窄之分，這樣不一定能測出應試人真正的才能，而應試人最優秀的特點恐怕就被埋沒了。職是之故，應試人應機伶地伺機端出對自己最有利的部分，儘量凸顯自己的優勢與適任度。

群組面試的方式還有很多不同的變化；例如有一種是由多位考官面試多個應試者；在這種情況下，考官會在應試者中進行比對及評價，所以應試者應如何恰如其分地表現出自己的個性和特性，就

顯得特別的重要；一定要注意不能為了凸顯自己，而忽略了合群性及協調性。還有一種稱為集體討論面試，就是每一位考官（考官可以是一位或者多位）分別給多個應試者一個題目，由應試者共同研討出答案，從中觀察應試者的合作性及協調性。

群組面試廣泛應用於專業人員或徵求經理級主管時的面試，即通常用在招募重要人才的時候。因為考官的人數比較多，表示可以蒐集到應試者的資料也比較多，所以面試後考方經過內部意見的交換，比較可以挑選到真正符合公司需求的人才。

由於考官們的年齡、職務以及專業領域不同，對應徵者而言是一項很大的考驗。你不僅要回答每個考官所提出的個別問題，還要迎合全體考官的意圖。所以你在回答問題時，應該力求做到適合所有考官們所期待的答案（不能先後矛盾），你還得平均分配你的視線。

群組面試最後的決定有可能是整體面試小組所討論的結果，也可能同時接受考官們及其他成員（如考場的工作人員）的意見。因此，應試者在接受群組面試時，應該注意自己在考場內是受到很多「監視器」的監視的，完全大意不得。

應試者要令一群觀念及想法都不盡相同的人產生好印象，確實是一件很不容易的事。因此應付群組面試比單人面試的困難度更大一些。應付群組面試時，須掌握以下幾個原則：

- 一般在群組面試開始時，都會有人先介紹各位考官的姓名及職位，所以你至少要記住面試主持人的名字，以及其他考官的姓氏及職稱，以便在應對時可以正確地稱呼，以及掌握輕重與取捨。如果徵求的職位需要專門的技能，則往往專家也會在場，他的問題及意見將會受到特別的重視。
- 面試過程中，應試者往往會把目光投向考官，切記不要

將目光特別集中在某一位考官的身上，通常最好看著發
問者；自己發問時則可以向面試的主持人提出，但是假
如你希望某一位成員回答，則可以面向著他發問，並說
明希望由他回答；在面試過程中要集中注意力，聽完對
方的問題，切勿輕易打斷他的講話。

■ 如果其中一位考官對你特別挑剔或表示不滿時，不要緊
張，更不要出言不遜，好勝地加以反駁或與其辯論，你
只要從容應付即可；切不可得罪其中一人，而令全體考
官對你產生惡感，從而導致面試的失敗。

■ 面試時，常會碰到兩位考官同時向你提出不同的問題。
你只好逐一回答而不能回答其一，而不理另一位提問
者，你應說：「對不起，請允許我先回答 A 問題，然後
再回答 B 問題好嗎？」這樣你既有時間思考，又不得
罪兩位提問者。回答問題不宜太長，要注意語調，並留
意觀察提問者的反應及肢體語言，這樣你的答話才會得
到好的效果，通過群組面試的機會就會大增。

3.6 特定技能面試

特定技能面試（Targeted Interview）有一點類似分工式的面
試，但考官只對某一項或幾項特殊技能進行面試，這種特殊技能可
能可以解決公司棘手的問題、使公司轉型，或改善公司的經營情況
等。因此，面試的主要內容將會集中在該特殊技能上，而且考官的
問題將會非常深入。

特定技能面試所要問的題目是預先就設計好的，所以考官的
提問早就分工好了。應付這一類面試幾乎沒有僥倖的機會，因為考
方早就已經準備得非常周全，他們所設計的問題一定是能夠測試出

來，誰才是他們真正想要的人。

特定技能面試的缺點是考官所要提問的範圍太過狹窄，可能因此忽略了應試人其他方面的特長，而這些特長也許對公司也有很大的幫助及附加價值。因此，應試人應該運用技巧將討論內容引導到對自己有利的方向去。

當然，解決問題的方法會有很多，很少只有唯一的答案，因此你可以強調除了你所具備的特定技能之外，如果再配合你在其他相關技能的知識與經驗，問題將更容易迎刃而解。

3.7　情境面試

情境面試（**Situational Interview**）是一種經歷式或假設式的問答。考官常就他們現在所面臨的問題，或從你的經歷中，或另外虛構一種情況，提出假設性的問題，以讓應試者在這種情況下做出反應，並且回答問題，進而測試應試者在既有的經歷中，或虛擬的案例中，所採取的應變能力、思維能力、分析能力、解決問題的能力與處理技巧等。應徵者需要特別注意的是：情境面試的問題可能就是求才單位正面臨的問題，或者他們真正想要的人就是能夠解決這些問題的人。因此，應徵者應在後續的回答中，多多強調這些方面的經驗與能力。

情境面試是基於這樣一個理論：過去的表現，是將來行為的最好預測。該面試係透過提問來試探一個應試者過去的行為表現，或者將過去的經歷應用在一個假設性的情境狀況，例如：「以前在遇到意想不到的困難時，你是如何應付的」；「談一談你有沒有這樣的經歷？你為自己設定了一個目標，但最終沒有實現」；或者「請舉例說明你過去是如何同時處理過多項計畫的經驗」等等。

在虛擬的案例中，考官很可能提出的是一個非常棘手的問題，應試者首先應該把自己置身於考官所設定的特殊情境，然後用這個

環境中的人的身分來思考考官的問題。所以對於這一類問題,應試者須具備一定的想像能力。考官喜歡用這一類問題來測驗及評估應試者的分析、創意、概念、邏輯素養、急智、才幹、語言溝通等總體能力。

在少數的情況,考官可能會要求應徵者實際操作或作為,例如應徵業務員或銷售員者最容易遇到這一類面試法。考官可能會要求你向一個預先安排好的對象銷售某種商品,或做一個十分鐘的簡報;他可能連手提電腦及單槍投影機都為你準備好了。如果你沒有相當的實力及經驗,可能不太容易在短短幾十分鐘之內,就可以把所有的動作都演出來。因此,建議你在學校時就要多多接觸這方面的事物。

另外,還有一種情況是,在面試的項目當中,有一項測試是要應徵者接受心理師的提問,主要目的在量測你對應徵的工作到底有多少誠意與決心。心理師會將測試的結果提交給考官做參考。類似這種心理測驗一般只用於高階主管,如總經理或副總經理的招募,所以使用的機會還是不多。

一般而言,情境面試以傳統的提問為主。就應徵者既有的經歷中,考官喜歡問的情境題目如下:

- 「請舉例說明你如何與難以相處的學生／教授／客戶／同事打交道。曾經發生了什麼?你做了些什麼?」
- 「當你百事纏身時,你如何安排自己的時間?」
- 「請說一說你曾經做過的創造性工作。」
- 「請舉例說明你值得驕傲的一次快速決策的經歷。」
- 「請舉例說明你曾經定下的一個重大目標以及實現該目標的方法。」
- 「請舉例說明你曾經成功地動員你的朋友／學生／員工的一次經歷。」

- 「請談一談你的前一個工作／班級中遇到的主要麻煩
  以及你的處理方法。」
- 請舉出一個你與同事／學生／朋友之間因溝通不當而
  發生誤會的例子。你是如何解決的？」
- 「請舉例說明因你改變策略或決定而增加自己的工作
  難度的一次經歷。你做了些什麼？」
- 「請舉例說明你不得不把不愉快的消息告訴你的朋友
  ／員工／同事的一次經歷。結果發生了什麼事？」
- 「請舉例說明在沒有請示老闆的情況下做出決策的一
  次經歷。你做了些什麼？」
- 「哪一類事情容易使你生氣？你如何處理這一類事
  情？」
- 「你說過你辦事果斷，而且能夠從容應付大多數情
  況，請舉例說明你曾經遭遇過束手無策的問題的一次
  經歷。」
- 「請談一談你為了解決某一問題時，必須更改步驟的
  一次經歷。你做了些什麼？」
- 「請談一談在找不到現成策略可供處理當前情況時，
  從事決策的一次經歷。請詳細解釋一下。」

　　至於虛擬的問題，那就五花八門了。題目的性質應該是求才單
位感到興趣的問題，而且這些問題已經存在該公司了；他們想知道
的是「遠來的和尚」有何錦囊妙計。對於這一類問題，應徵者如果
沒有相當的經驗，是很難應付的。其實，考官並不太在乎應徵者的
答案是什麼；他們所要考核的是，應徵者的急智與想像力。另外，
他們也會從側面觀察應徵者的表情，所以你一定要露出自信滿滿的
樣子；先表現沉思狀，然後再侃侃而談；切勿慌慌張張，而顯得手
足無措。回答這一類問題，一定要先進行分析，再談解決對策。

為了應付情境面試，求職者應該在面試之前就要對自己過去的經歷和工作進行回憶並總結，為情境面試中的這一類提問做到心中有數的程度。應屆畢業生不具備豐富的工作經驗，就應該把重點放在班上及社團活動上，以應付上述類型的提問。個人的嗜好及志願服務方面的經歷有時也能博得良好的印象。總之，應試者應該按照下列四個原則來回答此類提問：

- 描述問題的本質。
- 分析問題的癥結及肇始因子所在。
- 描述你所採取的策略／行動。
- 事情的結局。
- 你的經驗和獲得的教訓。

情境面試法已經逐漸受到重視，但大多與其他傳統方法配合使用。這是應徵者表現機智與創造力的最好時機。後面的章節將再做詳細的介紹。

3.8　詰難面試

一般而言，考官都會為應試者創造一種親切、輕鬆、愉快的面試氣氛，以使應試者能夠消除緊張、充分說出應說的話。但在有些情況下，考官會故意製造緊張的氣氛，提出一連串問題，窮追不捨，直到應試者無法回答為止，以便給應試者一些壓力，以觀察應試者在壓力之下的反應，測驗應試者對壓力的承受能力及應變能力、自制力、情緒穩定力等。

所謂詰難面試是由考官提出一個不甚友善的問題，或劈頭就澆你一盆冷水，或者從你先前的答案中挑出一些矛盾，故意地為難你，有時幾近於侮辱，然後觀察你的反應及情緒的表現如何，讓你

在委屈或激怒中露出本色。主要是要擊潰你的心理防線,測試你在壓力下的心理與行為,所以又稱壓力面試(Stress Interview),也就是俗語所謂的激怒法。考官想看的是你的異常反應,而不是正常反應。詰難面試一般也是採用群組的面試方法。

慣用的問法如:

- ●「你並非畢業於名校。」
- ●「你的經歷太單純,我們需要的是社會歷練豐富的人。」
- ●「你的專業與我們的需求並不一樣!」
- ●「你擁有碩士學位,不覺得來應徵這個職位太過於大材小用嗎?」
- ●「你性格內向,恐怕不適合我們徵求的職位吧!」等等。

應徵者絕不能因此就面露不悅之色,或者勃然大怒,而與考官對罵起來。最好的方法應該是面露笑容、和顏悅色地加以回應,以讓考官如拳打棉被,碰個軟釘子。例如對於第一個問題你可以回答說:

「名校也有壞學生,非名校也有好學生!我就是屬於後者。我的學習能力很強,不出幾年,我也會很快地磨練成經驗豐富的人;又因為二十一世紀企業求才的趨勢是需要跨領域人才,他們沒有思維上的定見,所以更能看出專業上的盲點,即所謂旁觀者清之意;性格內向者的另一面是專心致志的優良特質,況且我還善於傾聽,可以從別人身上學到很多有用的東西。」

　　詰難面試不一定都是要激怒應徵者。有時候，考官會採用「揭人瘡疤」的策略，試圖挖出應徵者的短處、缺陷或弱點；然後，觀察應徵者怎麼應付。有關這一類問題，確實存在著一些灰色地帶。有些缺點在別人看起來反而是優點，有些優點在別人看起來卻是缺點，所以是一種見仁見智的問題。以下舉出兩個對於這一類問題的應付之道。以後在第八章「化解負面問題的策略」中還會再進一步說明。

　　考官：「請你說一說在職業生涯中有哪些可以改進的地方？」

　　應徵者：「謝謝！我覺得我在職場中一直都做得不錯。如果要說有什麼需要改進的話，恐怕就是做事時，老闆常說我有一點鉅細靡遺；這雖然不是很嚴重的問題，但是我還是需要注意，並且要加以改進才行。其實，對於這一點，老闆在去年年終考評時，還給予不錯的評價的。」

　　考官：「請說一說在工作績效方面，你在哪些方面還需要加以改進？」

　　應徵者：「謝謝！我覺得我的工作績效一直都保持得很好；我的年終考績在最近三年都是甲等。如果一定要說有什麼需要改進的話，那麼可能有一點，就是我做事時比較急性子；遇到事情時，總是在考慮清楚之後，希望趕快就把它做好，不然會睡不著覺。因為我總是把職責看得太重，希望馬上看到結果，所以讓別人看起來好像是一個容易緊張的人。也許以後我應該把腳步稍微放慢一點，不要太急太

衝。」

　　詰難面試可以考察應試者處理臨時狀況及協調組織的能力。招募單位在選擇關鍵性職位時，通常會採取這種面試的方式。應試者只要參透這是考官故意施壓的一種面試技巧，就可迅速調整自己的心態，坦然應對。千萬不能面對考官的「刁難」而發怒，甚至指責考官。

　　有些人認為詰難面試有一點欺人太甚，建議應考人不必為五斗米折腰；如果遇到太刁的考官時，應該立刻走人。我們則認為職場中受到更沒有自尊的待遇之機會何其多，實在沒有必要動氣，何必為了小不忍而亂大謀，何況情緒控制的能力也是面試的考驗項目之一。應試者就把它當成一種情境演練，心裡自然會舒坦多了。

　　其實為了應付詰難面試，應試人可以用四兩撥千斤的方法，回殺考官的氣焰，但態度要和藹，不能動氣。例如，當考官提出某些問題令你覺得私人被冒犯了且與工作無關時，你可以委婉地回答：「很抱歉，這個問題好像與我所應徵的工作沒有太大的關係，能否等到我們對這個職位有了共同的觀點，而且我已進入貴公司服務後，再來討論這類私人的問題」。但千萬不要這麼說：「你怎麼問這種不禮貌的私人問題啊！我不想回答。」畢竟對方很可能就是這個職位的主管，如果你因此而觸犯了他，也許就白白地喪失掉一個工作機會；如果這位考官寬宏大量而錄取了你，那麼日後你就不容易處事了。

　　因此，如果這個職位對你的生涯規劃甚為重要，則不要輕言放棄任何機會。即使對方所提的問題非常不禮貌，身為求職者，也不能意氣用事或表現出不禮貌的言詞。你可以拒絕回答，但是口氣及態度一定要婉轉溫和。

　　還好現在詰難面試還不十分普遍。在後面章節裡我們會告訴讀者，如何在面試之前要先去探聽考方的公司文化。如果以整人為樂

是該公司的文化，那你就不必考慮該公司了，連面試都不必去。否則你應該面露高 EQ 的神情，和顏悅色地應對才是。

攻防的技巧

　　在傳統的面試過程中應徵者都採取守勢，即由考官發問，應徵者被動地回答。現代的面試技巧建議應徵者有時也應該可以發問，其目的有二，第一是了解招募單位之工作環境及行事準則，以便被錄取後可以考慮是否要接受；第二是採取反面試的技巧，應徵者可以從反問中探取招募單位徵才的真正目的是什麼，例如，考方要挑選的是一位技術背景很強的人，或是一位很有創意的人，或是一位管理經驗豐富的人，知道了招募單位的真正需求之後，應徵者就可根據這個需求，盡全力地把自己推銷給對方；這就是正中要害的策略，無往而不利。以下就介紹一些雙方攻防的技巧。

4.1　基本技巧

　　面試有一個最重要的基本技巧，那就是無論考官或應徵者在發問時都要問一些問答題，而不要問一些是非題，因為是非題的答案只有一個字，不是「是」，就是「非」，這樣無法挖掘對方內心深處的想法。反過來說，如果考官問的是是非題，則應試者不應該只回答「是」或者「不是」，而應該說明理由才對；如果應試者沒有再加以引申，這就表示你辭窮、不擅言詞，甚至缺乏溝通能力。對於是非題的回答方法應該是應了「是」或者「不是」之後，還要繼續加以說明，詳細解釋你這樣回答的原因何在。

4.2　封閉式技巧

封閉式提問（Closed-Ended Questions）常用於確定某些資訊，或者陳述某些事實，其答案非常簡短，或者只要平鋪直敘即可；但是它卻是一種可以得到具體回答的提問方式。這一類問題比較簡單，而且涉及的範圍較小。下列一些體裁普遍使用封閉式的問話技巧來探取：

工作經歷：包括過去的工作職位、成就、工作績效、個人
　　　　　收入、工作滿意度及調動的原因。
學歷：包括專業科目、學業成績、傑出的學科、最討厭的
　　　學科、課程規劃等。
早期家庭狀況：包括父母親的職業、家庭收入、家庭成員
　　　　　　　等。
個性：包括性格、情緒、嗜好等。
生涯規劃：願望、需求、職場目標、人生觀等。

封閉式問答常以何事（What）、何時（When）、何處（Where）、何人（Who）（即人、時、地、物）做起頭來發問。對於這一類問題，應試者一般並沒有像回答開放式問題那樣有充分發揮的餘地，因為這一類問題一般都有具體而一定的答案，應試者只要根據自己的實際情況加以回答即可。不過，記得答話的內容還是要與應徵職位具有密切關聯的資料才行。

4.3　開放式技巧

所謂開放式提問（Open-Ended Questions），就是指考官提出的問題應試者不能使用簡單的「是」或「不是」加以回答，而且必須

另外引申及解釋才能回答得圓滿；或者應試者需要提出他自己的看法、想法、見解、評論等，不能只是陳述一個既存的事實。因此，考官提出的問題如果能引發應試者加以論理或引申，或者沒有固定答案的，則符合「開放式提問」的要求。面試的提問一般都會採用這種開放式的技巧，以便引出應試者的思路，真實測出其高下。以下是封閉式及開放式問題的區別：

是非題：「你喜歡目前的工作嗎？」(Yes or No）
封閉式問句：「你目前的工作是什麼？」（What）
開放式問句：「你為什麼不喜歡目前的工作？」（Why）
　　　　　　「這些工作對目前應徵的工作有什麼幫助？」（How）

開放式提問的目的是為了從應試者口中獲得大量豐富的資訊，並且鼓勵應試者侃侃而談，避免被動，所以問題常用為什麼(Why）、如何 (How）等做起頭。以這些字做起頭的問句，應試者至少要使用好幾句來回答才能圓滿。例如：

- 「你在大學期間，從事過哪些社會服務工作？ 這些工作對應徵的職位有何幫助？」
- 「你的專業課程修了多少門？ 你認為這些課程對你應徵的職位有什麼幫助嗎？」
- 「什麼原因促使你在兩年內換了三次工作？」

對於開放式的問題，應試者不能膚淺而簡短地加以回應，你非得深入地予以答覆不行；因此，你必須廣開思路，對考官的問題儘量給予圓滿的回答，同時要注意做到條理清晰、邏輯合理、說理透澈，充分展現各方面的能力。同樣的道理，應徵者如果採用開放式

的問話技巧（反面試技巧），則考官也很難避開你的問題，他必須做適度的回應，因此你就可以從他口中取得有意義的資訊。

4.4 連蜂炮技巧

連蜂炮提問（Penetration Technique）係由考官向應試者提出一連串相關的問題，要求應試者逐一回答。這種提問方式主要在測試應試者的反應能力、思維的邏輯性以及條理性。一般而言，考官為了讓應試者說出更多的東西，他就會採用這種連蜂炮式的提問技巧。例如：

> 「你在過去的工作中出現過什麼重大的失誤？如果有，是什麼？從這件事本身你吸取的教訓是什麼？如果今後再遇到此類情況，你將會如何處理？」

應試者也可以利用這種連蜂炮式的提問技巧，以從考官的口中套取他想要知道的一些資訊。也就是說，連蜂炮技巧同樣適用於應試者與考官雙方之間。問方為了要從答方口中挖取更多、更深入的訊息，他可以一連串地問對方許多問答題（包括開放式及封閉式的混合使用），以讓對方不得不吐出更多的資訊。如

考方這邊：

- 「你為什麼要離開現在的公司？」（Why）
- 「是什麼因素讓你做這個決定？」（What）
- 「你如何處理這次的離職？」（How）
- 「你什麼時候可以正式離開這家公司？」（When）

應方這邊：

- 「請問您們對這個職位所要求的資格條件是什麼？」
  （What）
- 「為什麼這些資格條件對這個職位這麼重要？」（Why）
- 「您們如何評估這個職位表現的好壞？」（How）
- 「請問這個職位大約什麼時候可以交接？」（When）

　　回答這一類問題一定要保持鎮靜，不要被一連串的問題所嚇住，應試者要聽清楚考官問了哪些問題。因為這些問題都是前後相關的，所以要回答後一個問題時必須以前一個問題為基礎，切記不要前後矛盾；因此，這就更需要應試者聽清楚題目的內容及其順序，並且冷靜地逐一回答。

4.5　停頓技巧

　　在問答過程當中問方可以採取不接話的技巧，以讓答方不得不說出更多的話，不然雙方沉默，會發生冷場的尷尬場面。利用這種技巧，答方會誤以為對方聽不懂他的話，或者講得還不夠清楚，所以就會講得更多，供出更多的資訊，這種技巧稱為停頓技巧（Pause/Silence Technique）。如
考官的面試過程：

- 應徵者：「我將這件事情一面向上呈報，一面對當事人加以口頭告誡。」
- 考官：（不接話）
- 應徵者：「上面知道後就開始進行調查。」
- 考官：（仍不接話）
- 應徵者：「結果這個研究員被調離我的單位。」

應徵者的反面試過程：

- 考官：「我們有一個很好的獎勵制度。」
- 應徵者：（不接話）
- 考官：「員工的產能超過配額的部分可以抽出 5% 作為工作獎金。」
- 應徵者：（仍不接話）
- 考官：「而且年終時還可以再參加年終獎金的分配。」

應試者在回答過程中，如果能夠適度地暫時沉默，將可收到使考官傾耳專注的奇妙效果。就像老師在課堂上滔滔不絕的講課中，如果突然停頓下來，那些竊竊私語的同學馬上就會安靜下來一樣。演說家也常常利用這個技巧，使聽眾停止交談。有時候在說話中間，降低一下聲量，讓聲音有所變化，反而會吸引聽眾的注意力；正如停頓技巧一樣，也可收到奇效。

4.6 回音技巧

所謂回音技巧（Repetition Technique）是問方可以從答方的回話中找出想要進一步知道的部分再反問回去，逼得答方不得不就這一部分講得更多、更清楚。如

考官的面試過程：

- 應徵者：「我跟一位女同事處得並不是很好。」
- 考方：「不是很好？」
- 應徵者：「她常常在同事的面前講我的壞話。」
- 考方：「講你的壞話？」
- 應徵者：「是呀！我好像永遠得不到她的歡心。」

應徵者的反面試技巧：

● 考方：「我們公司有一個很好的升遷制度。」
● 應徵者：「升遷制度？」
● 考方：「是的，如果年終考績排在同單位前面的十分
之一的人就可以連升三等。」
● 應徵者：「同單位？」
● 考方：「就是同部門，我們一共有五個部門。」

4.7　引導式技巧

在引導式問答中，考官問的是特定的問題，應試者只能做特定的回答。考官問一句，應試者答一句。這一類問題主要用於徵詢應試者的某些意向，需要一些較為肯定的回答。舉例來說，考官會問：

●「你擔任研究室主任期間，一共有多少研究人員？ 主
要做什麼研究？」

這就是典型的引導式提問，應試者只要回答一個數字，說出計畫的名稱即可，而不必做其他任何解釋。

引導式的提問技巧也是考官鼓勵應試者再多說一些的一種技巧。例如，他會說：

●「你是說……」
●「根據我的理解，你的意思是……」
●「我明白了，這很有趣……」

等語來引導應試者繼續說下去。

有時考官為了要確定自己所聽到的是否正確，或者想確定應試者心中真正的意圖，也會用這種引導式的技巧，鼓勵應試者解釋得更清楚一點。遇到這種情況，應試者可以簡單地回答「是」或「不是」，無須重複敘述；除非考官有所誤解，或者考官想進一步了解的；遇到後面的情況，應試者應該再說明一遍，且要針對誤解點再闡釋得更清楚一些，或補述一下考官想知道得更多的部分。

有時考官為了聚焦在某些論點上，也會採取這種引導式的問話技巧，除了提出問題之外，還給應試者幾種不同的、可供選擇的答話方向。目的在於鼓勵應試者從多種特定的角度來看這個問題，並且提出了思考問題的思考角度。例如：

- 「你目前的公司最主要的問題是什麼？是營業額不足、產品的品質不良、士氣低落、還是其他原因？」

這樣就為應試者提供了思考問題的方向，使問題易於回答，不至於讓應試者錯誤地理解考官的意圖，不至於讓應試者的回答離題太遠、不著邊際。

應徵者也可以採用引導式技巧來進行反面試。如：

- 「請教一下，貴公司一共有幾個部門？目前求才的單位在規模上及任務上，與其他部門有何區別？」

4.8 　非引導式技巧

對於非引導式的提問，應試者可以盡情地發揮，儘量說明自己心中的感受、意見、看法和評論。這一類問題並沒有標準答案，也

沒有「特定」的回答方式。例如，考官會問：

● 「請你談一談擔任班長時的經驗。」

這就是「非引導式」的問話。考官提出問題之後，便可靜靜地聆聽應試者的敘述，而不必再有其他的表示。

與引導式的問話相比，非引導式的談話中，應試者可以儘量的多說，該說什麼就說什麼，因此可以提供豐富的資訊給考官。應試者應該好好利用這個機會，將自己推銷出去，並且向考官暗喻自己才是最適合的人才。

在這種非引導式的問答中，應試者的閱歷、經驗、表達能力、分析及歸納的能力等都可以充分地展現出來，這樣有利於考官做出客觀的評價。

4.9　壓迫技巧

壓迫技巧就是 3.8 節所說的詰難面試。這是考官所採取的技巧，應徵者是不能採用這種技巧的。應徵者常遇到下列問題：

● 「這次就業考試，很多人都利用關係，聽說你也有不錯的背景關係？」
● 「從你的專業來看，似乎不適合這份工作，你認為呢？」
● 「這個問題你沒有給我們滿意的答覆，所以你被錄用的可能性很小。」

應試者應該明白這是考官故意給你施加壓力，以觀察你的反應及情緒管理，所以絕不能面露慍色、甚至發怒，更不能指責考官。

相反的，應試者應該和顏悅色地回答，甚至發揮一點幽默感都沒有關係。

4.10　假設式技巧

在假設式的問答（Hypothetical Questions）中，考官為應試者假設一種情況，讓應試者在這種情況下做出反應，並且回答提出的問題；考官即從旁觀察應試者的應變能力、解決問題的能力及思維的能力等。比如：

- 「如果你是那個肇事的工程師，你將會怎麼處理？」
- 「如果你是經理，你將如何處置這個秘書？」

假設式技巧同樣適合於考方與應方的問話技巧，例如：
考官的面試：

- 「假如你是裝配工廠的經理，有一天你發覺有一個外勞偷竊了一支工具，假定沒有其他人發現這件事，你將如何處理？」

應徵者的反面試：

- 「假定我是貴公司的一員，有一年對於考評結果覺得不盡合理，那麼我應該怎麼申訴？那麼我的主管，將會怎麼處理？」

有時候考官會提出一個更複雜的案例，然後要求應試者對案例進行分析判斷，他則從旁觀測應試者的思考、分析和解決問題的能

力等等。茲舉一例說明如下：

　　年輕的陳國祥很得意，因為他終於如願以償，被任命為業務部門的代理經理，以彌補因為出國受訓而空出來的經理位置。雖然頭銜前面加了代理二字，但是畢竟是總經理給自己提供了一個升遷的機會。在這個人才濟濟的單位裡，自己算是幸運的了。可是當了代理經理沒有幾天，陳國祥就遇到了一件棘手的事情。

　　事情還得從頭說起：公司為了鼓勵業務人員提高業績，決定採用高額獎金的獎勵制度，其中規定一年的銷售額超過 1,000 萬的人，一律可以獲得超額獎金，其額度為超過部分的 7%。這一個規定從來沒有人打破。可是這一次，林國忠卻完成了 1,200 萬的銷售額。對此，公司有些後悔，便決定暫時不發獎金，要林國忠於明年再度超額完成任務時才能兌現。林國忠知道以後很氣憤，他的情緒也深深地影響了其他員工，部門的士氣變得非常低落。

　　令陳國祥為難的是，自己如果發給林國忠獎金，那麼過一段時間經理回來，自己將無法交代。但是如果不兌現，自己也很難管理這個部門。終於他想出一個兩全其美的處理方法。他決定開一個表彰會，發給林國忠一個獎章，以表揚他的成就；同時設立了一個業務部經理助理的名銜給他。陳國祥非常得意，他認為員工對晉升的慾望會超過對獎金的慾望，因此林國忠一定會非常滿意。沒想到表彰會後，林國忠衝到經理辦公室，向陳國祥喊道：「你少來這一套，我根本看不上那個徒有虛名的經理助理，我要你按制度執行，兌現屬於我的 14 萬元獎金。」

假定你是陳國祥，你將如何善後？

4.11 其他技巧

雙方還可以有其他很多技巧可資運用。例如有一種叫作對比技巧的，有一方可以請對方針對兩個公司、兩個人、兩件事情、兩個制度、兩種看法等，進行比較。例如：

考官的面試：

● 「如果你是一位股票分析師，你將如何與財務分析師區別？」
● 「請比較一下你現在的老闆與之前的老闆。」

應徵者的反面試問題：

● 「請教一下，貴公司現行的考評制度與之前的考評制度做了哪些改變？」
● 「請問一下，發電部門的工作環境與規劃部門的有些什麼不同？」

另外有一種舉例技巧，或具體技巧。當對方講得口沫橫飛時，另外一方就可請他舉幾個例子來支持他的說法。例如：

考官的面試過程：

● 應徵者：「經理常說我是部門內最有創意的人。」
● 考官：「能否舉幾個例子？」
● 應徵者：「我們採用了一種參與式管理法，允許工人共同參與決策，使得產能顯著的提升了。」

● 考官：「請具體說明你所採用的方法。」

應徵者的反面試過程：

● 考官：「我們這裡很快就可以晉升到資深工程師。」
● 應徵者：「喔！能否請您舉出幾個最近升等的人？他們是因為年資到了就升？還是要通過一些門檻？最快幾年就可以升？」

Chapter 5

面試的策略與對策

　　所謂策略（Strategy）就是先設定一個目標，然後策劃如何達到這個目標的方法或手段。站在考方的立場，他們會採用一些面試的策略，所以應徵者應該研究或想辦法探知他們所採取的策略是什麼，這樣你才能策劃你的對策，以達成贏的目標。

5.1　面試理論

　　面試的程序首先由考方設定一些求才的資格條件，然後對外尋求能夠符合這些資格條件的人；再透過面試的問答方式，以了解應試者的能力與適任性，最後才從很多應試者中挑出一位最適合的人選。同樣的道理，應徵者也有權知道求才單位的工作環境與公司文化，作為他應該挑選哪一家機構工作的依據，雖然時下是一個人浮於事的時代，應徵者幾乎沒有主動挑選的空間。不過理論上，面試實在是一種雙向的交鋒。

　　持平而論，招募單位透過面試是否就能挑到最適合的人才？應徵者是否就能找到最適合他工作的機構？答案往往是不一定的，其理由安在，面試技巧也！

　　根據面試的理論：過往的表現與行為是預測未來的表現與行為最為可靠的單一因子。因此，招募單位必定會想盡辦法來挖掘應試者過去的表現與行為；而應試者為了贏得勝利，必須深入了解招募單位的真正需求，並且針對這些需求提出自己的優勢，以說服考方他才是最適合的人選。因此，決定錄取與否的關鍵性因素，其實在

於面試的成敗而已。

5.2　考方的面試策略

招募單位因為業務的需要，必須向外界徵求人才，而每一個人才就像一顆蘿蔔一樣；俗語說：「一個蘿蔔一個坑」，所以招募單位會對每一個蘿蔔坑設定一些放得進去的「規範」，也就是能夠置入這些蘿蔔坑的規格（即資格條件），這就是作為徵才之用的所謂候選人之資格與條件（Candidate Specification）。這些資格與條件一定是未來執行工作時所必備的項目，所以又稱為選才準則（Selection Criteria），這就是應徵者所必須具備的最低標準。

資格與條件的含意不盡相同。資格是指應徵者的年資、學經歷、品格、特質等。條件則是指招募單位要求應徵者要遵守的特別約定或約束，例如，應徵者願意到國外短期出差、長駐工地、週末加班、每年多少業務量的配額、每年多少利潤等；在教育機構則是教學之外，還要指導學生做研究、每年發表多少篇論文、擔任導師的工作、承接多少建教案等等。

候選人資格條件表一般是由用人單位的經理或主管所擬定。他在研擬候選人的資格條件需求時，會先對目標職位做一個界定；他必須考慮最近幾年的部門目標、今年或明年的業務計畫營收量等。候選人的資格條件不外乎涵蓋下列幾項，它的寫法可能就像這樣：

- 學歷：土木研究所碩士，主修大地工程，選修地質相關課程更佳。
- 經驗：兩年以上的大地工程調查、設計或監測的經驗。
- 技能：邊坡穩定分析、擋土牆設計、隧道監測。
- 知識：土壤液化、活動斷層、雙隧干擾、隧道止水。
- 特質：穩重可靠、精明幹練、積極勤快、工作效率佳、

努力向學。

- 條件：願意加班、願意週末趕工、願意長期出差（至少
占每年正常工作時間的 40%）、願意長駐工地。

　　考方就是依據這張候選人資格條件表來進行面試，看看哪一位候選人最符合這些明訂出來的資格條件。上述中有些項目在候選人的簡歷書上就已經提供了，如學歷及經驗。考方想要測試的是，技能及知識的程度（Level）如何、人格特質怎麼樣、配合度及協調性好不好等，這些無法從簡歷書上看出來的項目，就需要從面試過程中探出虛實。

　　應試者為了打贏這一仗，不但要了解資格條件表的製作方法及過程，而且自己還要站在考方的立場，發揮一點想像力，利用情境分析的技巧，構思及模擬這張文件的可能內容。根據這張假想的資格條件表，在試前就要想好答案，準備在面試當天從容應答。如果在面試當天能夠在開頭的幾分鐘（大約 5 分鐘 ），運用反面試技巧，從考官的口中套出一些蛛絲馬跡，然後針對考方的需求，進行答覆，那麼應徵者就可以立於不敗之地。

5.3　對策之一：試前情蒐

　　傳統上絕大多數的應徵者對面試這件事都採取被動與守勢，其實這是大錯特錯的做法與觀念。這樣做已經輸在起跑點了。所以，應試者必須想盡辦法，事先了解對方及熟悉對方；了解對方，推測對方的情況及對方想的是什麼，你才能給他們所需要的東西。再說，一個對招募公司的情況一無所知的人，會讓對方懷疑你的誠意與動機，而且絕對沒有一家公司會賞識一個對公司情況抱著漠視態度的人。

　　因之，在面試之前應試人就應該做很多準備工作。第一項準備

工作就是要向求才公司蒐集一些必要的資訊，其目的有二，一個是
想了解該公司的一般情況，以及與面試有關的事項；另一個是讓該
公司的人知道你對他們的公司感到興趣，以及你對這次面試的認真
態度。蒐集的方法一般可以用網路或電話，但是如果能夠親自拜訪
該公司將會更好。蒐集的項目至少包括：

- 該職位的職務敘述（Job Description）。
- 應徵者的資格條件中哪一項最重要？為什麼？
- 該職位的年度目標。
- 隸屬部門的年度目標。
- 隸屬部門的業務計畫。
- 公司的年度報告。

如果公司的人不太願意提供上述資訊或資料，應徵者可以說明
這些資料是用來評估自己的資格條件是否適合公司的需求，以及決
定自己要不要投下更多的時間來應徵。一般而言，招募單位不應該
會反對的。

5.4　對策之二：職位的模擬分析

應徵者根據上述所蒐集的資訊及資料，接著就要進行職位的模
擬分析，其做法就像招募單位在擬定候選人資格及條件一樣。最重
要的是，應徵者要針對該職位的任務或責任，模擬招募單位可能會
設下的需求資格與條件。以下就是應徵者需要模擬的重點：

- 該職位的任務或責任是什麼（答案來自職務敘述）？
- 在這個職位上有什麼需要解決的挑戰性課題或關鍵性難
  題？

- 解決上述挑戰性課題或關鍵性難題需要具備哪些技術及專業知識？
- 眼前這個職位的特定目標是什麼？
- 達成這個特定目標的挑戰或關鍵性難題是什麼？
- 解決眼前的挑戰性課題或關鍵性難題需要具備哪些技術及專業知識？

5.5　對策之三：候選人資格條件的模擬

經過試前情蒐及職位分析之後，下一步就是要模擬類似招募單位所擬定的候選人資格條件表，雖然應徵者對候選人資格條件表的形式與內容無從得知，但是為了贏得這場選戰，還是值得預先加以模擬。

模擬的內容如下：

- 教育：根據職位模擬分析鑑識出來的技術及專業知識，一個候選人需要受過哪些正式教育或訓練？
- 訓練：為了獲得上述技術及專業知識，一個候選人需要受過哪些非正式的教育或訓練（如短期訓練、研討會等）？
- 經歷：為了擁有上述技術及專業知識，一個候選人需要哪些經歷？需要累積多少年的經驗才能達到應有的深度及廣度？
- 相關經驗：哪些相關經驗也可以養成上述的技術及專業知識（這一點很重要，因為應徵者的學經歷要完全符合招募單位所設定的資格條件，似乎不常見）？
- 技能：在這個職位上需要具備哪些特殊技能？

■ 個人特質：為了達成該職位所設定的目標，應徵者應該
具備哪些個人特質？

5.6 對策之四：對比分析

以上所述的情蒐及模擬分析完全是由應試者站在考方的立場，
試圖製作一張候選人資格條件模擬表，設想考方可能設定的求才資
格與條件。現在最後一步就是應徵者要將自己的實際資格及願意答
應的條件，與候選人資格條件模擬表進行比較分析。

最重要的是，應徵者要找出自己的資格條件中有哪些是符合
模擬的資格條件（候選人資格條件模擬表上所列的）；但更重要的
是，他要挑出自己比模擬的資格條件還要優秀的部分，稱為優點
（或稱優勢）；而比模擬的資格條件還不足的部分，就稱為弱點。
弱點的部分是考官最想要攻擊的目標，應徵者必須妥為準備，研究
對策，看如何防護；而優點則是應徵者的資產；一般而言，考官會
故意略而不提，因此應徵者應該運用從本書所學到的技巧，將面試
的方向導到對自己有利的優勢方向上，以便得點加分，贏得最後的
勝利。

經過上述的模擬與匹配分析之後，應徵者的自信心就會大增；
試前已做了充分的準備，在面試當天面對著考官就可以胸有成竹地
侃侃而談，因此離勝利的目標就愈來愈近了。

根據最現代的面試理論：過去職場上的成功是未來職場上成功
的最佳單一預測指標（Predictor）。所以應徵者必須試圖找出類似
的成功經驗，來與模擬出來的資格相匹配。當然你的模擬值不一定
是準確的，所以你就必須運用本書所說的反面試技巧，在面試剛進
行的頭五分鐘之內，確認徵才單位真正需求的應徵資格是什麼。如
果你的模擬是準確的，那麼你就勝利可期；如果你的模擬失準了，

你也不必驚慌，因為你在試前已經做過資料蒐集及充分的準備，所以你還是可以拿最近的成功經驗，來呼應徵才單位的需求。你的競爭者可能連相近的呼應都做不到呢！再者，你還有很多優點可以推銷；所以要好好利用這短暫的幾十分鐘，技巧地凸顯自己。

5.7 對策之五：打破沉默

有些考官比較嚴肅，不太願意暢開金口；在單人面試的場合比較容易遇到這種情況。又因為很多應試者出於種種顧慮，也不敢主動說話，以致無法好好地表現自己，並將自己具有優勢的一面凸顯出來。遇到這種場面時，應試者不應該白白浪費這個短暫而寶貴的面試時間；他應該利用這個機會多多推銷自己，有效地利用時間，多談一些自己的專長及能力，證明它們與應徵職位的契合關係；這樣也可以給考官留下一個熱情和善於交談的良好印象。

本來考官與應試者都不應讓面試的過程出現冷場。在這個短短不超過一個小時的寶貴時間裡，雙方應就面試的目的找到契合的程度。應徵者更應機靈地利用這種空白的時間，儘量將自己的長處以及適合招募職位的資格條件多多展現在考官面前。

有時，短暫的冷默也是一種考核，旨在觀察應徵者在沉默環境下的反應如何。此時應徵者必須表現得雍容大方、面露笑容，而不要心神緊張、面露不安的表情，以致讓人覺得你尚未成熟。尤其在一對一的單人面試場合，如果靜默的場景是發生在尚未正式面試的時候，應徵者可以先打破沉默，大大方方地向考官閒聊，然後再就面試場內的一些展示、字畫、獎牌等稍微讚美一下（切記稱讚不可過分）。

不過過猶不及，應徵者絕對不能滔滔不絕，東拉西扯的，一下子就像見到多年不見的老朋友一樣，這樣反而會弄巧成拙，容易被嚴肅的考官誤認為你這個人不穩重、不踏實，而且還剝奪了他的主

動權。

5.8 對策之六：心理緊張的克服

從投遞求職信之後到被通知面試之前，應徵者處於命運未卜的狀態。求職信一經寄出，也許石沉大海，毫無音信；也許在日夜盼望之下，久久之後才突然接到面試的通知；因此，在這段等待的時間（稱為佇候期），心理難免會有焦慮感。即使接獲了面試通知，試前也已經做好了充分的準備，心理仍然會忐忑不安；這乃是人之常情。以下就推薦一些如何消除這種等候時期的緊張，以及培養自信滿滿的心理層面的方法。這種心態必須維持到面試當天，甚至也可以應用於職場上。

(1) 消除正常的焦慮

應徵職位時，面試通常是最關鍵的一關，因此應徵者的心理就會患得患失，好像面試是難以逾越的大山一樣。產生這種焦慮心理的主要原因是誤認為考官非常嚴厲、競爭對手比自己還強、或者自己的資格不符或能力不足等的無自信心態，結果使得自己一步一步地踏入自我設定的陷阱中，從而惶惶不可終日，以致失去理性的判斷力。

焦慮主要是心理層面的現象，它要來便來，絕不會因為你要擺脫它就會消失。焦慮會給我們帶來心神不寧，無心做事，所以，我們希望能夠擺脫它。但是，你愈想擺脫它，你就會愈焦慮，而你愈焦慮，你便愈想擺脫它，結果就形成了一種惡性循環。擺脫這種惡性循環的唯一方法便是自己在心裡暗示自己「由它去罷！」一旦你不再注意身上的焦慮，焦慮狀態便會自然而然地「要去便去」了。

在面試之前如果有一點惶恐不安，這是屬於輕度焦慮。輕度焦慮是正常的，應徵者如果具有正常的焦慮感，反而有助於在面試時

發揮正常的水準。如果焦慮過度了，在面試時將難以發揮正常的水準。如果不幸患上了「面試焦慮症」，對於面試有著莫名其妙的恐懼感，在面試時，往往會嚴重的怯場，這就需要做心態調整了。

(2) 消除過度的焦慮

以上所講的是如何面對正常的焦慮，但是有一些應徵者由於心理承受力不足，難以忍受即將逼近的面試所造成的心理壓力，而陷入過度的焦慮之中。如果出現這種情況，應徵者就需要進行一些心理調適。過度的焦慮可以從三方面來診斷：

- 不良的情緒反應：如，緊張恐懼、心煩意亂、喜怒無常、無精打采等。
- 不良的生理反應：如，腸胃不適、原因不明的腹瀉、多汗、頻尿、頭痛、失眠等。
- 不良的智力反應：如，記憶力減退、注意力不能集中、思想遲鈍、學習效率下降等等。

為了降低佇候期的過度焦慮感，可以採取以下的有效措施：

①採用系統脫慮法

所謂「系統脫慮法」係採取一系列的步驟，逐漸訓練一個人的心理平衡能力，增強其心理適應能力，從而消除敏感的反應，以保持身心的平衡狀態。其步驟如下：

a. 第一步，認真地想像自己準備面試的過程，將引起面試焦慮的情境，依據焦慮程度的輕重加以排序。比如：面試準備期間、面試前一天、面試當天的等待時段、進入面試場、和面試官打招呼、面試中的尷尬局面等等。

b. 第二步，運用想像自行進行「脫慮」訓練。首先從能引起最輕度焦慮的情境開始想像。儘量逼真地想像當時的各種情

景、面試官的表情和自己的內心感受，一旦有身體的緊張反應或內心的焦慮狀態出現時，便用言語暗示自己「沉著」、「冷靜」、「停止緊張」，同時進行有規律的深呼吸，儘量放鬆肌肉，以減弱自身的緊張狀態，直到鎮定自若為止。然後想像第二個情境，依次自我訓練；最後到想像最緊張的面試情景，也能夠輕鬆自如為止。

在此需要指出的是，系統脫慮的自我訓練需要一定的時間，不能半途而廢，只要堅持下去，就一定能夠獲得良好的效果。

②培養積極的思維

具有面試焦慮症的人在佇候期與人交談時，常常會採用消極的語氣，如：

●「我可能通不過面試。」
●「我缺乏應變能力，恐怕難以應付面試中的應變題。」
●「我的表達能力不夠好……」等等。

這些消極的心態會破壞良好的心境，分散注意力，降低應徵者的自信，將會把自己引入胡思亂想之中，以致無法在面試中發揮正常的水準；因此，面試的結果將會不幸地被自己的消極語言所言中。相反的，應徵者假如具有積極的思維，就會充滿自信、心境悠然、注意力集中、思維敏捷，因此在面試中將會積極地表現自我，其面試結果就也會被自己的積極語言所言中。

如果一個人常說「我不行」、「我口齒不清」、「我形象不佳」，他自己便會漸漸地真的相信自己不行、他果真口齒不清、果真形象不佳了。因此，應徵者必須習慣於多給自己積極及樂觀的評價，必須學會保持積極及樂觀的心態。一個人的心理態度往往比實力更能左右勝負。當然，積極的思維並不是盲目的樂觀、脫離現實，或以空幻美妙的想像來代替現實；而是客觀、理性地看待自己，並對自

己有積極及樂觀的期待。人與生俱來便有自我接納的傾向,如果應徵者學會以適度的積極思維來接納自我,那麼,在佇候期的焦慮必然會減輕。

③了解面試的過程

應徵者如果能夠充分地熟悉面試的要求、題型、時間、地點、類型等等資訊,做到了心中有數;同時又能正確地評價自己,既相信自己的能力,又能實事求是,不要好高鶩遠,也不要自輕自賤,則面試前的焦慮自然會減輕。所以試前做好充分的準備工作是消除焦慮感最好的方法之一。

④做好充分的預演

應徵者如果預計自己臨場時會很緊張,就應事先請親朋好友充當考官,進行模擬面試,找出可能存在的問題與缺點,以便增強自己克服緊張的自信心。

應徵者應該時時反覆地告誡自己,不要將一次面試的得失看得太重。應徵者應該明白,自己緊張,自己的競爭對手也不會輕鬆,他們也有可能會出現差錯,甚至可能還不如你。在同樣的條件下,誰克服了緊張,誰比較鎮定,誰能夠從容地回答提問,誰就會脫穎而出,取得最後的勝利。

⑤放鬆身體

身心本相通,所以當一個人的身體放鬆時,他的緊張也就得到了紓解。放鬆身體的方法包括:

a. 散步

散步可分成三種不同的步伐:正常的步伐、擺動雙臂昂首闊步,或低頭懶散地行走。根據研究的結果發現,前兩種姿勢能使人的心情更加愉快。對此,心理學家分析說,擺動雙臂時,可產生一種機械性動作,使因焦慮而緊張的肩膀、頸部及背部肌肉得以放鬆。

b. 開懷大笑

開懷大笑可令一個人緊繃的軀體迅速地放鬆；在開心地笑過之後，由於手臂、腳部的肌肉不再緊張，血壓及心跳就會得到緩和，他就會感覺全身如同卸掉了千斤擔子，導致身體變得非常輕鬆。

c. 洗澡

專家指出，理想的洗澡水溫為 38℃～40℃，比人的體溫略高，它能增加血液的循環，使人鎮定下來。它會使緊張的肌肉放鬆，令人睡上一個好覺。

為了提高洗澡的安神作用，可以和主動的放鬆動作結合起來。首先，讓自己完全鬆弛，輕輕地飄浮在水面上，體會這時的感覺；其次，想像這種鬆弛感上升到肘部、上臂、肩膀、背部、頭上，逐漸擴散到自己感到緊張的部位；最後讓鬆弛感回到腦部，再向下擴展。

⑥調整飲食

生理學家證明，香蕉等水果中含有一種可以讓人腦產生血清基的物質，而血清基有安神和讓人愉悅的作用。某些人之所以患躁鬱症，其中有一個原因便是缺乏血清基。所以，面試前的一餐，注意給自己加一點水果。

飲食專家也指出，如果在食譜上常見的肉、魚和蛋等高蛋白食物之外，再加上幾片粗麵粉做成的麵包、馬鈴薯、豐富的蔬菜和水果等，將有助於產生和保持樂觀的情緒。

(3) 培養自信

培養自信也是克服緊張心理的一帖良方。我們常見充滿自信的人做起事來勇往直前，談起話來則思想敏捷、條理清楚。以下就提出幾種培養自信心的方法。

①培養積極進取的健康心理

要克服緊張的心理障礙，首要策略就是要增強自己的自信心，

要具備積極、樂觀、進取的健康心態。要有「我行，別人也行」、「我好，別人也好」的成熟心理。有了這種健康的心理，他就不必勞神費力地去討好考官，及特意的去壓制別人；他在面試當天自然就會坦然自若地表現自己所有的優勢，他也能夠理性地繞過自己與考官之間有意無意設下的陷阱。

因此，應徵者在了解用人單位的要求後，只要自己的資格相符，就要充滿自信，相信自己一定能夠勝任未來的工作，大膽地接受挑戰。

②消除完美主義的心理

絕對的完美主義者即意味著永遠的自我否定者，因為他永遠達不到他為自己所設定的任何一個目標。絕對的完美主義者也意味著不知輕重、不分主次，他會強迫自己在每一個細節上做過分的雕琢。一般而言，完美主義者只是希望別人把他看成是一個無可挑剔的人，所以平時他就不輕易講話，開會時總是坐在後排，盡可能地不引人注意，唯恐被他人發現了他的缺點。

患有這種完美主義的人，平時就應該多想想自己的優點與長處，確信面試的根本目的只是在展現自己的能力與風采；即使沒有被錄取，太陽也不會消失，生命也不會亡絕；天下求職的機會多得是，世界必有容得下我的地方。這就是拿得起、放得下的豪邁之氣。

③對考官進行反評價

容易緊張的應試者往往懾於考官的權威，而自慚形穢。為了不讓自己的心理被壓倒，不妨仔細觀察考官的表情、服飾、儀態、說話方式等，從他身上找出顯著的缺點或弱點。如此一來，就可以將被拷問的被動情勢，自然地轉為評價對方的主動出擊，使得內心的緊張感與壓迫感降低。

評價考官可以包括襯衫的領口是否骯髒、西裝鈕釦是否掉落、西裝是否鬆垮紋皺、領帶是否歪斜等等，都可以使自己在心理上產

生優越感，而與考官形成對等的關係。考官也是普通人，說不定你們身分互換時，他會比你現在的心情還更緊張。

　　相反的，應試者應該儘量找出自己的優點，尤其是優於考官的地方，必能增強自己的信心。面試時，容易緊張，通常起因於將注意力集中在考官的地位或頭銜上，並且下意識地把自己評價得過低。因此，應試者只要把考官看成同樣是赤裸裸的人，而且自己還有不少優點比他強，自己就可以用這種優勢心理作為墊腳石，增強信心，俾使自卑意識煙消雲散。

　　④具有頑強的意志力

　　所謂「意志」是一個人為了達到一定的目的，在過程中克服各種困難，堅持自己的行動，非達成目標絕不罷休的一種毅力。它是一種自覺性、堅定性、果斷性及自勵力的綜合力量。

　　決定事情成功與否的關鍵就是要具有堅強的意志，即所謂「有志者事竟成」的道理。根據研究，諾貝爾獎得主的成功因素主要有兩個共同特徵：一個是學識淵博，另外一個就是目標明確、興趣持久、堅定不移、具有不達目的絕不罷休的毅力。所以具備堅強的意志力是一個人成功的動力來源。

　　⑤具有競爭的意識

　　從某種意義上說，人生就是一場競爭。應徵者應該正視這個現實，好好抓住機會，接受挑戰。

　　「物競天擇、適者生存」是生物界生存與發展的普遍法則。因此，應徵者必須強化自己的競爭意識，克服焦慮、自卑、怯懦、優柔寡斷的心理障礙，敢於競爭，大膽地與競爭對手一決高下。

反面試策略

6.1 前言

　　前面曾經說過，現代的公司受到許多競爭的壓力，如追逐高生產力、高獲益力、低成本、高品質、不時地創新等等，所以現在已經不再時興傳統的覓才方式了。現代公司所要找的人才是要能夠帶入新觀念、能幫助公司求新求變的真正人才。因此，現今的覓才方式及對人才的性向取決也發生了很大的改變。

　　公司徵才之前都會製作一張候選人資格條件表，這是面試時考官要提問應試者的試題來源，應徵者是沒有辦法預先知道的。因此，應徵者只能採取兩種途徑來推測其內容。第一是利用情境模擬的技巧，推測其重點，就像補習班在抓考試題目一樣；這在前一章已經說明過了。第二條途徑是在面試時運用一些技巧，從考官的口中套出徵才公司真正要的是怎麼樣的人才。

　　另一方面，現代的企業在招募人才時，非常重視考應雙方的對等地位，尤其愈大的公司愈是如此，因為只有互相了解、互相選擇，才有可能做到雙贏。招募公司除了希望找到最合適的人才之外，他們也會考慮應徵者與公司文化及環境的融合度，即應徵者在公司長期發展的可能性。一個成熟的職場人一旦發現自己與公司的文化難以融合，則勢必會再度跳槽；這樣不但會耽誤個人，也會耽誤公司。因此，應徵者應該在適當的時候大膽地向考官提問；這樣做，既有助於考官更深入了解求職者，也有利於求職者掌握自己所

面對的公司與職位是否適合自己。

6.2 求才單位的中心需求

正如前面所言，現代企業的競爭劇烈，而且及於國際，所以傳統的求才方法已經不適用了。現代的求才目的在於得到下列答案：

■ 這個新人能帶給我們什麼貢獻？他的價值在哪裡？

一個應徵者不能把自己當成是公司的救星，或把自己當成是一個不得了的改變者。他如果想要爭取應徵的職位，一定要搞清楚求才單位真正想要的是什麼；說不定你想為求才單位改變的，或貢獻的並不是求才單位所真正需要的；可能情況正好相反，即你想改變的是他們認為不必改變的。如果是這樣的話，你還有可能獲得這個職位嗎？因此，應徵者在面試開始的前幾分鐘，一定要謙虛一點，利用本章所介紹的技巧，從考官口中套出求才單位想要徵召的是怎麼樣的人才，他必須具備什麼才能及特質。

職是之故，應試者必須在面試中探知求才單位僱用你的動機在哪裡？這種僱用動機就稱為是求才單位的動機因素（Motivational Factor），或稱熱鈕（Hot Botton）。要了解求才單位的動機因素是什麼，你必須得到下列三個問題的答案：

■ 求才單位的經營方向（研究方向）是什麼？
■ 求才單位最重要的經營目標（研究目標）是什麼？
■ 求才單位想改變什麼？

這些答案就是求才單位的熱鈕所在。如果你正好有這一方面的專長及經驗，這正是他們僱用你的原因。因此，你在整個面試過程

中就可以以這個熱鈕為圓心，盡力地把自己推銷給考官。

6.3 反面試的效力

所謂反面試係指應試者在面試進行中，利用某些技巧來反問考官，以取得必要的資訊之意。像上述的熱鈕就是需要利用反面試的方法，才能從考官的口中取得。以下即舉出傳統的面試方法，以及反面試方法之假想實例，以分辨兩種應試方法的有效性。

(1) 傳統面試法

考官：「早啊！胡先生；早晨的交通還好吧！」

應試者：「早安！長官；早起的鳥兒有蟲吃，我提早四十五分鐘出門，所以路上的車子比較少；我就趁這個機會先熟悉一下這裡的環境。」

考官：「很好，請坐。」

應試者：「謝謝。」

考官：「胡先生，你知道我們想徵求一位高級工程師，從事隧道工程方面的分析及設計工作，他的職位是部門經理，在他的上面還有一位協理。」

應試者：「好像很有挑戰性的工作。」

考官：「沒錯，這個工作是具有挑戰性。胡先生，你知道，我們想利用這個面談的機會多了解你一些；同時，如果你也想了解基泰公司的話，我們也非常樂意提供給你。我們是不是就開始了？請你告訴我們，你的教育背景怎麼樣？你是什麼學校畢業的？」

應試者：「我是民國 82 年從成功大學土木系畢業；然
　　　　　後考上台大土木系，在民國 84 年取得碩士學
　　　　　位，我主修的是大地工程。」

考官：「台大土木系有很好的隧道相關的課程，你認為
　　　　怎麼樣？」

應試者：「確實是如此，教授們也都講得很精彩，還經
　　　　　常為學生們安排現場參觀的機會；我很高興
　　　　　做了一個正確的選擇。」

考官：「你最喜歡哪些課程？」

應試者：「我對隧道工程及岩石力學特別感到興趣，一
　　　　　方面是老師講得好，另一方面是台灣目前非
　　　　　常需要這方面的專業；同時，我對高等工程
　　　　　地質及大地工程數值分析法也非常有心得。」

考官：「胡先生，請你告訴我，你在學校是怎麼樣的一
　　　　個學生？」

應試者：「報告長官，我在成大時是一個非常用功的學
　　　　　生，我的學業成績都能夠保持在班上的前五
　　　　　名；但是我並不是一個只會讀書的書呆子，
　　　　　我也常打球，我曾經入選為籃球班隊，參加
　　　　　過校長盃籃球賽，曾經得到亞軍。最重要的
　　　　　是，我在成大時，被那種腳踏實地、實事求
　　　　　是的校風所薰陶，深深影響我在職場上的工
　　　　　作態度。到了台大之後，我特別欣賞那種自
　　　　　由開放的學風，使人思想奔放，可以衍生很
　　　　　多創意。」

考官：「太好了，你一定學到很多東西。現在讓我們花
　　　　一點時間，談一談你的工作經驗。」

應試者：「我從台大畢業之後，當了兩年兵，然後進入

大地工程顧問公司，一直從事隧道的分析、
設計和監測等方面的工作；在兩年內從初級
工程師晉升為中級工程師。」

考官：「聽起來你在隧道工程方面的經驗還滿豐富的，
請問你的計畫大約是多大的規模？你在計畫內
擔任什麼角色？」

應試者：「我們的隧道計畫大多是上億的規模，其中大
地工程方面的預算大約占三分之一；我主要
負責數值分析及設計的工作；經理指定 5 個
初級工程師來協助我。」

考官：「胡先生，在工作上你最大的成就是什麼？什麼
是最值得你驕傲的？為什麼？」

應試者：「報告長官，我認為最大的成就是我的設計方
法曾經被中華民國隧道協會評選為（94）年
度最佳隧道設計獎。這種設計法現在已經在
國內普遍被採用。另外，我也培養了兩位年
輕工程師，他們現在也可以獨當一面了。」

考官：「這種設計法有什麼特殊的地方？」

應試者：「它比較省材料，而且施工起來比較快速，約
可以節省四分之一的成本。」

考官：「從剛才我們的談話中，可以聽出來，你已經有
一些計畫管理方面的經驗，如果作為一個部門
經理，你認為應該如何把一個計畫管理好？如
果要你去投標爭取一個新計畫，你會怎麼做？」

應試者：「您是說，如何把人管理好嗎？」

考官：「是的，管人只是其中的一部分；我比較感興趣
的是，你的整個管理哲學及管理策略。」

應試者：「好的。我的計畫管理哲學是，如期、如質地

　　　　把計畫在預算之內執行完成，以能夠讓客戶
　　　　滿意為準。因此，我會善用我可以掌握的資
　　　　源，包括人力及預算，進行合理的分配；另
　　　　外，還要與客戶保持密切的聯繫，以確定他
　　　　們真正的想法。我對計畫成員的管理策略是
　　　　讓他們能夠從工作中成長，同時要承擔責任，
　　　　以及追求卓越。至於爭取新計畫的事，我們
　　　　公司一向都由經理掌舵，我只負責提供一些
　　　　技術資料。但是如果要我去爭取的話，我會
　　　　根據招標書的要求，編製建議書，並在期限
　　　　內把建議書投出，然後馬上準備簡報及評審
　　　　事宜。」

考官：「很好，胡先生，你說的是一種很好的管理方
　　　　法。可惜，時間過得很快，我們的面談只能到
　　　　此為止。謝謝你！我們會儘快告訴你最後的結
　　　　果。再見！」

應試者：「謝謝！感謝您給我這次面談的機會。」

(2) 反面試法

考官：「施先生，早！找到這裡沒有遇到什麼困難吧！」

應試者：「長官，您早！還好，地圖上顯示得很清楚，
　　　　　所以沒有遇到什麼困難。」

考官：「施先生，我們感謝你來參加這次面談。你知道
　　　　我們想徵求一位高級工程師，從事隧道工程方
　　　　面的分析及設計工作，他的職位是部門經理，
　　　　在他的上面還有一位協理。」

應試者：「好像是一個很不錯的職位！」

考官：「是的，而且也是具有挑戰性的工作。」

應試者：「具有挑戰性（應試者採用回音技巧來反問考官）？那很好，我非常喜歡具有挑戰性的工作；請問，它是如何具有挑戰性（這就是一種反面試技巧）？」

考官：「我們以前一直在山坡地工程方面發展；最近我們將公司的經營方針稍微做了修正，我們想開拓隧道工程方面的能力（這就是求才單位的中心需求，應試者應該抓住這一點，儘量把自己優勢的一面凸顯出來）。」

應試者：「對不起！我想再請問一下，貴公司是基於什麼原因要拓展隧道方面的能力？那麼未來的目標是什麼？」

考官：「因為目前市場上，山坡地的開發案逐漸縮減，而隧道的設計案卻推出不少，而且它們的預算金額又非常可觀，所以以我們公司的人力及相關經驗來看，我們朝隧道工程發展，成功的機會是滿大的。現階段我們希望先取得一些業績（這又是求才單位的中心需求）。」

應試者：「現在貴公司在硬岩方面的人力有多少？他們有沒有隧道方面的經驗？」

考官：「喔！你的問題太多了！好吧！我們應該從哪裡開始？」

應試者：「對不起！我只是想多了解一下貴公司真正想要的是怎麼樣的人才，以及我是不是適任這個職位。如果我的理解沒錯，貴公司是不是想找一個擁有多年隧道經驗的人來主持隧道

相關的計畫（這也是反面試技巧的一種）？」

考官：「沒錯，那正是我們想做的事。」

應試者：「您是否想聽聽我在隧道方面的經驗？」

考官：「好吧！那我們就從這裡開始！你在隧道方面的教育是怎麼開始的？」

應試者：「報告長官，我曾經在台科大營建系及台大土木研究所選修過隧道工程。我的收穫很多，除了老師教得很好之外，我們還常常到工地參觀，所以學理與實際可以密切地配合。我的隧道工程是全班最高分的。」

考官：「你好像有過很好的訓練。那麼你是如何應用在實際工作上的？」

應試者：「我從台大研究所取得碩士學位之後，當了兩年兵，然後就進入堅石工程顧問公司，一直從事隧道的分析、設計和監測等方面的工作，到現在已經累積了十年的工作經驗；起初我在兩年內從初級工程師晉升為中級工程師；因為績效不錯，再過三年又晉升為高級工程師。我主要負責數值分析及設計的工作，經理指定十二位初、中級工程師來協助我；我現在的職位是計畫經理，統籌與隧道有關的計畫。」

考官：「計畫經理是扮演什麼角色？」

應試者：「計畫經理除了實質上要做計畫管理之外，還要撰寫投標建議書、製作投影片、參加投標評選、努力爭取計畫。在過去三年內，我們總共拿到一個大標案及兩個小標案，為公司爭取到 8,500 萬元的收入。」

考官：「施先生，作為一個計畫經理，你認為最大的成
　　　就是什麼？什麼是最值得你驕傲的？為什麼？」

應試者：「報告長官，我認為最大的成就是國內的隧道
　　　　工程標案大約有一半以上是由我們的團隊所
　　　　設計的；因為我們有豐富的經驗，而且非常
　　　　敬業，所以受到業主相當的肯定與信任。最
　　　　使我感到驕傲的是，十年來我培養了一個堅
　　　　強的隧道團隊，個個都是強將，他們都有能
　　　　力可以獨當一面。」

考官：「作為一個部門經理，你將怎麼做？」

應試者：「部門經理的主要任務是：做好部門與公司之
　　　　間的橋樑，好好帶領部門，爭取計畫、拚業
　　　　績，並且把計畫做好，同時要與外界維持良
　　　　好的關係。目前我與部門經理配合得很好，
　　　　兩人合作無間，我們共同為公司爭取到不少
　　　　計畫，且與業主一直維持非常良好的關係，
　　　　業主對我們的成果也非常的信任。相信在協
　　　　理及總經理的全力支持之下，我也能夠獲得
　　　　一樣的成果，甚至希望在三年內使貴公司在
　　　　隧道工程方面占有一席之地。我期待貴公司
　　　　能夠給我這個機會，我將竭盡所能，以取得
　　　　亮麗的成果。」

考官：「謝謝！我相信你會的。時間已經超過了，謝謝
　　　你今天來參加這個面談；有進一步的消息時，
　　　我們會儘速通知你。」

應試者：「感謝您花那麼長的時間來為我面試。希望儘
　　　　速再與您見面。謝謝！再見！」

考官：「再見！」

(3) 講評

我們先評論採用反面試技巧的施先生。首先，他巧妙地運用回音技巧（請見 4.6 節），在面試剛開始不久就插話，意圖探查求才單位真正需要的是怎麼樣的人才；他在第三輪交談時，就用「具有挑戰性？」的疑問句，誘導考官釋放更多的資訊。果不其然，考官把公司將要進行的改變（由山坡地開發轉變為隧道設計）透露了出來。施先生馬上就追問公司的目標是什麼（請見 6.2 節）；考官終於透露出「現階段我們希望先取得一些業績」；這就是該公司目前最急迫的，想要追求的目標。施先生此時已經找到了「靶心」；他準備在剩餘的面試時間裡，把所有的子彈都朝這個「靶心」打。

施先生將其在大學及研究所所受的教育，一直到在顧問公司的十年工作經驗，全部繞著隧道在打轉。他還針對求才單位的中心需求——公司的轉型及爭取業績，特別強調他在爭取計畫方面的經驗以及績效。他甚至將部門經理的角色講得頭頭是道；他更表明了可以給予求才單位的貢獻度；這就是他的價值所在。求才單位怎麼會遺漏這種人才呢！

至於採取傳統面試法的胡先生，就顯得被動多了。在被動的回答中，他一直沒有企圖心要去了解求才單位的真正需求，以及公司的目標何在，所以他一直在經理這個職位上打轉。甚至考官已經暗示他，如何去爭取新計畫，他還茫然不知，且說一些消極的話，如說出他只負責提供一些技術資料而已。即使他知道，這就是公司的近期目標，但是已經接近面試的尾聲了，他如果想多說一些，已經時不我予了。因此，他的命運不問可知。

6.4 發問的時機與技巧

反面試策略是由應試者主動地向考官發問，這已經侵犯到考

官的主導權，所以一定要選擇適當的時間，用適當的問話技巧提問（請見第四章）。一般而言，考官在真正提問之前，慣常會先說明面試的程序與方法，我們姑且稱為宣布期。所以應試者可以考慮在宣布期這個時段裡，從三個時間點切入。依據優先順序，分別稱為宣布前（寒暄期）、宣布後及第一個考題後。現在分別說明如下。

　　考官在宣布面試方式之前，習慣上會先與應試者打招呼及寒暄一下，我們姑且稱為寒暄期，宣布期之前都可以稱為寒暄期。在寒暄期切入，對面試程序的干擾最小，而且考官也比較沒有遭到侵犯的感覺，所以這個時機算是最好的，應試者應該可以伺機而動。不過，應試者也要看考官的個性，例如有些考官的權威感很重，如果你猛然插話，恐怕引起不悅；遇到這種情況時，就要另外想辦法了。

　　在宣布後馬上就切入，會令人覺得很唐突；因為考官才剛剛宣布了面試程序，應試者就突然發問，看起來是有喧賓奪主之嫌，所以我們建議最好不要在此時切入。除非考官有特別聲明，允許應試者問些他不了解的事情，但一般也僅限於跟面試程序有關的問題。

　　應試者要在考官已經開始提問後插話，那就更困難了。考官會認為應試者好像自己有一個程序表一樣，這已經威脅到他控制場面的權利。所以我們建議應試者最好放棄在此時切入的念頭。

　　在面試時要插話已經很困難了，發問時更要小心，在話語中一定要尊重考官的權威，不要去挑戰他的主控權。以下且舉一些範例，說明三種不同時機的插話技巧：

(1) 宣布前

　　應試者：「報告長官，在面試前能否請教幾個跟這次面
　　　　　　試有關的關鍵性問題？」
　　應試者：「報告長官，您一定想充分了解我的專業領

域，因為我們的時間有限，所以在面試前能
否先請教您幾個跟面試有關的關鍵性問題？」

應試者：「報告長官，等一下為了讓您有足夠的時間了
解我，在面試前能否先請教您幾個跟公司以
及職位有關的簡單問題？」

應試者：「報告長官，因為時間有限，所以等一下為了
讓您的提問能夠集中在您認為最重要的課題
上，能否先請教您幾個跟公司以及職位有關
的簡單問題？」

(2) 宣布後

應試者：「報告長官，這是非常有效率的方式；等一下
為了使您的提問能夠集中在您認為最重要的
課題上，所以在真正提問前，能否先向您請
教幾個關鍵性問題？」

應試者：「報告長官，這是非常有效率的方式；因為時
間有限，所以真正開始前，能否先向您請教
幾個簡單的問題；這樣我等一下就可以針對
您想知道的事提出充分的說明？」

(3) 第一個考題後

應試者：「報告長官，謝謝您的提問；在回答您之前，
能否允許我先請教幾個簡單的問題，這樣我就
可以把答覆集中在您認為最重要的課題上。」

6.5 公司目標的探查技巧

　　從應徵者的立場來看,在面試過程中要向考官問問題,當然不能喧賓奪主,不要搶了考官的角色而變成好像是你在主導面試。因此,應徵者要向考官請教的問題,其性質不能太敏感,提問的方法不能太直截了當,否則一下子就洩了底,讓有經驗的考官馬上識破你的動機,使你原來想要施展的反面試策略反而失敗了。

　　面試的設計本來就是一種考應雙方對工作、人格、價值觀等的匹配過程。因此雙方是立於同等的地位,也就是雙方均擁有對等的機會。因為求才單位要尋覓合乎他們需求的人才,應徵者也要了解招募職位的工作性質以及徵才公司的組織、制度、典章、福利等,所以應徵者只要問得合理且得體,考官是沒有理由拒絕回答的。

　　以下就針對公司的經營目標方面,建議一些反問的技巧;向考官旁敲側擊,問出求才單位真正需要的人才之專長、經驗、能力與個人特質是什麼。更簡單的講,就是運用反面試的技巧,在面試的過程中,想辦法探查招募單位徵才的真正目的及真正需要的人才是什麼;知道答案之後,應徵者只要針對招募單位的需求,盡力說出特長,凸顯適任度,並且答對要點,勝算自然就很大了。應試者可能的提問方法如下:

- 「請問貴公司的策略目標是什麼?」
- 「請問貴公司準備如何轉型?經營的方向是什麼?」
- 「請問這種轉變對現在要徵才的部門會有什麼影響?」
- 「請問在轉型過程中,公司期望徵才部門能夠獲得什麼成效?」
- 「請問徵才部門的任務做了哪些調整?哪些任務被停掉了?有些什麼新的任務?」
- 「請問這些改變對該職位有什麼影響?」

- 「請問該職位有哪些任務被停掉了？哪些任務還繼續存在？」
- 「請問該職位有哪些新的任務？需要達成什麼績效？」
- 「請問經過任務調整之後，該職位需要具備什麼資格才能成功地完成任務？」
- 「請問您認為其中哪一項資格最重要？為什麼？」
- 「請問哪一項資格比較不重要？為什麼？」

反面試策略主要在探查公司的策略目標及營業項目的現況、改變、轉型，以及未來的經營方向。因此，考官理應口頭告知應徵者，這樣有益於雙方更準確的匹配。

以上的例子雖然以公司的轉型為主，但把轉型的字眼改成經營後，一樣可以適用。

我們建議應試者在採取反面試策略時，只要問兩、三個問題就夠了，問得太多恐怕對應試者反而不利。因為應試者還有很多資料要傳達給考官，他需要花更多的時間來向考官表示自己占有優勢的一面，以便顯示自己的能力與價值。因此，我們建議應徵者在進行反面試時，時間不宜超過五分鐘，最好是兩、三分鐘。

問問題時務必要有禮貌，且應尊重考官有控制場面的權利。口頭上多掛著「請教、謝謝」等語句。有時考官不耐煩時，可以向他解釋：「這些問題的答案對你選擇這個職位非常重要」；或者說：「這些問題的答案可以幫助你，可以讓你針對考官認為最重要的課題，提出充分的說明。」

6.6 職位需求的探查技巧

探知公司的經營目標後，進一步就要探查公司對目標職位的需求如何。兩者最大的不同在於，前者側重於探查公司的目標及營業

項目，而後者則側重於探查部門的績效及個人表現的優劣方面。因為現在的公司面臨到國內外很大的競爭壓力，所以都會把策略目標擺在第一位，但員工的表現要好，才能達成策略目標，因此應試者一定要對職位需求進行了解。

公司一般都會對每一個部門，甚至每一個人賦予明確的職責，然後對其績效定期地加以考評。其中有些項目可能執行得很成功，而有些項目難免會不如理想；這些不理想的項目可能對公司的成長非常的重要，所以公司才會對外徵求更適任的人才；這就是應徵者應該在面試過程的前面幾分鐘就要想辦法去發現的。

探查職位需求的主要目的在於向考官探詢，目前的職位有哪些表現令公司非常滿意或不太滿意，或者離職者未能達成公司所定的目標之原因；應試者即可針對公司的瓶頸或真正的問題所在，尋找機會對症下藥，並且在剩餘的面試時間裡凸顯自己的能力與價值，以說服考官你就是他們所要找的人，證明你有足夠的經驗、能力及知識來貢獻給公司。因此，這個技巧又稱為對比策略，意思就是說新人要跟舊人比，新人要比舊人還要好才行。

現在試舉出幾個例子，說明應試者可以向考官求問的問題。提問的時機也應該限制在面試開頭的五分鐘之內。應試者於探得所要的資訊之後，就要當場立刻想出一套面試策略，針對招募單位的真正需求及問題所在，在剩餘的面試過程中儘量秀出你的特長、能力與價值。

- 「依您的看法，目前部門的表現在哪些方面還可以做得更好？」
- 「請問貴公司對這些表現不理想的地方準備如何改善？」
- 「請問這些不理想的地方，哪一項對貴公司最重要？為什麼？」

- 「請問目前的職責中有哪些項目尚未達成目標？」
- 「請問這些項目中您認為哪一項最重要？為什麼？」
- 「請問是哪些因素造成目標無法達成？」
- 「請問要改進到什麼程度才能符合公司的需要？」
- 「請問您認為怎麼樣的人才能改善目前的情況？或達成既定的目標？」

　　招募單位在訂定應徵者的資格與條件時，大多會根據前任者的優缺點做鏡子來進行。前任者的優點他會要求繼任者也要有，前任者的缺點他會要求繼任者不能有，而且要加以改善；也就是招募單位需要的是一位既能擁有原來優良的一面，又能改善不良的一面的完美繼承者。

　　通常考官在討論個人的表現及特質時，會樂於討論原來良好的一面，而不太願意討論原來不好的一面；所以針對這種敏感性的問題，應試者應該小心翼翼的，不要針對人，而要針對事來發問。以下就是一些例子：

- 「請問前任者中，表現良好的人有些什麼特質？」
- 「請問有哪些事情他們做得特別好？」
- 「請問為什麼這些事情那麼重要？」
- 「請問他們需要具備什麼資格及條件才能把事情做得那麼好？」
- 「請問他們需要具備什麼特別的技能、知識或工作態度？」
- 「請問在很多員工中，哪些人表現得特別優秀？」
- 「請問這些特別優秀的人到底有什麼獨特的地方？他們跟別人有什麼不同？」
- 「請問對於那些表現不太理想的人，又是什麼特質？」

- 「請問有哪些工作是他們表現不盡理想的？」
- 「請問這些工作對公司的營運有什麼影響？」
- 「請問對於這些缺點，您認為應該怎麼樣改進？」
- 「請問這些表現不理想的員工是否有什麼共同的特
  性？」

　　從一些發問中，應試者可以預先知道招募單位需要的是什麼特質的人，以及公司的文化怎麼樣，這對後續的面試提供了非常寶貴的參考價值。應試者可以對準這些需求，採取一個很有效的策略，就是儘量向考官表達，好的特質你本來就有，不好的特質你卻沒有；而針對招募單位的員工中不良的特質部分，你應該集中精神去強調自己不同的地方，以形成一種強烈的對比。將自己擁有的好條件及過去的良好表現一一呈現給考官。

　　在應徵者中可能有不少人的資格條件比你好，但因為你懂得面試的策略，知道如何去配合考方的需求與興趣，將自己最好的一面呈現給考官，誰能脫穎而出，已經非常明顯了。

Chapter 7
迎合及補拙策略

7.1 前言

　　求才單位在徵才之前都會準備一份「候選人資格條件表」，已如前述。從這張候選人資格條件表中所訂定的資格與條件，求才單位的心目中會存在著一個理想人選的形象；就像精心裁製了一件連身的衣服，要給應試者試穿，看看是否合身。而其中最合身或比較合身的應試者就是招募單位所中意的人選。然而問題的關鍵在於只有極少、甚至沒有身材胖瘦適中、正好合身的應徵者。所以聰明的應徵者就會適足削履，投其所好。但是在這裡要特別敬告應徵者的是：如果你不具備一些基本的資格條件，最好不要強求那個職位；即使你僥倖被錄取了，但是無法勝任應有的工作，你遲早還是要離職的。

　　另外一種相反的情況是應徵者本身具有非常優秀的條件，能力也相當不錯，但是卻拙於表達，予人第一印象就不是很突出。因此，如果沒有伯樂，就很難得到考官的青睞。我們在此特別提出幾點建議，讓木訥的人也可以脫穎而出。

7.2 理想人選的探查技巧

　　在招募單位所設定的眾多資格條件中，常常會分出不同的權重；例如，招募單位側重的可能是領導能力，專業技能還在其次；

如果應試者在應試過程中老是強調其專業能力，而對領導才能完全不提，或輕輕帶過，那麼你已經被淘汰出局了。因此，利用反面試技巧探知理想人選的設定條件是非常重要的。

應試者應如何探知招募單位的理想人選長得怎麼樣呢？在運用反面試策略時應不著痕跡，方有可能探問出來。應試者如果直接問考官理想人選的資格條件是什麼，那麼有面試經驗的考官可能不會馬上說出來，或者會等到面試過程快要結束時才會告訴你，這樣你就沒有足夠的時間可以表現出自己最好的，且是招募單位最著重的一面。

以下就介紹一些理想人選的探問技巧：

● 「對於這個具有挑戰性的職位，請問一個人需要具備哪些最重要的資格條件或特質才能成功？」
● 「要成功地完成此職位所交付的任務，請問一個人必須具備哪些資格條件？其中又以什麼資格條件最重要？為什麼？」
● 「從前任者的表現來看，請問哪些是他成功的要素？公司需要的成功要素又是什麼？」

應試者如果要在面試過程中採取理想人選策略，也應該在最初的五分鐘內進行，這樣才有充裕的剩餘時間可以證明，自己就是那個理想的人選。

這裡必須提醒應試者的是，如果你真的探聽出來招募單位所需求的理想人選是什麼，你絕對不能將自己並不具備的資格說得天花亂墜，硬著頭皮佯裝自己可以勝任。我們要奉勸的是，人生苦短，實在沒有必要過度吹噓，強迫把自己擺在一個錯誤的位置上；在你剛上任沒有多久，就發覺自己能力有所未逮，或喪失興趣，你馬上就要面臨辭職的結局；這樣對你自己，對公司都是一種時間與精神

上的浪費，而且影響到公司業務的正常運作；你在同業中更喪失信譽，你在職場上的立足基礎恐怕從此瓦解掉。

7.3　救星人選的探查技巧

在職場上，有一個重要的求才原理是：

職位存在的理由是一個公司或機關需要尋找一個適任的人選來解決其內部的難題或挑戰。

簡單的講，職位的存在主要是因為問題或挑戰的存在。

廣義的來講，職位出缺或執行工作欠缺人力時，公司必須公開招募人才來填補這個空缺。而這個空缺的性質可能存在著一些挑戰，或者需要靠有經驗的人來解決某種棘手的問題。也就是公司需要從外面找來「救星」人員，或「遠來的和尚」以解決公司內部的難題，或者接受嚴峻的挑戰。應徵者就是要扮演那個「救星」的角色。對於這一類人才，求才單位通常絕不會公開問題所在，所以應徵者需要運用技巧，探查招募單位的真正挑戰或問題在哪裡；這個技巧又稱為救星策略。

為了有效地運用救星策略，應試人應該在面試過程的最初五分鐘就要摸清招募單位的公司內部有什麼問題需要解決，或者遇到什麼瓶頸。以下就是一些問話的技巧：

- 「請問該職位將會遇到哪些挑戰？哪一項最重要？為什麼？」
- 「請問該職位需要解決哪些重要的課題或難題？為什麼這些問題那麼重要？您期待這些問題應該解決到什麼程度？」
- 「請問您認為這個職位的任務中，哪幾項最優先？為

什麼？」

應試人的機會就在於其能力是否能解決這些問題或挑戰。所以應試人應該及早探知招募單位葫蘆裡裝的是什麼，然後努力說服考官，說明你的能力適可解決這些問題或挑戰。

7.4 投其所好

在探出招募單位對理想人選所設定的資格條件之後，接下來就是應徵者開始推銷自己的黃金時段了。應試者應該依據上述已經設定的資格與條件，儘量凸顯自己的長處與優點，向考官證明自己就是最適任的人選。在此值得一提的是：招募單位在求才公告上所設定的資格條件只是表面的；一般而言，招募單位恐怕另有「隱情」；他們真正需要的人選，必須靠應徵者自己去挖掘。

一般來說，不管面試的過程設計得多麼嚴謹、多麼周到、多麼正式，見面時的印象還是非常重要的。如果考官與應徵者的興趣相同或觀點相同，兩人就會非常投緣，這乃是人之常情。同樣的，如果應徵者的資格條件完全或大部分能夠滿足招募單位的需求，那麼這個匹配就會非常的完美。因此，應徵者需要重視投其所好的重要性。

7.5 自我表現

每個人都希望自己表現得很好，予人良好的印象。可能有人會認為這是做表面功夫；事實上，給別人好的印象，同時也能夠真正將自己的能力顯現出來，無非就是要在劇烈競爭的職場上，贏得被錄用的必要策略；真實而不吹噓的自我表現是一種必要的手段。溫

良恭儉讓的應徵者只好退卻讓人了。以下的自我表現方法比較適合於應徵中、高階職位的人用之。

(1) 顯示熱誠

在面試正式開始的前一分鐘，當應試者第一次見到考官時，可以很快地掃瞄一下辦公室的擺設。如果見到他的收藏、獎碑、錦旗、藏書、書畫、雕刻等物，可以趁機讚美幾句，以拉近兩人的距離感，同時還可博取他的好感；但絕不能說個沒完，大多數面試者很討厭這種赤裸裸的巴結奉承，所以適可而止，不要弄巧成拙。相反的，應試者應該及時地切入正題。

(2) 找出共通點

拉近雙方的距離，其關鍵在於如何找出雙方的共同點。除了個人的興趣與嗜好之外，其他可以談的包括專業、做事方法、特殊才能、公司文化、對事情的看法，甚至大到價值觀、世界觀、人生觀等，都是可以選擇的題材。如果應試者成功地使考官看到了雙方的共同之處，那麼應試者便贏得了考官的好感，很可能會特別受到青睞，因而獲得工作的機會。

(3) 複述

人們都喜歡別人能聽自己說話，勝過自己聽別人說話。因此，聰明的應試者應該常用複述、總結等技巧回應考官曾經說過的話，以使對方對你產生好感，而不是僅僅注意自己要說什麼。

(4) 使用肯定語句

說話時少用否定句；但有不少人在談話中習慣使用「不可能」、「不行」、或「辦不到」等否定句型，一旦積習成性，且不論他本人的能力有多強，大都會被認為缺乏幹勁，因為招致不好的評價。

再者，一直說否定的話，等於向對方的積極性潑了一盆冷水，惹對方討厭，變得人家不願跟他交朋友。等到可以升遷，或者需要委派一個獨當一面的人時，公司絕不會考慮他。

任何人都喜歡聽肯定、積極性的話；例如，將「這個我可能做不好」（並沒有不做的意思），改說成「也許有困難，可是我願意全力以赴」，其給人的觀感完全兩極。

另外，對於別人的想法及意見，也要多做正面的肯定，如「那好」、「可能會很順利」之類的話。任何事本有正負兩面，應該多從正面肯定別人。任何人絕不會對肯定自己的人產生不良的印象。

使用肯定語句在面試時更形重要，不要讓考官對你有負面的印象。

(5) 應對態度

另外一種可以增加考官良好印象的方法是應對的態度。例如，應試者在講話過程中有所停頓時，應該顯得像是在思考的樣子；這麼做會使考官認為你是那種想好了再說的人。不過，這種做法並不適用於電話面試的場合，因為停頓會出現死氣沉沉的緘默。

有必要時可以隨身攜帶一本小筆記本，在考官說話時，特別是在你問完一個問題之後，或者當考官在特別強調某件事情時，你可以適時地做些筆記，以展現你的專業性。做筆記不僅表示你在注意聽，而且也表示你對考官的尊重。

(6) 三條主義

說話的起頭常說「關於這一項，我有三點值得向您報告」；應試者可以先提出三個主題，然後再分別對各個主題做大概的說明。應試者對於所要說的話，也可以先整理後，再歸納成三個重點，然後再分別加以說明。

三點最合乎人的心理特性，可以使聽者很快的抓住重心，使聽

者易於了解，也給人一種很有系統的好印象。

(7) 簡單明確

對於自己的適任度要用最快、最簡潔的方式來打動考官。不要讓考官從面談中去「感覺」你確實是最佳人選；而是你應該主動地表達自己就是最佳的人選。

要有效地推銷自己，同時要考慮求才單位的真正需求以及你自己的專業能力。有時個人的美德，如誠實、可靠、值得信賴、靠得住等，也頗能打動考官的心。在應徵者中，如果大家的資歷及背景都相仿，而你可能因為具有的美德特別突出而獲得入選。例如，你在面試的尾聲時，以堅定及自信的口吻，說出以下一句話，確定會給考官留下一個非常深刻的印象：

●「我不清楚您是否已經考慮錄用我；假如我被錄取了，我會百分之一百的投入工作，絕不讓您失望。」

(8) 凝聚效果

相信每個人都有過這種經驗，在捷運車廂或咖啡廳裡，偶爾聽到別人在談話中出現從未聽過的專有名詞，或夾了一句外文，我們就會轉頭去看到底是誰。這種現象就稱為凝聚效果。像這樣，在同類中有少數異類就會顯得非常突出。

因此，應徵者可以將可能的熱鈕（請見 6.2 節）想出一個英文字，或一個不常聽過的專有名詞作為圖騰，在有意無意之間，將其混入談話中，將會使考官特別去注意那句話，他也會將其意識集中到你的身上，這是很自然的心理現象。

(9) 使用精確的數字

儘量把重要的數字背到小數點以下（愈精確愈好）；如果你能夠在面試時脫口而出，將會使考官感覺你很精通此問題，而加倍地信賴你。

應試者在引用資料時，可以不看一大疊資料，而能瞭若指掌，也能提高考官的信心。但是你還是必須準備資料，整疊呈現在考官面前，就算沒有用上，也比空口無憑，說得天花亂墜要好得多。

有時必須從整疊資料中尋找一、兩張需要的資料（尤其是圖片），這時最怕手忙腳亂地亂找，結果將一大疊資料散落一地，反而引起考官的不信賴感。反之，如果能夠立刻從一堆資料中翻開所需的那一頁加以說明，最能增強考官的信賴。

7.6 木訥者的面試策略

有很多人雖然工作能力很強，做事非常踏實，但就是不善於言辭，不能盡情地表達自己的想法，以致難以博得考官的青睞，因此在面試一關常居於劣勢。

每個人都有屬於自己的特色：木訥者的特質對於某些工作也許是個缺點，但對於某些工作卻可能是項優點。所以天生我才必有用，木訥的人應該也可以找到很多不需要口才好的工作機會。

木訥的人於求職時，應事先了解自己，及鎖定不需要良好口才的工作與公司，以增加勝算。找對了適當的公司與職位，以後才能久於崗位，樂於工作，並且容易發揮所長。

木訥者於準備面試時，應該在面試之前就要行動了。他必須熟悉一些面試常問的問題及其回答方法，在面試當天才可以從容不迫地應答。同時也可以事先準備幾段推銷自己的說辭。如果碰到沒有準備過的問題時，千萬不要慌慌張張，因為有很多問題根本沒有標

準答案；考官比較想知道的應該是你的想法、說話的理由，以及思考的邏輯。為了漂亮地通過面試，木訥的應徵者只要利用一些小小技巧也可以輕鬆地過關。

木訥的人面對考官時可以採取重點重述、真誠以對、肢體語言及文件補充等四種策略加以應對。現在說明於下。

(1) 重點重述

考官提問後，應徵者可以將他的問題的重點重述一遍，並且確認你的認知是正確的，以避免答非所問時的尷尬。這時你就可以一腦雙用，運用聯想及條列式的思考方式，很快地想出回答的重點。回答後再以條列的方式重述回答的重點。

(2) 真誠以對

真誠以對是木訥者應答技巧的不二法則，因為你沒有圓謊的能力。只有採取真誠應答的原則，回答每一個問題，考官才能發掘你的腳踏實地以及不吹牛皮的特質。

所謂真誠就是要知道什麼就說什麼，同時也不避談自己的缺點，但是要把缺點的衝擊力加以弱化與正面化就是了。例如，應徵者可以坦誠說明自己過去的失敗經驗，但自己卻從中學到很多，後來因為加以改善而使工作單位因而獲益等。你要毫不畏縮地分析自己的一切，讓考官感覺得到你的真誠，這樣反而可以得到加分的效果。

(3) 肢體語言

對於有經驗的考官，應徵者的一舉一動也是被他列入考核的項目。應徵者的一個不經意的小動作也難逃他的觀察重點，應徵者再怎麼能言善道、花言巧語都沒有用。

舉例來說，如果你提早十分鐘到達面試場，就可以顯示你守

時及做事認真的態度；或者面試時你將身體稍微向前傾，就表示你具有願意傾聽的特質；在面試結束時，主動地向考官詢問後續的流程，也能顯示你有追蹤進度的好習慣等等。這些身體語言實在勝過千言萬語。

(4) 文件補充

在面試之前預先準備相關的文書、證件等，可以在面談時拿出來補充言語上的不足，這樣除了可以加強說服力之外，還可以展現自己做事有規劃、有條理的一面。

Chapter 8

化解負面問題的策略

8.1 前言

　　應徵者常疏於防禦考官可能問到的負面問題，結果就在這上面翻了筋斗。一般而言，招募單位舉辦面試的主要目的有二，一是篩掉不適任的應徵者，二是挑出最合乎資格條件的人選。而考官正喜歡利用應試人的弱點來篩掉不適任的人選。一般應試人比較擅於推銷自己的優越面，而忽略去防禦或處理自己比較弱的一面。本章就以此為主題，告訴你如何應付一些負面的考題。

8.2 常問的負面問題

　　考官在面試時，會先覽閱應試人所提供的自傳或簡歷書資料，他們對應試人的第一印象就是來自於這些資料。這些資料也許不合他們的需求，也就是應試人的特長並不是他們所要的，或者應試人的條件不符，不是應試群中最優秀的。因此他們就會找些難題來為難應試者，以把不適任的應試者先篩掉。這些負面的問題有時候幾近於侮辱，所以應試者應該有所警惕。

　　不過，考官並不是只對那些不適任者才採取負面的提問，他們對那些比較可以適任的一群也照樣採用。主要原因是從負面問題的回答中可以看出應試者的反應及機智，甚至他們的 EQ 或性格。所以應試者一定要對負面問題有所提防，事先做妥善的準備，要了解

處理的原則及回答的方法。

　　以下就是一些常常被問到的負面問題：

- ●「請說說你的弱點在哪裡？」
- ●「請問你在哪些方面還可以再加以改進（包括技術面及修養面）？」
- ●「如果我們請教你所提供的參詢人時，他們可能會指出你在哪些方面還有改進的空間？」
- ●「長久以來，人們對你的做事及為人方面有些什麼讚美或批評之處？」
- ●「你目前的主管在你的考績表上寫些什麼評語？」
- ●「你的同事（或同學、老師、朋友等）對你最深刻的印象是什麼？他們給你取了什麼綽號？」
- ●「在你目前的職務中，你認為哪一項的績效最不理想？」
- ●「請你舉出目前的主管或老闆對你最不滿意的三項工作是什麼？」
- ●「請說說你自己感到最不滿意的工作是什麼，為什麼？」
- ●「對你自己感到不太滿意的工作項目中，你是如何加以改進的？」

　　以上的問題如果預先準備好如何回答，臨場時便可以應付自如，如果答覆得體，反而有加分的效果；如果預先沒有準備，答覆不得體，那麼不管你的工作能力有多強，以前的工作表現有多麼優越，你在面試時恐怕就會面臨慘遭淘汰的命運，非常不值得。

8.3 回答負面問題的技巧

應試者被問到負面問題時，常常顯得面紅耳赤，或躲躲閃閃，或撒謊敷衍，而不做誠實的回答及正面的解釋。例如，考官可能問應徵者：「你為什麼五年內換了三次工作？」有些人可能就會大談工作是如何的困難、上級不予支持或同事扯後腿等等，完全都不是因為自己的因素。如果應徵者答說「從事了很多不同的工作，卻豐富了我的知識與經驗，自己因此學到了許多，也成熟了很多」，這樣化消極為積極，不是反而得到加分的效果嗎？

處理負面的問題一定要堅守兩大原則：

第一是對你的弱點絕不能用負面敘述法；

第二是永遠將你的弱點正面化。

以下試做一比較，看看負面回答法與正面回答法的減分與加分效果是如何的不同：

- 考官：「請問你的主管對你的工作方法有些什麼評語？試舉出一些你還可以改進的空間在哪裡？」
- 負面回答法：「我有一點鉅細靡遺的傾向，有時候會過度地小心。」
- 正面回答法：「他可能會說我對事情的處理有時候會比較仔細，但我想他還會告訴您，我做事深思熟慮、料事精準，而且很可靠。」

從上面的答覆中可見，負面回答法會有減分的結果，因為過度小心的另一層含意就是沒有效率、沒有魄力、拖延工作的完成時間，所以不是考官所希望的特質。相反的，正面回答法不但把負面的印象沖淡了，而且把負面的訊息轉為正面的。特別注意答覆中前面一句話所用的可能、有時候、比較等軟化的字語，它們都把負面

的敘述軟化了。第二句話更讓考官認為你的弱點其實並不是弱點，反而是很大的優點。使用轉弱為強的技巧會使應試者獲得加分的效果已經非常明顯了。

8.4 見仁見智的策略

人們對一件事情的看法一般都會出現分歧，有些人認為是缺點的，但是有些人反而認為是優點，即所謂的見仁見智的看法或灰色地帶。例如，上一節所舉的例子，仔細的人比較不容易出事，有些公司或有些職位是需要仔細的人的，如出納或會計便是。不過，仔細的人就不能做業務員了。

一家新成立的公司需要努力拓展業務，所以公司的長官比較欣賞活潑一點的員工；新公司的典章制度尚未成型，所以沒有繁文縟節的官樣文章；公司的文化就是衝衝衝；相反的，一家歷史悠久的公司，其制度已經定型，商譽也已建立，所以公司的文化與新公司的很不一樣；老公司不許員工出差錯，它會要求員工做事小心翼翼、戰戰兢兢，因為一出差錯，公司的信譽遭受折損，恐怕不是一時可以恢復的；甚至遇到客戶要求鉅額賠償，致使公司遭致破產，亦時有所聞。以下是兩個極端不同的公司文化，其取才的標準有非常顯著的不同，甚至完全相反。

(1) 成立不久的新公司

- 需要積極冒險的員工。
- 在事情未充分分析之前就允許做出決策。
- 擅於處理模稜兩可的事情。
- 沒有規章制度緊綁。
- 公司的組織、業務的方向及工作的方法常視環境的改變

而彈性及快速地變化。

(2) 歷史悠久的老公司

- 需要處事小心謹慎的員工。
- 做出決策之前須經過小心且深入的分析。
- 低階員工不許做決策，事事須請示上級的裁奪。
- 行事及行為的標準須依據公司的規定及程序。
- 公司的組織、業務的方向、工作的方法悉依公司的策略
  分析及年度計畫執行；要做改變時，須經過審慎地評估
  再評估，不允許輕舉妄動及自做主張。

　　由以上的比較分析可見，應試者應該預先了解招募單位的公司
文化及徵才的真正需求，然後於考場上才能配合考方的口味，見機
行事，在起跑點上就要比競爭者強才行。

8.5　詞語轉換的策略

　　一個人的弱點對其他人而言可能反而是優點，因此一個人的
負面特質可藉由詞語轉換的技巧，將之變成是一種正面的特質。例
如：

負面的詞語	正面的詞語
■ 過度仔細（小心）的	■ 深思熟慮的、精確不出差錯的
■ 嚴肅的、緊張的	■ 忠誠的、一心一意的、明確許諾的
■ 很費心的、很費力的	■ 有效率的、高生產力的
■ 緩慢的、遲交的	■ 小心的、精細的、講求高品質的

- ■ 急躁的   ■ 多產的、做事快的
- ■ 腦筋遲鈍的   ■ 成果導向的

在回答負面問題時，即可套用下列公式，將一個人的負面特質化為正面特質：

- 有些 人 可能 說我是（負面詞語），但也有 很多 人（其他人）說我是一個（正面詞語）的人，或
- 有些 人 可能 說我有（負面詞語）的傾向，但 深知 我的人將會告訴您我是一個（正面詞語）的人。

如果能將詞語轉換法靈活的運用，應試人的缺點反而可以轉換成優點，在面試的考場上即可脫穎而出，贏得勝利。

8.6 處理負面問題的訣竅

為了在眾多面試者中脫穎而出，應試者可以參考以下的處理訣竅，將自己比較負面的特質轉變成是自己的優點：

- ■ 在應考之前，就要對可能被問到的負面問題做充分的準備與演練。
- ■ 一定要認真且嚴肅地答覆，如果試圖迴避或支吾其詞，反而對自己有害。
- ■ 強調你的優點，弱化你的缺點；句首要先說你的表現一向不錯，接著才說出你的弱點。
- ■ 講述缺點時要簡短，而且面露笑容，同時點到為止即可，不要試圖花很多時間去解釋，更不要加以辯護；將弱點轉為正面詞語後，立刻轉向你的優點及正面的描

述。

- 當被問到缺點時，不要不好意思，更不要道歉；要顯示若無其事的樣子，要表現自信滿滿；因為人非聖賢，任何人都會有缺點。
- 不要自曝己短；在被問到缺點時，應該選擇一個對自己傷害最小的，或挑一個與應徵職位比較無關的缺點來講，尤其應該挑選那個已經改善過的缺點。
- 強調你的弱點並不是很嚴重，它從未影響到你的工作表現；過去的主管或老闆從不認為它是個缺點，並且將過去的主管或老闆列為參詢人。
- 強調有些人將這項缺點視為是個優點。

應試人若能遵守上面所提供的訣竅，將可以有效地處理考官所提出的負面問題，並爭取加分的效果。

8.7　處理負面問題的範例

茲依據處理原則的不同，舉出一些例子，以供讀者參考：

(1) 挑選一個對職位需求的傷害最小之「缺點」

當應徵者被問到自己的缺點，或者需要改進的地方時，一定要挑一個對職位需求的傷害最小的「缺點」；如果與職位的需求無關更好；它最好又是你已經改過來的「缺點」。因此，應徵者在面試之前，就要找好哪些「缺點」可以端出來講。切記，絕對不能挑一個真的很嚴重的缺點。不要忘了，你的目標是要贏取職位。

以上的做法雖然有一點商業化，但是並不構成欺騙；除非你把真正的缺點說成是優點，例如明明自己考試作弊，卻說成自己有很強的榮譽感；這樣就算是欺騙了。挑選一個傷害最小的「缺點」項

目，其實就是隱「惡」揚善的意思。

在面試時，你無法逃避這一類問題，因為你不可能說自己一點缺點都沒有，除了聖人，普天下的眾人都有缺點。因此，你答覆時應該是心胸坦然開放的，答話時要既直接又簡短，不必做任何解釋，更不必為自己的缺點道歉。應徵者應該明白地告訴考官，他已經將這項缺點改正了，並且將改善後的結果說清楚；最好向考官證明，自己是一個有過（缺點）必改、勇於負責的人。請看以下的範例：

範例一：

考官：「張先生，在你的職場生涯中，你認為自己在行事風格上有什麼需要改進的地方嗎？」

應試者：「報告長官，坦白說，我的工作表現一直都不錯，我想我的老闆也會這麼說。如果一定要說我有什麼地方需要改進的話，我想有時候我會過於仔細；這雖然不是很嚴重的問題，但是我還是時時會提醒自己，一定要加以改進。說實在的，關於這一點，我的老闆在去年年終考評時，還給予不錯的評價。」

範例二：

考官：「彭先生，在你的職場生涯中，你認為自己在個性上最需要改進的是什麼？」

應試者：「報告長官，我的表現一向都很好。如果一定要說有什麼需要改進的話，我想應該說是有時候我會稍微嚴肅一點。以後我應該要輕鬆

一點才好。還好這項缺點並未影響到我的工
作，反而加速了工作的完成。實際上，我是
一個比較求好心切、講求實際的人。」

(2) 挑選一個看似缺點其實是優點的「缺點」

前面說過，有些缺點由別人看起來反而是優點；這要看你站在
什麼觀點來看。例如過於仔細（可能是負面的特質）的人，可能是
思考周密或負責任的表現（正面的特質）。

範例：

> 考官：「吳先生，請你指出在個人特質上有什麼可以改
> 　　　　進的地方？」
> 應試者：「報告長官，有一些人可能會說我是個急性子
> 　　　　（看起來像是負面特質），但是公司內有很多
> 　　　　人，包括我的老闆，都會告訴您，我是一個
> 　　　　生產力及工作效率都很高（正面特質）的拚
> 　　　　命三郎！」

(3) 不要用絕對的語句說出「缺點」

在考官面前不能用絕對的語句說出自己的「缺點」，一定要用
模糊的語句給自己留下一點餘地。例如：

> 絕對性說法：「我對部屬太過於寬大仁慈。」
> 模糊性說法：「有時候我對部屬可能有一點寬大的傾
> 　　　　　　　向。我想這是給他們留一個自由發揮的

空間；我這樣做反而激發了他們主動工
作的精神及接受挑戰的勇氣。如果對他
們管制太嚴，反而將澆熄他們的工作熱
誠及動能。所以有時候嚴格與寬鬆之間
只是一條很細的界線。」

用「有時候」這個字眼表示應試者的管理方法並不是一直都
很寬鬆，因而就模糊了缺點，不至於被考官貼上「管理寬鬆」的標
籤。另外，用了「可能有一點 .... 傾向」，表示應試者的管理方
式是有彈性的，他大部分的時間都很嚴，只是有時候稍微寬鬆一點
而已。這是一種平衡式的說法，稀釋了給人「管理寬鬆」的負面印
象。在答覆中，應試者對他的「缺點」特別提出了說明；一般的情
況，這是沒有必要的。應試者在此想要澄清的是他的行為給公司帶
來了淨利益。我們建議，應試者不要為自己的「缺點」做過分的說
明，這樣好像在為自己的負面行為辯護一樣，反而被考官誤認為是
一項嚴重的缺點。

(4) 負面語句要與正面語句並列

前面說過，事物都有正反兩面，每個人的看法不見得相同；有
人看起來是負面的特質，別人看起來可能是正面的。而這些正面的
特質反而掩蓋了負面的特質，讓考官產生一種正面的印象。因此，
應試者於說出負面特質後，也要把正面的特質並列出來，例如以下
幾個範例。

範例一：

考官：「黎先生，請問你在個性上有什麼需要改進的地
方？你的同事會怎麼說你？」

應試者：「報告長官，有一些人可能會說：有時候我
　　　　　可能有一種固執的傾向；但是也有很多人會
　　　　　說，我這個人非常正直、有原則、而且值得
　　　　　信任。」

範例二：

考　官：「沈先生，如果我問你的老闆，你的作風有什麼
　　　　　地方最需要改進，他會怎麼說？」

應試者：「報告長官，我想他可能會說，有時候我有一
　　　　　種過於仔細的傾向；但是他可能還會告訴您，
　　　　　我是一個思慮周密的人，只要把任務交給我
　　　　　辦，就可以獲得完全的信任。」

範例三：

考　官：「高先生，請問你在管理方面有什麼地方可以改
　　　　　進？」

應試者：「報告長官，我是一個工作勤奮及盯著結果
　　　　　（Results-Driven）的人。有些時候，我也許
　　　　　需要稍微包容某些人的工作態度及對工作的
　　　　　承諾。不過，大部分同事都會說：我是一個積
　　　　　極，能夠激勵部屬，而且具有領導力的人。」

(5) 將負面語句穿插在工作表現內

　　當考官在提問缺點時，應徵者可以多說一些工作表現，俾便利
用大量的工作表現來沖淡負面語句的凸顯度。例如以下的範例：

範例一：

　　考官：「唐先生，在職場上你最需要改進的地方是什麼？」

　　應試者：「報告長官，我在職場上的工作表現一直都保持得很好。但是不可諱言的，每個人都有值得改進的地方。如果我必須挑選一個缺陷的話，我想我在組織重建方面還有充實的空間。雖然我對組織重建的基本原則已經有了了解，但顯然還是不夠，所以我還想找一點時間，回學校去選修一些高等的課程。我已經將這個想法記載在待辦事項內，但是到目前為止就是找不到合適的時間。無論如何，我一定會想辦法實現這個願望。」

範例二：

　　考官：「邱先生，你認為自己最大的弱點是什麼？」

　　應試者：「報告長官，雖然我的工作表現一直都很好，但是有時候我也許可以不必把螺絲釘栓得那麼緊。很多同事，包括我的老闆，都說我是一個很會領導部屬及激勵部屬，而且可以如期完成任務的主管，所以有些時候我可能會把精神特別集中在某些計畫上，因此會對部屬盯得比較緊一點；如果依照我的工作效率，應該是可以如期完成的。不過，這個並沒有造成任何困擾；我的計畫管理仍然進行得非常順利。」

範例三：

> 考官：「錢先生，在你的職場生涯中，你認為最大的失敗是什麼？」
>
> 應試者：「報告長官，我必須坦白地說，我並沒有過真正失敗的經驗。我每年的考績一直都是甲等的。也許有一件事令我感到非常失望的是在 xx 工程顧問公司服務期間，我無緣參與清潔掩埋場的設計工作，以致我在這方面的發展大約延後了兩年；雖然我在目前這個公司工作的挑戰性不足，但是我還是把應做的工作做得很好，而且行有餘力時，我甚至還會幫助同事完成任務。」

(6) 不要停留在「缺點」上太久

當應試者向考官提出非缺點的缺點時，只要一句話就夠了，簡單明瞭，直接點到重點即可，然後馬上就要導向正面的補述；絕對不要對「缺點」做過多的解釋或辯護，否則會被誤認為你的「缺點」真的是一個問題，你可能隱藏了某些不願意示人的缺陷。

利用負面語句與正面語句並列的原則還有一個好處是，考官會認為你是一個心理成熟的人，你對自己充滿了信心，永遠往正面看，這才是一種健康的心態。

(7) 提出相反的證據

根據很多主管的面談經驗，在職場上有百分之九十以上的應徵者，其弱點並不在於他們在技術方面的缺陷，而是在個性上；也就是說，絕大部分的人無法融入公司的文化。最主要的原因是與主管

或同事不合，因為他們的個性、特質、風格、態度或行為等得不到主管或其他人的認同。

被列為「表現不佳」的職場人，在技術方面可能不輸他的同僚，但就是得不到主管關愛的眼神，在很多時候是因為他們的想法及價值觀與主管相悖；因此在考績表上常被評為：不合作、好辯、人際關係差、與同事不合、孤癖、不分輕重緩急、不能達成目標、缺乏主動、服從性差等等。

由於國內同一領域的圈子一向都很小，所以「壞事」很快就會傳千里；加上求才單位往往會從旁求證，所以對於這一類事情，應徵者是無從掩蔽的。我們的建議是，你一定要坦誠，如果你有意掩蓋，反而弄巧成拙。在這種情況下，你可以採取的策略如下：

- 承認你與主管的關係確實不是很完美。
- 說明主要原因在於作風及觀點的不同。
- 提出你與過去的主管相處很好的反證。

以下就是範例：

範例一：

考官：「武先生，如果我去問你的主管，他會怎麼評論你？」

應試者：「報告長官，雖然他很可能會給我一些正面的評價，但是對於我們之間的不愉快關係，我不敢說他會完全給予正面的評語。我們之間在某些觀點上確實有不同的看法，這就是我想要改變職場的主要原因。鄭先生（我的主管）雖然是一位有能力的主管，但是他是一

位管控型的主管，他習慣採行微型管理（Micro Management）的作風，普遍沒有獲得同事們的認同；他堅持部屬一定要按照他的方法及步驟執行。其實，我並不是唯一想離職的人，在過去兩年內，鄭先生的部屬已經先後跑了三位，除了我之外，我相信還有一位也準備要離開，另謀他職。坦白講，我完全不能適應這種緊密監控的管理方式。我乃是一個自動自發，讓人信得過的職場人；所以我很想找一個採行參與式管理作風（Participative Management Style）的公司，比較有空間能夠讓我揮灑；在這種工作環境下，我對公司的貢獻度會更大。報告長官，希望您找個時間跟鄭先生談一談；同時，也請您向我以前的幾位主管求證一下；相信他們都會說，我們的互動一直都很好，而且他們一定會為我背書，我是一位非常稱職的職場人。」

範例二：

考官：「秦先生，請問你要如何描述你與現任主管的關係？」

應試者：「報告長官，說實在的，我們之間的關係並不像當初我所預期的。雖然楊先生（我的主管）會說我在機電整合的設計方面非常的精巧，但是也許他也會告訴您，有些時候我的工作速度稍微慢一點；我們為了這一點曾經溝通過。楊先生是一位很盡責的主管。但是我很

客觀及負責任的講，他並不太了解機電整合的複雜性，所以有時候我進行得稍微慢一點時，他就缺少耐性。我們的同事都有相同的感覺。坦白講，過去五年我曾經跟三位以上的計畫經理做過事，他們對我的表現都非常滿意。我建議您，找個時間跟他們談一談，他們一定都會對我稱讚有加，並且為我背書。我的年終評語一直都是生產力很高，而且品質優良的。」

考官問話的陷阱與說服考官的技巧

9.1 考官問話的陷阱

考官比較容易問出一個人在專業方面的深度與廣度，但是很難測出一個人的態度與情緒，所以就得設計種種測度的方法來考問應試人。他們常用的方法有故意激怒，或羞辱應試者；有時則常問一些負面的問題；再者就是本章所要說明的問話陷阱。

考官的個性往往決定其問話的方式與技巧。應試者對兩類比較極端的考官必須特別留心。有一類是屬於嚴峻型的考官，一臉嚴肅不可侵犯的樣子，讓人望之生畏。這一類考官問起話來就像機關槍一樣，咄咄逼人，問題一個接著一個，非要把應試者問得啞口無言絕不罷休；應試者連喘息的機會都沒有。對於這一類考官，應試者的對策就是把回答的動作做出來，但是不必花很長的時間直接回答，只要點到為止，然後繞著問題的外圍做間接回答即可；或者用轉移話題的技巧，將連環炮的問題巧妙地切斷 (參考下一章的說明)。應付這一類考官比較容易，只要注意他的問話先後之連貫性，答話時不要前言不對後語，就可以輕易地過關。

另外一類考官則正好相反，他們看起來一臉慈祥，望之敦厚可親，讓人如沐春風。正因為如此，所以最容易使人心神鬆懈，應試者在不知不覺中就陷入他們的圈套。這一類考官的問話技巧常常是不急不躁的，但卻處處隱藏著陷阱。本章的重點就是要討論他們常用的陷阱；其常用者有以下幾種：

(1) 誇讚對手的陷阱

　　一個人聽到對手被誇獎時，就會產生一種自己好像被責備的心理反應。同樣的，一個人聽到對手被責備時，就會認為自己好像間接地被誇獎。例如，考官在一個台大畢業生的面前說：「根據《天下雜誌》的問卷調查，結果顯示成大的畢業生已經連續好幾年蟬聯企業界的最愛。台大的畢業生好像不太受青睞！」這位台大高材生聽起來一定很不是滋味，他會感到自己好像飽受貶損；如果他面露慍色，就會給人很不好的印象；如果他因為不甘心而強辯，那就很可能會被三振出局。

　　在考官面前表現怒氣，表示這個人自信滿滿，滿懷傲氣；他的工作績效可能非常卓越，但是在人際關係方面可能非常容易跟別人起摩擦。

(2) 打岔邏輯的陷阱

　　考官對於說話滔滔不絕、沒有條理的應試者，絕不會一味地靜靜傾聽，那不就等於由面試者在主控場面啦！所以考官一定會想辦法打斷應試者的談話。他可用的方法很多，我們先談打岔邏輯。

　　所謂打岔邏輯，就是考官會頻頻地說「很有道理」、「實在不錯」之類的話來打岔，或者拚命點頭表示贊成，或故意眼睛旁視，或者在紙上劃押，或者雙眼緊閉。這些插話或身體語言有打斷應試者的邏輯思考之功效；應試者如果還要繼續講下去，則其邏輯必然紕漏百出，反而製造讓人反駁的機會。所以眼尖的應試者看到這種現象時，必須儘速做出結論。如果應試者誤以為考官真的很贊同，因而愈講愈起勁，那他的面試學就不及格了。

　　考官另外一個可用的技巧就是突然要求應試者舉出具體的事實或例子。大部分應試者聽到這個要求時，大都會馬上愣住，他的思緒一下子無法拉回來。這種技巧在辯論中，或者會議中常被用來截

斷能言善辯的對手，使他為之啞口無言。

就戰術而言，為了使答話具體一點，應試者在考前就要好好準備一些實例，或統計數字。例如說：「我常常工作到很晚」，還不如說：「我通常看書到十二點才肯上床就寢」；或說：「我的學業成績平均為 3.8，在五十二個同學中，我是全班排名第五畢業的」。

(3) 盡挑小毛病的陷阱

在對手面前，不斷地加以批評，不斷地貶抑他，他就會失去自信。例如，在拳擊賽時，擅用這種技巧的拳擊手一下子說對手花拳繡腿，一下子說他像病貓一樣。這樣做，除了要激怒對手之外，主要是要動搖對手的鬥志。類似這樣不斷受到細微的挑剔就動搖心志或改變心意的人，就不能當一個好的員工。

反過來說，為免於躍入考官的這種陷阱，應試者就不必跟著考官起舞，而在許多小問題上打轉；他沒有必要一一加以辯駁；他應該儘可能地忽略這些「騷擾」，以四兩撥千斤的方式略為帶過，很快地就朝大處去論述。

(4) 解除戒心的陷阱

考官常常以笑容可掬的姿態，使應徵者失去戒心；然後突然間，問一個使應徵者難以招架的問題，讓他一下子不知所措，甚至答不出話來。例如，恐怖電影習於使觀眾連續地處於緊張的狀態，直到最後才揭曉謎底，讓觀眾的心情終於獲得鬆弛；在這種「放下心」來的當下，再度給予突然的一擊，將使恐怖的效果達到最大。

再舉一個類似的例子，當小偷侵入民宅時，屋主應該先不出聲，悄悄地躲起來，或假裝熟睡。假如當時就要處置，很可能會引發衝突，而造成不幸事件。所以屋主應該等到小偷把東西偷完了，正準備要溜走的時候，才突然地走出來大喝一聲：「你這個小偷，給我站住！」據說常可使小偷嚇得手腳發軟。因為小偷得手順利，

而解除了緊張心理，意外的恫嚇會造成最佳的震撼效果。

　　厲害的考官就擅於利用這種技巧。他會先讓應試者長時間處於心情鬆懈的狀態，然後突然提出負面的問題。絕大多數的應試者將會驟然收起笑臉，無法回答。所以應試者平時就應該培養鎮定的工夫；另外，就是在面試之前就應該做充分的準備，如何答覆負面的問題也應該進行不斷的演練。

(5) 對比的陷阱

　　考官有時候會提出嚴苛的條件來考驗應試者的能耐，或者測試他是否有自信或勇於任事。例如，考官可能會告訴應試者說：「這個職位所需擔負的業績必須是每個月一百萬元，你做得到嗎？」其實，它的目標可能只有六十萬元而已。換句話說，在心理學上，如果想使對方接受嚴苛的條件，只要提出更嚴苛的條件即可；這樣可以使得前面的條件相對的變成輕鬆而渺小，以致對方接受的可能性就會提高。這就是所謂的對比效果。

　　例如，檢調人員在勸凶嫌招供時，最常用的手段就是告訴他說：「現在認罪，刑責可以減輕，拖得愈久你的罪就會愈重。」因此，「現在招供可以減刑」與「拖延招供刑責將加重」兩相比較，「現在招供」當然比較划算。嫌犯大都因此而俯首認罪。這就是對比效果的奇妙。

　　由此可見，厲害的考官可能會採用對比效果的陷阱來測試應試者；應試者倒可不必馬上面露難色。他應該顯露胸有成竹的態度，不為艱難的任務所懼；但是如果是一件顯然辦不到的事，也不能輕易就答應，否則考官會認為你這個人不切實際，以後可能會虛報績效。應付這種狀況時，可以提出一些假設條件，然後答應可以辦到，例如說有人協助，公司把完成的時間延長，或者把工作條件放寬等等。

(6) 二選一的陷阱

考官有時候會故意出一些二選一的選擇題來測試應試者的判斷力或可靠度。例如，他問：「現在國內的政治環境非常混亂，你認為這是執政黨造成的？還是在野黨造成的？」對於這一類極度敏感的問題，應試者絕對要特別當心，因為你答執政黨或者在野黨都不對。萬一考官是偏執政黨的，而你答的又是在野黨，那你還有希望嗎？反過來，如果考官是偏在野黨的，而你答的是執政黨，那你真的是毫無希望了。所以不管你的政黨屬性是什麼，都不必要去冒這個險。這種問題的答案應該要導向非政治的，而且要用正面的回答方法，例如你可以說：「這是學習民主過程中的一種過渡現象；相信等到民主化達到一定的程度之後，這種現象自然而然就會消失了。」

考官問二選一的問題時大多是提供錯誤的答案讓應試者選擇，所以一般的答案是兩者皆非。但是應試者必須加以申論，闡釋為什麼做這種選擇，或者為什麼完全否定考官所提供的選擇。

(7) 突然要求結論的陷阱

當應試者想把自己的說明、想法、主張或理論推銷給考官，不料說到一半時，考官突然問：「你的結論是什麼？」勢必把原來井然有序的思路給弄亂了，最後的結論就變得軟弱無力。這種攪亂談話秩序的方法，原因可能很多，但是最主要的目的就在中斷應試者的思考，看看應試者遇到緊急事情時的反應，以及測試應試者突然轉換思緒的能力如何。

在商場的談判桌上，利用突然的問話：「請問你的結論是什麼？」就可以把談判導到對自己有利的方面去。許多人即利用這種技巧而無往不利。例如，雙方在談判時，各自為自己有利的立場發言，同時也希望藉會談的機會窺視對方的弱點。這時必須趁對方敘

述對其自己有利的論點時，突然出其不意地問：「請問閣下的結論是⋯⋯」對方必然會上當而陷入措手不及的情緒，從而迷失原來談話的方向，論點也會出現破綻。

如果考官用這種方式要求應試者時，應試者首先應該力求冷靜，然後依不同情況而採取不同的對策（可以從考官的身體語言觀察出來）。如果考官確實是不感興趣，則應該馬上簡明有力地下個結論。如果這是個陷阱，那麼不妨回答：「請考官再給我兩分鐘的時間，讓我把最重要的部分向長官報告完畢」，以避開考官的話鋒。使用這樣的處理方法還有另外一個優點，即鬆弛自己的緊張，可謂是一石二鳥之計。

9.2　說服考官的技巧

簡單地說，使別人改變態度、想法或做法的說話技巧，就是說服。很多說服的手段，其效果令人非常不可思議；對方本來是堅決的拒絕，但是在被說動之後，竟然會反過來附和說服者，變成說服者的信任者、信仰者或代辯者。宗教家、政治家、教師或業務員通常都具有這種能力或魅力。

說服並不是雄辯，也沒有強迫；被說服者只是在無意間被吸引，毫無抵抗力的，彷彿中了催眠術一樣，態度做了一百八十度的轉變。同時，被說服者往往不會察覺自己已經被說服，在態度上欣然接受說服者的說法或意見，而且付諸行動。所以一個高明的說服者，能使對方心服口服，並且很自然地協助他。要作為成功的被面試者，就要通曉說服的技巧，才能影響考官，使考官相信你就是他們所要的人。以下就是常用的幾種說服技巧。

(1) 共同立場的技巧

敵對的兩人有時候會從偶然的機會裡變成好朋友。例如有兩個

競爭劇烈的同學，某一天在咖啡館裡不期而遇，他們平時為了互爭第一名，從來就不相往來；但是經過客套一番之後，話題便轉到電視正在播放的王建民職棒賽，不意這兩人的距離突然縮短起來，因為他們兩人都是王建民迷。當王建民三振對方之後，本來應該對立的兩人，竟然會彼此擁抱在一起。理由很簡單，因為他們有了共同的偶像，以及共同的興趣，所以兩個人的意見完全符合；而且當他們發現共同的棒球敵隊之後，過去彼此的敵對關係立刻轉為站在同一戰線，而聯合在一起了。

又如第一次見面的兩人，在談話中如果發現彼此為同鄉或校友，則生疏的不自然氣氛就會被拋開，親切感立刻竄升起來，而熱絡地談論過去、現在及未來。兩個人一旦知道對方有與自己相同之處，良好的觀感及信任則瞬間提升起來。不管什麼話題都可以，即使是非常微小的人、事、物，如果能夠善用及強調雙方的共同點，技巧性地融入談話的內容裡，對方的心扉必然自動敞開。對於一個可疑的人，只要知道兩個人都認識同一個朋友，馬上就變得如同多年知己又重逢的感人場面，完全信任他；這全是因為有此種心理傾向的緣故。

因之，當雙方擁有共同的朋友，或者共同的敵人時，他們自然而然就會拉近距離，造成連帶的歸屬感，說話就容易互為取信。例如，到台積電應徵時，可以將聯電當作共同敵人；到 Google 應徵時，則可將 Yahoo 列為共同敵人。

當我們洗耳恭聽政治人物的演說時，他們慣用「我們是………」的措詞來煽動群眾，造成彼此一體感的情勢；聽眾在不知不覺中就被其所吸引。由於接二連三地套用「我們」或「咱們」，使得在場聽眾產生了我們是同類或同族的意識。

如果應試者能夠將這種命運共同體的同類親和心理用於面試時，可以比較容易取信於考官，使考官對應試者產生好感，無形中可以使印象分數大為提高。例如，應試者在答話時，應該把「我

們」常掛在嘴上，將徵才公司當成自己的公司，所有想法都站在徵才公司的立場來思考。

不過「水可載舟，亦可覆舟」，如果考官與應試者同樣認識一個考官所不喜歡的人，則這個第三者絕不能應用，否則將獲得反效果。也許應徵者為了博取考官的歡心，可以不斷地說這個第三者的不是；但是考官可能認為你既然會在第三者的背後予以批評，你自然也會在考官的背後批評他。

(2) 子曰的技巧

我們在論理時，常常喜歡用偉人的話來加強自己的理論基礎，這樣比較容易取信於對方。例如，我們常說「孔子說………」或「亞里斯多德說……」等就是。

以前有一個碩士畢業生想繼續深造，並且想找某位頗享盛名的教授指導。這位教授對學生的要求很高，並非來者不拒。這個學生心生一計，他帶著碩士老師的介紹函，以及這位教授曾經出版過的一篇論文來拜訪他。客套一番後，他說：「這次的拜訪，是因為我的指導教授非常敬佩您，吩咐我如果拜訪您時，特別要請教您，在大作裡有一段敘述，真正的意思是什麼。」「不瞞您說，我也非常敬仰您，您出版過的論文我幾乎都拜讀過。」這位教授當然心中大喜。這個學生如果以自己為第一人稱，在欲奉承的人面前說出這種話，難免有些拍馬屁的意味。如果他能借用他人的嘴說出這些話，就會比較有說服力，且更有效。更高明的是他已將論文準備好，這位教授在盛情難卻的情況下，難道會拒絕嗎？這種奉承的方式，實在會令對方招架不住。

像這種借用第三人的立場說出的話，比較能夠取信於對方。當考官要求應試者說出自己的優點與缺點時，採取這種技巧非常有效；對於優點方面可以增強其可信度；對於缺點方面則可以扭轉考官的錯誤印象。例如，「我的英文成績不是很好，但是我對物理卻

特別有興趣,所以物理成績在班上可以排在全班前十名以內」;倒不如這樣說:「我沒有什麼語言天才,所以英文成績剛好可以過關;但是我常聽導師對我的父母親說『國誠啊,對英文沒有什麼興趣,但是只要我要學生們動動腦筋,他一下子就興奮起來,他可以想出別人完全想不到的點子,所以他是一個很有創意的年輕人,以後應該多多培養他在這方面的天分。』」由此可見,經過第三者的背書總是會更強而有力,而且更能取信於人。

自我誇耀有時候很難啟齒,這時候就可以藉用第三者做中介。例如說:「我女兒的數學每次都考一百分」,還不如這樣說:「數學老師說,最好讓我的女兒上資優班,這樣可以接受更好的培養。」同樣是自誇自己小孩的優秀,但是後一句話不但達到了炫耀自己女兒的目的,而且還強調了自己的話值得採信。這就是不同的說話技巧,達到不同的溝通效果。

在考官的面前如果想要炫耀自己的成就時,可以這樣說:「我的指導老師常常鼓勵我說,我在某方面的研究已經超越了 MIT 的成就,他希望我把研究成果投稿到 xx 權威期刊;其實,我自認為還差一大截呢!」多麼漂亮的自誇啊!卻還故作謙虛狀。但是這樣的說法還不至於引起聽者的反感。這就是所謂「包子內餡」的含蓄言語之詭計。

(3) 斷定語的技巧

社會上有各種類型的雄辯家,其中以政治人物最具代表性。明明真理只有一個,但是他們卻能面不改色地舉出與真理完全相反的主張來,簡直是顛倒是非,把黑的說成白的。

為什麼他們有這種能耐,可以使得群眾滿懷信任地接受他們的說法,同時毫無抵抗的心理,而且完全相信他們所給的資訊以及可能是虛假的立論呢?其理由很簡單,主要是他們在說話的過程中,常常會插入「絕對」、「一定」、「百分之百」等「全部肯定」或「全

部否定」的斷定語。

例如，在選舉期間，雄辯型的候選人在政見發表會上經常這樣說：「我這個人只要應該做的，即使赴湯蹈火，都在所不惜。」「請絕對信任我」、「我可以對天發誓」等斷定的語句。我們剛開始聽他們的話時，可能還會抱著懷疑的態度，可是好像著魔一樣，在不知不覺中卻漸漸地傾向於「也許可能」的想法。傳教的神職人員也具有這種技巧。

含糊不清或模稜兩可的資訊，比較難以取信於人。為了使對方信服，倒不如以全肯定或全否定的斷定語來答覆；無論是傳達力或說服力都比較大。例如，災害發生時，新聞以「房屋全倒」、「房屋全燒毀」等絕對斷定語的表達方法，其震撼力就非常大；如果以「部分倒塌」、「部分燒毀」的表達方式，則群眾對這兩種說法所產生的震撼力或同情心就會有很大的差異。

考官如果問應試者有關對自己不利的傳聞，如果回答：「雖然有些人以訛傳訛地說我的不是，但是我必須慎重的澄清……」與「我必須慎重地澄清，這絕對是一個毫無根據的陷害。」這兩種辯解法的反駁力及說服力立刻就可以明辨。

(4) 顛倒語言順序的技巧

有時將主詞與受詞對調，可以使一個平凡的話題變成非常生動，這是因為語言的倒置產生了意外感。例如，我們常聽說「狗咬人不是新聞，但是人咬狗才是新聞。」

要讓人留下深刻的印象，最好把重點放在一句話的後面；如果把動詞放在後面，則對聽者將會產生一種刺激作用，聽者就會立刻明白對方說話的目的。例如氣象預報員常說「北部陰天，下午轉多雲偶雨」，而不說「下午會下雨的地方包括北部及中部」。如果介紹人家買某一本書時，我們不要說：「要買書的人可以到 A 書局、B 書局及 C 書局」；而應該說成：「在 A 書局、B 書局及 C 書局可

以買到這本書」；因為前面的說法會令人在聽到離自己最近的書局之名稱時，就記不得要買什麼書了。

應試者如果說：「我在 A 大學取得光電博士學位」，他要強調的是光電博士這個學位，至於是在什麼大學取得的並不是他的重點。如果他說：「我這個博士學位是在 MIT 取得的」，則他所要強調的是 MIT 這個名校。

(5) 省略前題的技巧

永和豆漿店有一個跑堂非常聰明，他問客人要點什麼時，是這樣問的：「請問要加一個蛋或兩個蛋？」而不是問：「請問要不要加蛋？」。我們到百貨公司的領帶部門挑選領帶時，聰明的店員會問：「要紅的？還是藍的？」顯然他們都把前提「要不要買」給省略掉了。

一般而言，在說服對方的步驟上，第一個前題應該是讓顧客決定要買，然後再請顧客挑選他所喜歡的類別。但是，店員省去了前題，等於顧客已經陷入了承認前提的錯誤中；即店員讓顧客以為第一前提是「理所當然」的事，所以不必再贅述了。

檢察官的問案技巧也常常利用這種省略前提的技巧，而導向有利於自己所要的答案。例如，企圖摧毀被告不在現場的口供之檢察官會這樣子問被告：「你在幾點前往案發現場？是四點？還是五點？」這「四點」或「五點」即是給被告先入為主的觀念。雖然正確的時間是三點，但是被告常常會不假思索地回答「在四點」或「在五點」。

請讀者特別注意，前提被省略後，必須提出二選一的選擇題，以讓對方選擇；這種技巧使得對方陷入非選擇一項不可的窘境。更重要的是，選擇題的排列法應該要把自己想要的答案放在後面。例如，好萊塢的男主角每次邀請女主角時，總是說：「妳要回家？還是要在這裡過夜？」他絕對不會說：「妳要在這裡過夜？還是回

家？」當女主角聽到「妳要回家嗎？」就會有安心感，同時也會有些微的失望感。因此，再加上一句「還是要在這裡過夜？」剎那間，她的失望感全失。假定她不作回答，而保持沉默，便等於答應了。

這種技巧可以在反面試時使用。當然考官也可以善加利用；由於人很容易受到先入為主的觀念所左右，因此，應試者對於此種「詭計」必須步步為營。

(6) 跳脫逼問的技巧

有些考官在提問時，會咄咄逼人，非把應試者問得啞口無言絕不罷休。應徵者遇到這種考官時，就必須利用技巧，以跳脫他的逼問。

我們先看以下這個例子。有一天，有某位工程師要將研究計畫書呈給經理批示，他一面將文件交給經理，一面就說：「也許費用太高，而且研究方法也和傳統的做法不同，這兩點您大概會反對。」工程師用「我知道你會反對」先發制人，讓經理知道手下已經預知他的想法，而且工程師也已經自承弱點，所以經理的自尊心獲得了維護。因此，經理就不再重提計畫書的缺點，而且對缺點也變得較為寬容，所以他就不準備對這位工程師加以批評。

像這種先下手為強的策略，使對方打消攻擊的念頭，也可應用在面試的場合。例如，在話頭先說一句：「長官，也許您不會同意，但是我認為……」就可以防止考官繼續追剿你所無法招架的問話。

對於考官咄咄逼人的提問，應試者只要重點回答即可，不必長篇大論地予以直接回答。因為對方已經虎視眈眈地在等待應試者答話的漏洞，而準備讓應試者詞窮。有時候用「就如同您也了解的……」、「正如您所說的……」等語作為每段話的開場白，也可以達到封殺考官逼問的效果。這些開場白可以使得考官產生優越感，因而降低窮追不捨的念頭。

(7) 重複話語的技巧

　　遇到對方提出反駁時，可以先重複或同意對方的話語，然後再導入自己的主張，往往可以得逞。例如，一個推銷英文會話錄音帶的推銷員與顧客間的一段對話：

顧客：「對不起，我必須趕到補習班去補習。」
推銷員：「不錯，正如你所說的一樣，在補習班學習的
　　　　　效果比較好，但是這套教學錄音帶正是採用
　　　　　補習班的教法編製而成的。」
顧客：「價錢太貴了！」
推銷員：「你說得對，價錢是高了些，但是為了發揮比
　　　　　補習班更好的教學效果，我們花了相當多的
　　　　　苦心。由於這是昂貴的產品，所以可以採用
　　　　　分期付款的購買方式，可以減輕負擔。我們
　　　　　有良好的售後服務，保證讓您滿意。」

　　推銷員一直反覆地附和顧客的言語，最後顧客還是買了。這位顧客的話不斷地被對方接下，誤認為自己受到肯定與接納，最後中了圈套而不自知。反之，如果推銷員不斷對顧客的言語提出反駁時，這位顧客一定會積極地找出新的理由來保護自己，推銷員就無法得逞。

　　有時一直重複對方的說詞，反而可以封鎖對方繼續說下去。例如：

學生：「老師，我以前都不知道，原來香菸的氣味還真
　　　　不錯呢！」
老師：「哦！真的不錯嗎？」

學生：「尤其是飯後或起床後來一根，真的是快活似神
　　　仙咧！」

老師：「哦！真的是快活似神仙！」

在對方得意洋洋地談個不停之情境下，為了讓對方感到焦躁，只好尾隨著他，把他上一句話重複。最後對方就會自覺無趣而自動停止。

有時候反覆相同的話，可以使得對方趨於相信那句話。例如，考官問到應試者某項缺點時（例如說論文抄襲），應試者不妨說：「我絕對沒有，我根本不會那樣做，我真的不會一字不改地照抄；我絕對尊重智慧財產權，這是我受教育的一種學習過程。」這樣會讓考官的心理鬆懈，不至於一直追問下去，他可能會想「對方好像很誠懇，想必是真的吧！他可能是無辜的」。

(8) 使用數字的技巧

人們對數字比較有具體的概念。例如說，「台灣的新婚夫婦在五年內有五成會離婚」跟「台灣有很多對新婚夫婦在結婚不久後就會離異」，兩者所傳達的資訊給人們完全不一樣的感受。人們都有「數字信仰」的觀念存在；例如，二加二等於四是一種真理，其中毫無主觀意識加入的成分，沒有人可加以推翻。如果應試者說：「現在有百分之九十的七年級生不想在週末加班，但是如果是為了計畫的需要，我將是屬於那剩下的百分之十的一群」。這句話起碼達成了兩項目的；第一是考官會認為這個年輕人對這個課題還相當有研究而感到佩服，第二是這個年輕人很難得的還與眾不同，真是孺子可教也！

不過，統計數字可以服人也可以騙人；如果認為統計數字不會有主觀意識的侵入，那就大錯特錯了。以前某大學有一個班級只有一個女生選課，這位女生竟與教授發生了師生戀，終至結婚。後來

有一個婚姻專家做了統計，結論是百分之百的女生都與授課的教授結婚。這是誤用統計學的實例之一。電視節目的收視率也是一例，其數字的高低常是決定主持人與導播的去留之參考。其實收視率真的那麼可靠嗎？它的可信度可不像加法的答案一樣恆常不變。有些家庭有不看電視，卻整天開著的習慣；也有的家庭正批評某個節目的好壞，可是卻沒有被列入調查範圍。

　　從正面的立場來看，數字的作用可以使得人們體會到具體的意義。附加具體數字，可以增加言語的客觀性及可靠性，藉此來加強說服力。使用數字可以使得立論更為堅強；聽者也認為有個具體的數字存在，才不會飄緲不知所言無物。數字的技巧常用於強調自己的貢獻，或自己的工作目標時。

(9) 三個重點的技巧

　　有時候為了顯示自己的話有道理，可以在開頭時就先歸納成三個重點。例如說：「我在學術上的小小成就，或者我在工作上的小小成就可以歸納成三點來說明」等。

　　要把話說得言之鑿鑿，其方法很多。但最尋常的是在說話一開始時便說「問題的重點有三」、「這可從三方面來說明」、「這有三個情況」，或者「有三件事情值得一提」等；其技巧在於這句話係以斬釘截鐵的強烈語氣表現出來，讓人真的相信對方的話一定有根據，而且一定有道理。這就是人類心理的弱點。

　　當我們對事物做結論時，歸納成三點確實可以發揮奇效。三點容易使人記憶；兩點太少，可能會被追究及要求講出更多的重點；四點稍多，讓人直覺問題的棘手，或者有一點畫蛇添足的意味。例如，我們談過程，就可以分成過去、現在與未來三個時段；講學歷就可以分成學士、碩士及博士三個階段；如果沒有唸研究所就可以分成主科、副科及興趣三方面；如果講經歷則可分成三個主要工作單位來描述，或分成三個不同的職位來描述；如果缺乏升遷史，那

只好講三件最值得稱道的工作。

擅於說話的人可以巧妙地利用三個重點的方法，讓自己的言語顯得很有道理；同時也讓人覺得自己做事井然有序。即使毫無根據的謬論，他們也會利用三個重點的技巧，把它說得像是至理名言一樣，讓對方毫無抗拒的餘地。

(10) 轉移話題的技巧

我們在電視上常常看到立法院質詢，當政府官員對著在野黨立委窮追不捨地追問時，他卻不慌不忙地迅速將話題轉到別的方向去。例如，他會用「關於這個問題，您說得一點都不錯，那是理所當然的事；可是要談這個問題之前，必須先來談一談……案件的問題」，或者說「委員說得不錯，這是一件刻不容緩、急需解決的問題，我會回去詳細調查後，再回覆您；在這之前……」

這種轉移話題的技巧在日常生活中隨時隨地俯拾皆是。例如，當小孩吵著要買玩具時，家長可以突然指著天空說：「啊！你看，幽浮」的話，藉此引開孩子的眼光，俾專注於天空的雲朵。這在心理學上是屬於效果十分高超的技巧。

轉移話題有很多種變化型態。有「以後有時間再談吧！」、「也許沒有關係也說不定……」、「我另外還有一項專長特別適用於這個職位……」、「長官可能更喜歡聽到我在……方面的經驗」等等。在面試、會議或談判的場合上，想要讓自己的優勢、特點、主張或意見被對方認同或同意時，就可以利用這種轉話法，使對方被導向自己所設計的有利方向走，而且使對方毫無抵抗的接受。

像這樣運用巧思，將詰難的問題閃開，再導向一個對自己比較有利，或者比較方便下結論的方向去，乃是一種非常高明的轉移話題之做法。當被問到自己很不方便、難以啟齒或者不知如何回答時，把話題轉到另外一個方向的技巧，可以使得考官正在緊緊相逼，或者考官正熱衷專心地想追問某件事的思緒及心境發生擾亂，

以致潰散。然而轉移後的話題必須是更能吸引考官的興趣之課題，這種轉移目標的課題一般在面試之前就要預先準備好。

(11) 謙虛的技巧

面試時在考官面前最忌大吹大擂，直言這個職位非我莫屬一樣；這樣會獲得反效果。因此，如何有效地向考官推銷自己是一件很重要的事。如果自我推銷的方法不對，就有被視為自大狂傲的可能，被錄取的機會因而降低。如果所有的考官都認同「那個人很有實力，但是又相當謙虛」的話，那麼脫穎而出的機會就會大增。

毛遂自薦的訣竅就是要說出自己不好親口說出的真心話。例如，公司想要調動一個副總到紐約或巴黎服務，這本來就是大家求之不得的大好機會，所以一般人都會滿心歡喜地立即答應下來。不過，對於東方人而言，這樣直接的方式反而被認為狂妄，不自量力。東方人需要採取欲迎還拒的虛偽處理方式，也就是要謙虛。謙虛的技巧就在於要先委婉拒絕（說一些能力不足之類的話），也就是假惺惺之意。的確，拒絕這種升官的命令會使上司百思不解，甚至還會有些憤慨；但是這種怒氣也只是短暫而已，很快的他就會認為這個副總做事很謹慎而不隨便。等待總經理再一次說服後才予答應，這樣給人的觀感就會完全不同。一般而言，第一次就回答「要」的人與第二次才回答「要」的人，在公司裡的評價就差了十萬八千里。這是一種非常奇妙的心理現象。

謙虛的意思不是要把自己的才能都隱藏起來，相反的，不但要凸顯自己的才能，而且還要把九十分說成九十九分，但就是不能自滿，而要虛懷若谷，表示天外有天，人外有人，特別要強調學無止境，值得自己學習的地方還有很多很多；個人完全服膺「活到老學到老」的人生哲學。

(12) 自抬身價的技巧

有時為了抬高自己的身價，但卻受限於不能太過招搖，於是就可以利用「借用權威」的技巧來達成目的。商場或政界的人士最會利用這種技巧，例如他們常常會在有意無意之間透露一些與高官們吃飯或交往的內幕，或者說些高官們的軼聞軼事，以抬高自己的身價。其真真假假則令人質疑。這種技巧常常是一個昏庸無能的人想喬裝為能幹特殊的人物，或者是想假裝為有權有勢的大人物時所慣用的。因此，不斷地親密稱呼某某大人物或有權威的人，很容易使人產生自己是一個重要人士的錯覺。如果能夠很自然而不造作地叫出有權威人士的名字的人，也可增加自己的權威性。但是要注意，使用這種借用權威的技巧時絕不能胡亂唬人，否則很容易被拆穿，其效果反而會得不償失。

同樣的道理，有時將自己附著於一流的人、事、物時，無形中也會被人認為，自己也是屬於一流的人物。例如，與客戶洽談時，一定要說：「我們與台塑公司的某某先生有很深的交情與來往」；這樣每每特別強調自己與有名的或重要的人物來往，就會讓對方誤認為自己也是來自一流的公司，或者自己的公司也受到一流公司的支持。在世界的競賽中，如果能買到國際大公司旁邊的電視廣告版面，也會讓全球的人誤認為自己的公司也是國際一流的公司；其廣告效果真是無以倫比，雖然廣告費令人咋舌，但卻是值回票價。

政府將中正國際機場改為桃園國際機場是非常不智的作為。例如，日本的狄斯耐樂園明明是位於東京都郊外很遠的千葉縣，卻稱其為東京狄斯耐樂園；如果取名為千葉狄斯耐樂園，就會給人一種鄉下的感覺；是否還會吸引大批從世界各地擁入的遊客？在千葉縣成田的新東京國際機場也是同樣的情況。像這種把名稱或標籤稍做改變，使得沒沒無名的東西或不重要的人物，也可以因為與有名的人、事、物相連起來，而產生完全不同的感覺。這可以說是標籤效

應所造成的效果。

很多商業廣告常藉著名人或當代紅星的推薦來宣傳。這就是利用權威性來誘惑民眾入殼。即使是無足輕重的產品，只要看到名人或權威人士做見證，就很容易信以為真。如果把平淡無奇的理念、成就或研究成果賦予權威，也可以使它具有權威性而顯得格外出色。一個畢業於一間沒沒無聞或評價不佳的大學或科系的求職者，可以說「我們這所大學或我們這個科系正符合美國哈佛大學的辦學精神與理念」，雖然他人明知這可能是一種「威勢技巧」，但是卻也可以達到扭轉自己的劣勢或不良觀感的效果。

(13) 故弄玄虛的技巧

推理小說之所以引人入勝，乃在於故事裡喜歡故弄玄虛。在命案發生時，如果兇嫌具有不在場的證明，讀者就會產生「為什麼」、「如何做」等懸疑。這種種疑問使得讀者一直想要揭開謎底，於是就會迫不及待地繼續讀下去。

一個人會去關心某件事，往往是因為心生疑問所使然。牛頓會發現萬有引力，乃是他從目睹蘋果從樹上掉下來，心中一直問自己「為什麼」，才有這個偉大的發現。不僅是牛頓，各方面的權威人士，首先也都是起於單純的疑問，而不斷地去研究，最後才發現自然的真理，或者發明有利於人類的產品。換言之，疑問是使人持續關心的原動力。

這種技巧在開會時也經常被採用。例如，對於一件經過周詳調查及深入研究的計畫案，如果將結論全部公開，或將要點逐次地報告，反而令人感到乏味，得不到好評。如果在說出結論時，同時詢問與會人士，「關於這一點，過去的問題是否已經解決（或疑問是否澄清）？」將會使與會人士格外地表示關心。

在話語中留下疑點，其目的就是想引起對方的關心，且將對方引到對自己有利的方向去。例如，當考官一直圍繞著對自己不利

的問題不斷地發問，或者考官在短暫的面試過程中，一直不曾接觸到對自己有利的部分時，即可運用故弄玄虛的技巧將情勢轉向。例如，「在我的研究領域裡，還有一項還沒有向長官報告的」、「在我的工作中，還有一項曾經獲得院長獎，有必要向長官做一個報告」。如果應徵者想跳槽，則可以說：「明年春天，我將被現在的公司派往德國一家合資的公司工作；我必須在新環境裡繼續奮鬥。」聽到這句話的考官，心中也許認為一個能夠被派往國外工作的工程師，應該不是 一個庸碌無能的人；因此，反而主動徵求他加入自己的公司。

(14) 口頭禪的技巧

我們都有共同的經驗：當我們和別人說話時，講話的內容往往忘得很快，但是對方在講話時的特殊模樣或態度卻永生難忘，如他的熱情、誠實、比手劃腳、特殊的肢體語言等等。換句話說，對聽者而言，說話動作比談話內容更富吸引力。這句話的意思不是說，在面試時應試者可以亂說話，只要表演特殊的動作，讓考官永遠記得就可以了。相反的，回答的內容還是最重要，特殊的動作只是發揮一點輔助的效果，以加深考官對你的印象而已。就像電影一樣，回覆的內容好像劇情，而語調與動作好像配樂一樣。

有時候在言談中不時地加入一種口頭禪，也有異曲同工之妙，如「報告長官」、「長官問得很好」、「不瞞長官說」、「根據我的了解」、「對對對，我也有同感」等等。口頭禪只能選用一種才能發揮效果。利用口頭禪的技巧可以添加考官的印象分；就像到廟裡抽籤時，突出的竹籤總是被揀出一樣。

(15) 故作親密的技巧

通常兩人初次見面時，絕對沒有人可以直呼對方的名字。開始時一定要用頭銜稱呼，如「教授」、「老師」、「經理」、「總經理」

之類的。交往再深一點，就用某某先生稱呼。到了直接喚名時，那已經相當親密了。

　　因此，當兩人的距離逐漸縮小，則稱呼就會依照頭銜、到姓，再到名的程序，逐步親近起來。我們要說服考官，也可以利用這種心理。應試者與考官只是首次見面，所以完全不熟，但是卻可以有意地改變稱呼，以拉近兩人之間的關係。

　　例如，「長官」、「陳教授（陳經理）」、「教授（經理）」、「陳老師」、「老師」的稱呼方法，其親密關係是逐級升高的。

Chapter 10 自我評估

10.1　前言

　　接受面試絕對不是一件輕而易舉的事；應試者如果要贏得面試，並且爭取一個夢寐以求的理想職位，是要花很多準備功夫的。你至少需要準備過去的學歷、經歷、考試、執照（證照）、職務、著作、成就等等資料，以便在面試時能夠應答自如，讓考官覺得你做過充分的準備、很有組織、很有條理，對面試持著一種認真且勢在必得的態度，你脫穎而出的機會自然就比較大。

　　一個積極且擅於生涯規劃的人，隨時都會準備好一份履歷資料，而且每兩、三年就會更新或補充一次。這種個人資料對應試者在準備面試所需要的材料時有很大的幫助；但是這樣還是不夠，因為面試時你必須針對招募單位所注重的應徵人資格、能力與特質，切中要點作答；而且你還需要分析個人的價值，評估自己對招募公司可能做出哪些貢獻。也就是，你需要針對招募單位的需求，事先進行自我評估。在面試的場合，你才能顯露自信，把自己優勝的一面及適任的資格與條件端出來給考官看；強調自己的價值，最後贏得想要的職位。以下就逐項列舉專門為面試的需要而設計的自我評估項目：

10.2　學歷

　　你必須準備下列有關學歷的資料。至於年代的順序，外國人喜歡用倒敘的方式，即從最近開始，再往前倒敘。我們的建議是由老而新，依照年代發生的先後，依序列出，這樣才可以看出一個人的成長及晉升過程。

■ **學位：**＿＿＿＿＿＿＿＿＿

　　學校：＿＿＿＿＿＿＿＿　　在學期間：＿＿＿＿＿＿＿

　　主修：＿＿＿＿＿＿＿＿　　副修：＿＿＿＿＿＿＿＿

　　獎勵：＿＿＿＿＿＿＿＿＿＿＿＿＿＿＿＿＿＿＿＿

　　獎學金：＿＿＿＿＿＿＿＿＿＿＿＿＿＿＿＿＿＿＿

　　社團活動：＿＿＿＿＿＿＿＿＿＿＿＿＿＿＿＿＿＿

　　團職：＿＿＿＿＿＿＿＿＿＿＿＿＿＿＿＿＿＿＿＿

■ **學位：**＿＿＿＿＿＿＿＿

　　學校：＿＿＿＿＿＿＿＿　　在學期間：＿＿＿＿＿＿＿

　　主修：＿＿＿＿＿＿＿＿　　副修：＿＿＿＿＿＿＿＿

　　獎勵：＿＿＿＿＿＿＿＿＿＿＿＿＿＿＿＿＿＿＿＿

　　獎學金：＿＿＿＿＿＿＿＿＿＿＿＿＿＿＿＿＿＿＿

　　社團活動：＿＿＿＿＿＿＿＿＿＿＿＿＿＿＿＿＿＿

　　團職：＿＿＿＿＿＿＿＿＿＿＿＿＿＿＿＿＿＿＿＿

10.3 經歷

■ 目前的公司或機關：_____

部門：_____ 職位：_____

在職期間：_____

★ 升遷紀錄：

☆ 職位：_____ 在位期間：_____

主要負責的工作：_____

_____

_____

重要成就：_____

_____

_____

☆ 職位：_____ 在位期間：_____

主要負責的工作：_____

_____

_____

重要成就：_____

_____

_____

■ 前一個公司或機關：_____

部門：_____ 職位：_____

在職期間：_____

★ 升遷紀錄：

☆ 職位：_____ 在位期間：_____

主要負責的工作：_____

_____

_____

重要成就：_____

_____

_____

☆ 職位：_____ 在位期間：_____ _____

主要負責的工作：_____

_____

_____

重要成就：_____

_____

_____

10.4　著書

■ 書名：_____

　著者：_____

　出版年代：_____　頁數：_____

　出版處：_____

■ 書名：_____

　著者：_____

　出版年代：_____　頁數：_____

　出版處：_____

10.5　論文代表作

- 論文名稱：＿＿＿＿＿＿＿＿＿＿＿＿＿＿＿＿
  作者：＿＿＿＿＿＿＿　出版年代：＿＿＿＿＿＿
  期刊名稱：＿＿＿＿＿＿　頁碼：＿＿＿＿＿＿
- 論文名稱：＿＿＿＿＿＿＿＿＿＿＿＿＿＿＿＿
  作者：＿＿＿＿＿＿＿　出版年代：＿＿＿＿＿＿
  期刊名稱：＿＿＿＿＿＿　頁碼：＿＿＿＿＿＿
- 論文名稱：＿＿＿＿＿＿＿＿＿＿＿＿＿＿＿＿
  作者：＿＿＿＿＿＿＿　出版年代：＿＿＿＿＿＿
  期刊名稱：＿＿＿＿＿＿　頁碼：＿＿＿＿＿＿

10.6　考試、檢定或執照

- 考試名稱：＿＿＿＿＿＿　專科名稱：＿＿＿＿＿＿
  考試機關：＿＿＿＿＿＿　取得資格：＿＿＿＿＿＿
  證書字號：＿＿＿＿＿＿　日期：＿＿＿＿＿＿
- 考試名稱：＿＿＿＿＿＿　專科名稱：＿＿＿＿＿＿
  考試機關：＿＿＿＿＿＿　取得資格：＿＿＿＿＿＿
  證書字號：＿＿＿＿＿＿　日期：＿＿＿＿＿＿

10.7　專利

■ 專利名稱：＿＿＿＿＿＿＿＿＿＿＿＿＿＿＿＿＿＿＿＿

　專利期間：＿＿＿＿＿＿＿＿　核准日期：＿＿＿＿＿＿＿

■ 專利名稱：＿＿＿＿＿＿＿＿＿＿＿＿＿＿　＿＿＿＿＿＿

　專利期間：＿＿＿＿＿　＿　核准日期：＿＿＿＿＿＿＿

10.8　獎勵與榮譽

■ 名稱：＿＿＿＿＿＿＿＿＿＿＿＿＿＿＿＿＿＿＿＿＿＿

　頒發機關：＿＿＿＿＿＿＿　頒發日期：＿＿＿＿＿＿＿

■ 名稱：＿＿＿＿＿＿＿＿＿＿＿＿＿＿＿＿＿＿＿＿＿＿

　頒發機關：＿＿＿＿＿＿＿　頒發日期：＿＿＿＿＿＿＿

10.9　能力的自我評估

■ 我解決問題或爭論題的能力：＿＿＿＿＿＿＿＿＿＿＿

　＿＿＿＿＿＿＿＿＿＿＿＿＿＿＿＿＿＿＿＿＿＿＿＿＿

■ 我為求才單位帶來新思維、創意、改變或改進的能力：

　＿＿＿＿＿＿＿＿＿＿＿＿＿＿＿＿＿＿＿＿＿＿＿＿＿

■ 我激勵或領導其他人達成任務（卓越 ／ 高生產力 ／ 高
　獲益力）的能力：＿＿＿＿＿＿＿＿＿＿＿＿＿＿＿＿＿

■ 我看出求才單位可以開拓的新業務、新產品、新服務項目、新方法或新技術的能力：＿＿＿＿＿＿＿＿＿＿＿＿＿＿

■ 我看出求才單位可以降低成本／增加獲益的地方之能力：＿＿＿＿＿＿＿＿＿＿＿＿＿＿＿＿＿＿＿＿＿＿＿

10.10　貢獻與價值

■ 我最強的技能是：

1. ＿＿＿＿＿＿＿＿＿＿＿＿＿＿＿＿＿＿＿＿＿＿＿

2. ＿＿＿＿＿＿＿＿＿＿＿＿＿＿＿＿＿＿＿＿＿＿＿

3. ＿＿＿＿＿＿＿＿＿＿＿＿＿＿＿＿＿＿＿＿＿＿＿

■ 我最大的成就是：

★ 學生時代：

1. ＿＿＿＿＿＿＿＿＿＿＿＿＿＿＿＿＿＿＿＿＿＿＿

2. ＿＿＿＿＿＿＿＿＿＿＿＿＿＿＿＿＿＿＿＿＿＿＿

3. ＿＿＿＿＿＿＿＿＿＿＿＿＿＿＿＿＿＿＿＿＿＿＿

★ 就業階段：

1. ＿＿＿＿＿＿＿＿＿＿＿＿＿＿＿＿＿＿＿＿＿＿＿

2. ＿＿＿＿＿＿＿＿＿＿＿＿＿＿＿＿＿＿＿＿＿＿＿

3. ＿＿＿＿＿＿＿＿＿＿＿＿＿＿＿＿＿＿＿＿＿＿＿

■ 我知識最豐富的地方在：

1. ＿＿＿＿＿＿＿＿＿＿＿＿＿＿＿＿＿＿＿＿＿＿＿

2. ＿＿＿＿＿＿＿＿＿＿＿＿＿＿＿＿＿＿＿＿＿＿＿

3. _____

■ 我做事能力最強的地方在：

1. _____

2. _____

3. _____

■ 我做事的態度最好的地方在：

1. _____

2. _____

3. _____

■ 我做人最成功的地方在：

1. _____

2. _____

3. _____

以上每一項的空格並不限於三格，最好自己把它增加到六至八格，然後依照順序，從最重要的往下填，最不重要的填在最後，並將最後幾項視為你的弱點。

對於那些剛畢業的同學或經驗比較淺的求職人士，目前還沒有很豐富或亮麗的資料可以端出來時，不妨將暑假打工或臨時工作或兼職工作的經驗與特殊表現顯示出來。

在談論負責的工作或成就方面時，我們建議你儘量用定量的方法表示，以加深考官的印象，以及提升資料的可信度。例如，你可以說在目前的職位上，因為採取某一種措施，而使得公司的成本降低或產量增加了百分之多少。

應試者應將自己最強的一面端出來給考官看，當然也要預先探知求才單位真正需要的是什麼；針對求才單位的需求，以自信、積極的態度，說出你的價值所在；證明給考官看，你才是最值得錄用的一個人。

10.11　簡歷表

以上的資料準備好了之後，就要把它精減成一頁至兩頁的簡歷表或簡歷書。這是請求面試的敲門磚（請見第二章）。我們建議你不要使用坊間販售的那種履歷表，因為太過簡略，無法一眼就看出來你的資歷與成就。寫出一份好的簡歷表或簡歷書，是你獲得面試機會的關鍵，所以不能等閒視之；它對於求職能否成功極為重要。因此，我們必須再度強調一下，寫好一份有效的簡歷表之要訣。

(1) 簡歷表一定要簡

招募單位在舉行面試時，常常要面對上百位，甚至更多的應徵者，所以他們不可能有充分的時間對所有應徵者的求職資料進行仔細地閱讀。職是之故，簡歷表（書）一定要簡單、明瞭、扼要，重要的資訊馬上就要吸引求才單位的注意力；內容一定要誘導他們，讓他們把你的簡歷表（書）挑出來，放在通知面試的一堆。

(2) 簡歷表一定要突出經歷

求才單位最關心的是應徵者的經歷是否適合或勝任招募職位的需求，對公司或學校能否做出貢獻。他們常從簡歷表（書）所記載的經歷來評估應徵者的經驗、能力及發展潛力。

(3) 經歷欄一定要突出招募職位的相關經驗

因為簡歷表（書）中的經歷是求才單位所關注的重點，而經歷中有關招募職位的資訊又是求才單位的焦點。所以簡歷表（書）上一定要突出招募職位所需的經驗。

如果你的簡歷表（書）能夠達成上面三項基本要求，那麼你獲得面試的機會就比較大。

組織的適應力

11.1 前言

　　日本人在職場上從一而「終」的時代已經不再；世界上目前的趨勢是一個人一生至少要換過兩個以上的公司或機關；這個現象現在已經成為常態，尤其對新生代而言，更換職場的頻率有如家常便飯。常常要變換服務的公司或機關之原因當然很多，其中不能融入公司的環境與文化恐怕占了很大的比例。

　　面試是一種雙向的溝通，必須求才單位與應徵者雙方合意，僱用與就職的關係才能成立，所以應徵者在沒有十分了解求才公司的狀況下，不宜遽下決定，是否接受錄取；否則如果不能適應新公司的環境及文化，於剛進入不久就發現不對勁，想要離開，這樣就會徒增雙方的困擾；在應試者的職業生涯上也留下一個不愉快的紀錄，有時也許會影響到你後續求職的成敗。

　　本章將向讀者說明，應徵者在投寄求職信及赴面試約以前，如何蒐集求才公司的必要資訊，然後評估一下，該公司的文化如何，是否有衰敗的跡象；同時也要自我評估一下，自己能否適應該公司的環境及文化，自己進入該公司後能否好好地發展；如果自忖不能適應，或者無法發展，那就連面試都不必去了，以免浪費時間；如果自忖可以適應，而且能夠發揮所長，並且能夠成長，那就要好好準備應試，以贏得勝利為目標，必須要有勢在必得的決心。

11.2 公司文化

　　每個公司都有其自己特殊的文化。所謂公司文化是一群人每天共同工作所孕育出來的一種風氣、行事準則以及價值觀。公司文化對你個人，一個應徵者，在公司裡的求職及升遷具有非常密切的關係。如果你不了解求才單位的公司文化，你就不知道在這個系統裡，什麼樣的行為是受到獎勵的，什麼樣的行為是不被接受的。因為每個公司有每個公司的不同文化，所以你在找工作時，應該要預先了解一下該公司的文化及其組織架構；並且應該多考慮未來工作的發展性；評估一下你能否融入這種文化。

　　在公司裡有三種階層（Hierarchy）存在著，你不得不知。第一種是職位（Line）階層，如員工、經理、協理、副總經理、總經理、董事長等是；這是你要一步一步往上爬的位階。第二種稱為功能（Function）階層，每個公司的內部都有重要的部門與次要的、不重要的部門之分；如果你是在重要的部門（即熱門的部門）工作，自然就比較容易受到公司的重視，你的升遷因此也會比較快，當然你的表現必須要好才行。第三種就是表現（Performance），指的是你個人的專業知識及工作績效；求職時，選擇一個值得投注五年至十年精力的部門，你成功的機率就會比較大。

　　職場上的人都曉得，在公司內部常有一種現象是，在你做事時總覺得有一種無形的東西擋著你，好像一面牆一樣；或者好像有人總是拉著你的後腿，使你舉步維艱。尤其中國人最擅此道，通常在一個文化不良的公司或機關裡，你會發覺，一群工作表現或工作能力很差的人或小圈圈，會阻礙工作表現良好或工作能力很強的同事，不是扯後腿，就是故意在背後散布謠言，使他們很難做事，並且使主管對他們產生錯誤的印象；要差大家差，以縮短表現優劣的差距。這些現象都會使你產生挫折感。每一個公司多多少少都存在著這種阻力，只是程度上有所差異而已；這就是所謂的辦公室政治

（Office Politics）：它與公司文化有關。一般而言，公司文化愈優良，這種無形的阻力就會愈小；公司文化愈惡劣，這種阻力就會愈大。因此，在你挑選公司之前，不得不預先考慮這些問題。

為了讓職場新兵認識清楚，健康與不健康的公司文化之差異，我們特別整理成下表，可供比較：

健康的公司文化	不健康的公司文化
■ 員工上下都非常清楚公司的目標，且全體待命，朝目標邁進。	■ 只有領導階層知道公司的目標，基層員工則茫然不知。
■ 員工可以提出問題，並且樂觀的認為問題可以解決。	■ 問題被掩蓋，沒有人想要解決。
■ 解決問題時不必等待上級的決定；創意愈多愈好。	■ 遇問題則推諉，與我無干；個人推，部門也推。
■ 做決策的時間點受能力、職責、資訊的充分度、時間的充裕度、工作量、專業及領導力發展的需求等因素所決定；員工有報怨時，以正面處理。	■ 決策由高階主管所決定；通常在資訊不充分的情況下做決策；員工對決策報怨連連。
■ 在規劃、執行及專業領域上俱見團隊合作的痕跡；責任共同分擔。	■ 命令、政策、程序等無法貫徹；管理出現危機。
■ 團隊成員的判斷受到尊重。	■ 低層員工的判斷完全不受尊重。

- 個人的需要及感覺受到重視。
- 同事間慣於互相合作，也作良性競爭，且都導向公司的目標。
- 遇到緊要關頭或出現危機時，員工立即行動，同心解決。
- 不同的意見被認為是做決策及個人成長的重要因素；論述公開，各憑專業及觀點自由發言。
- 在職訓練非常頻繁；同事間互相學習，交換經驗，共同成長。
- 同事間互助互惠，忠誠互信。
- 管理方法非常彈性，完全視情況而定。
- 容許錯誤發生，視錯誤為成長與發展的必要過程。
- 雖然錯誤愈少愈好，但是從錯誤中要學到教訓。
- 表現不好時勇敢面對，由成員共同尋找答案。

- 個人的需要及感覺不受重視。
- 同事間缺乏合作，常作惡性競爭；同事間互咬、互不信任；且為上層所容忍。
- 出現危機時，員工袖手旁觀，或互相推諉。
- 很少出現不同的意見；衝突及爭論完全被掩蓋起來。
- 少有在職訓練；同事間幾乎不交流；個人只有從不斷的錯誤中獲得經驗。
- 同事間缺乏互信，勾心鬥角。
- 主管擁有無上的權威。
- 不允許錯誤發生。
- 只要有錯，就立刻走人。
- 表現不好則予以掩飾，或獨斷處理。

- 組織架構、程序及政策等係為了行事效率及公司的健康發展而制定；情勢一旦改變時，就須修正。
- 組織架構、程序及政策等礙手礙腳，成為員工規避責任的護身符。
- 創新連連，老方法常被更新。
- 什麼都依照傳統。
- 組織架構會因情勢的改變而快速地調整。
- 以穩定為重，很少看到革新。
- 遇到挫敗時，由大家共同承擔及解決──「大家同坐一條船」。
- 遇到挫敗時，都事不關己──「我無能為力，他們要去拯救這條船」。
- 制定很多工作準則及標準。
- 標準很模糊，而且常常做錯誤的解釋。

要評估一個公司的文化優劣，試圖回答下列問題，即可評斷：

- 員工的流動率大不大？
- 升遷是否合理？
- 員工是否個個行動敏捷，爭取績效？
- 重要的決策是由高階主管決定，或者中階主管即可作主？
- 公司的授權程度及範圍有多大？
- 組織架構是傳統的金字塔式，還是矩陣式（Matrix）？
- 組織及制度是否已經定型，或者仍然具有相當彈性？
- 行銷策略為何？是要領先同業，還是老二主義，或是獨專一門？
- 經營策略是採取研發導向，或行銷導向？

- 經營策略是以產品為導向，或以品質為導向？
- 管理作風是死氣沉沉，還是輕鬆且親切？
- 管理方式是否系統化？
- 是否具有樂觀進取的工作態度，與展望未來的積極精神？
- 是否允許犯錯？
- 是否鼓勵創新，及打破成規？

11.3　公司興衰的徵兆

　　人人都希望找到一個前景看好的公司，絕不會想要找一個走下坡的公司來就業與發展。那麼如何看出一個公司的前景好壞呢？一般而言，一個公司的興衰可以從多方面的徵兆看出來。

　　一個走向困境的公司會出現如下的徵象：

- 市場的占有率日益降低。
- 銷售量少。
- 獲益力低。
- 產品老舊，缺乏創新。
- 顧客普遍感到不滿意。
- 產品品質有問題。
- 交貨時常常延誤。
- 過分依賴少數客戶。
- 資金周轉困難。
- 生產方式過時。
- 勞資關係不和協。
- 員工流動率高。

- 員工年齡老化，人才出現斷層。
- 管理者的想法與現實脫節。
- 管理僵化，缺乏彈性。
- 將多兵少，頭重腳輕。
- 上下溝通不良。
- 管理階層閉門造車。

相反的，一個前途似景的公司則會呈現下列徵兆：

- 具有競爭意識。
- 員工的士氣高昂。
- 致力於研究發展。
- 不斷推出新產品。
- 獲益力高。
- 切實進行市場調查及試銷。
- 迅速處理顧客的報怨。
- 品質合乎客戶的要求。
- 重視客戶的服務與經營。
- 適當的價格策略。
- 管理階層的作風開明。
- 組織富有彈性。
- 授權良好，分層負責。
- 集中力量於可以成功的關鍵因素上。
- 資金運用得當。

　　以上雖然以產品為例，但是一樣適用於以腦力為服務項目的學術界、研發單位及顧問業。例如，學術界及研發單位的「產品」就是研究計畫，他們的客戶就是提供研究經費的機構。至於顧問業的

「產品」就是工作計畫（Project），這些計畫可能是來自外界的委託、內部的研發計畫或者是經過評選後所爭取到的計畫等，他們的客戶也是委託單位。

11.4　部門的適應力

　　組織的適應力可以分成兩部分來說明，一個是部門適應力，或者是工作團隊的適應力，另外一個是對整個公司或機關環境或文化的公司適應力。其中又以部門適應力為最重要，因為這是每天要一起工作的團隊，如果不能融入，你就可能被孤立，或變成別人的眼中釘。

　　部門的適應力又分成兩方面，一方面是你融入部門或團隊的難易度，另外一方面是部門或團隊能否接納你。如果團隊把你排除在外，你就無法獲得支持，成員對你疏遠，導致你最後的失敗。相反的，如果部門的適應力很強，你很快的就被接受，則你將獲得其他成員的有力支持，因此你成功的機會就很大。

　　應徵者應如何評估對部門的適應力，最直接的方法就是在面試當天，找機會與未來將要天天共事的部門成員聊一聊，以探聽一下狀況。為了了解部門的工作環境與文化，你可以提出下列問題，向對方請教，並從其口中探得蛛絲馬跡：

- 「整個工作團隊的工作哲學是什麼？」
- 「什麼事被列為最重要？」
- 「什麼事被列為最不重要？」
- 「怎麼樣才是成功的工作團隊？」
- 「怎麼樣算是失敗的工作團隊？」
- 「哪些人被認為是成功的？他們有什麼特質？他們是

如何成功的？」

●「哪些人是團隊中的領導人？他們的工作哲學是什麼？個人的作風又是怎麼樣？他們有什麼共同點？有什麼不同點？」

●「這些領導人跟團隊的其他成員有些什麼不同？又有些什麼相同之處？」

●「成功的團隊中，其成員有什麼顯著的個人特質？共通點是什麼？」

從以上的問題可知，如果要慎重挑選新職，一個人是要花很多的精神跟心力的。為了選擇一個良好的新工作環境，以便未來好好地發揮，除了從朋友口中探聽一二之外，最好的方式就是趁著面試的機會，利用自己的眼睛，親自觀察未來工作地方的環境和同事，並且利用問話的技巧，從未來同事的口中得知團隊的工作哲學，以及辦公室文化，然後才能評估自己是否能夠在這樣的環境中生存，以及發揮所長。

11.5 公司的適應力

部門的適應力是最重要的，因為天天要工作在一起；但公司的適應力也不能忽視，因為部門的表現以及部門能否發展完全受到公司的管理方式及特有的文化所影響；同時，也關係到未來的升遷；所以這方面的資訊也一併要在面試時弄清楚。應徵者必須蒐集到完整的資訊後，才能做出審慎的決定。以下的問題可讓應徵者在面試時向考方提出，以評估你對公司的適應力：

●「請問貴公司的工作環境如何？有什麼特殊的公司文

　化？」
● 「目前的工作環境需要做哪些改變？為什麼要做這樣
　的改變？」
● 「請問貴公司的管理作風怎麼樣？工作哲學是什
　麼？」
● 「決定一個員工的成功或失敗是依據哪些因素？」
● 「公司的核心價值是什麼？」

　　應徵者根據以上方式所蒐集來的資訊，再與自己的個性、喜好、工作模式等進行比較，這樣自己被錄取之後才能決定是否要接受新職。

　　組織的適應力在求職過程中也是很重要的一環。應徵者必須在面試之前就要將其列入考慮。不要就職之後才發覺不對勁，徒然浪費自己的時間及精力。而一個公司或一個機關的好壞，通常社會上都已經有風評了。

面試當天應注意事項

Chapter 12

本章提供一些面試過程當中,以及其前與其後,應試者應該知道的一些竅門。

12.1　試前情蒐

在面試之前要儘量蒐集求才公司或學校以及招募職位的相關資訊,而且愈充分愈佳。當你對求才公司的認識愈深入,你跟考官的溝通就會愈良好。如果考官發現你有備而來,就會由於你的誠意而提高你的印象分。一般而言,這些資訊至少應包括:

(1) 公司方面(包括政府機關)

- 公司的組織型態,是法人的,還是私營的;組織的發展歷程;組織的規模及員工的組成;管理階層的陣容以及他們的背景等。
- 公司成立的時間;根據統計資料,五年內有半數以上剛成立的公司會因經營失敗而解散;所以成立時間愈久遠的公司,愈能證明它強大的競爭力;但也要提防另外一個統計數字,一般而言,一個公司的發展週期大約是三十年;因此,求職之前也要評估公司是在日正當中,或者日薄西山。
- 公司的目標及營業項目;公司的發展方向、主要及次要

產品或服務項目；公司的經營策略等。

■ 公司的年報，了解公司的年銷售額及獲益力。

■ 公司的文化及價值觀。

■ 公司獨特的管理制度。

■ 公司的客戶型態及競爭對手。

■ 外界對公司的評價（可以從媒體、員工或競爭對手進行側面的了解）。

■ 公司的最新消息、正在研發的產品、近期的發展規劃等，可從媒體、員工、網頁等進行了解。

■ 公司求才的真正目的。

■ 公司對招募職位的真正需求（資格與條件）。

(2) 學校方面

■ 學校歷史。

■ 出色的校友。

■ 學校院系及其特色。

■ 研究學群及研究領域。

■ 系所特色及教育目標。

■ 師資結構。

■ 課程規劃。

■ 軟硬體設備。

■ 校外實習的機會。

■ 就業情形。

■ 畢業生受企業界歡迎的程度等等。

這些資訊可以經由書面資料、網際網路或口頭探聽的方式取

得。如果應徵者對求才單位有深入的了解，應答時才能切中核心，顯現你的專業與深度，好像你就是他們的員工一樣，如數家珍；甚至談起考官可能感到興趣的共同話題。如果對方發現你做過了充分的準備，那就表示你的求職具有誠意，所以對你的印象就會非常的深刻，因此你被錄取的機會就會增加很多。

至於應徵者自己的資料在面試之前也應該準備好，例如，簡歷書、自傳、推薦函、推薦者的姓名與聯絡方式、獎狀、證書、著作、創作或設計品等，以防考官在找不到這些資料時，你可以立刻抽出來作為佐證。

應徵者必須特別注意，這些資料一定要分門別類、裝訂好、且釘好標籤，或者可以裝入透明夾內；以便要找尋時，可以立刻找出來；不要臨時手忙腳亂，甚至散落滿地，你會很難堪，面試很可能就會因此而失敗了。

12.2　考官的第一印象及提問重點

心理學家說過，人們在溝通前給對方的第一印象是見面後的前二十秒，而這二十秒的印象很大程度係來自對方的衣著。所以面試當天，考官看到應試者時，首先將會先評價一下應試者的衣著、外表、儀態及行為舉止；這就是最重要的第一印象。

面試時考官的提問重點會對應試者的專業知識及經驗、語文能力、表達與溝通技巧、分析與思考能力、解決問題的能力、面對挫折的處理能力等進行整體性的考核。他同時會從面談的過程中去了解應試者的特質及人際關係，並從談話中了解應試者的情緒狀況、人格及成熟度。他也會注意應試者對工作的熱誠度、責任感及團隊精神；更進一層的，他會探查應試者對人生的理想、抱負及上進心等。所以應試者在面試之前就要針對考官的提問方法，好好地妥為準備及預演。

12.3　要確定面試的地點

　　應試者走錯面試的地點是經常發生的事，因此我們建議應試者最好預先到面試的地點走一趟，先熟悉一下交通路線、交通工具及所需時間；如果面試地點離居住地太遠，則應該提早出門，甚至前一天就要抵達面試的地方。

12.4　要準時

　　面試時最忌在考官面前慌慌張張，甚至還拿出手帕一面坐下一面擦汗，破壞你在考官面前的第一印象；再說，在這樣的緊張心情下很難應考！所以面試當天，應試者應該提早半個小時到達面試場地，先熟悉場地的擺設，考官的座位以及你自己的座椅，假想應該採取什麼坐姿來應答等等。也可趁此機會覽閱一下布告欄，尋找一些面談的題材；當考官問起你對公司或系所有何看法時，即可切中本題，侃侃而談。看一個人的觀察力是否敏銳時，由一些小地方或小事物即可看出來。

　　如果面試的時間允許你做選擇時，我們建議你要避開星期一的上午，或是星期五的下午，或者將臨下班的時間。這些時段都是上班人的情緒比較浮動的時候。

12.5　應試前一晚

　　面試是非常花精神的，所以你在面試的前一晚一定要有充分的睡眠，第二天才能精神奕奕地應試；應試時必須集中精神、全神貫注。

　　面試前一晚最好準備兩枝筆（以防一枝筆不能用時，還有第二枝筆可用）及一本筆記簿，以便面試當場可以將考官的話做成筆

記,表示你的慎重與認真的態度。應將它們放在公事包的外層,以方便隨時取用,不至於到時遍翻不著,提升緊張情緒,又顯得缺乏組織能力。

面試前也應該準備及隨身攜帶二至三份簡歷書、推薦函、得獎證明、著作、證照、創作等。學校的應徵者則應準備成績單、專業證照、社團經驗證明、學生幹部證明、實務專題報告或創作、自傳與生涯規劃、師長推薦函、讀書學習計畫等。提供完整且可讀性高的書面資料是幫助錄取的重要關鍵。考官從應徵者所提供的書面資料中就可以很容易地看出他是否有心且用心。

上述文件應整理得整整齊齊,紙面大小儘量一致,編好頁碼,並且依序裝訂;其外側可黏貼索引條,以方便翻閱。頁數以不超過二十頁為度。當然頁數多寡與錄取與否無關,不過,準備充實而整齊的書面資料比較容易讓人一目了然,可以博取考官的好感。

書面資料可以將個人的最佳紀錄完全呈現,如特殊技能、專業能力、語文能力、證照、資格檢定、競賽成員、社團參與、幹部經驗等最為重要。應徵者自己最好也要準備一份一模一樣的書面資料,除了試前可以做充分準備之外,面試當天還可與考官同步閱覽與說明。

面試當天不要攜帶雜誌、報紙等與面試無關的物品;除了一只公事包及創作品之外,不要有包裹、攜物袋等物件。更不能帶你的同伴同行,不論他是你的配偶或親朋好友,這條規則毫無例外。

12.6　衣著與儀容

一般來說,穿衣打扮會給人留下可靠、禮貌的印象。前面也說過,衣著能夠決定見面時給人的第一印象。所以在衣著方面,你可能需要花些心思及時間去準備,但是畢竟考官想見的主要是應試者的內涵,而不是衣衫、化妝及外表,所以不妨自然一點;花巨資去

打造，並沒有必要。

重要的是衣服要清潔、整齊、合身、大方，並且適當地熨燙；不要太過時髦及前衛，否則會予人輕浮的感覺。絕對避免穿著華麗、鮮豔或曝露的服裝；女生切忌濃妝豔抹，勿著迷你裙、牛仔褲及無袖上衣；男生切勿穿 T 恤、牛仔褲、短褲、涼鞋、運動鞋等。但也無需太過保守。例如，除了皮鞋可以是黑色之外（一定要擦亮），著黑色衣服，一般比較難以叫人留下深刻的印象，因為黑色暗示著權威，而且黑色衣服會讓人想起葬禮。最好是選擇一套端莊大方又有個人風格的服裝，給人成熟穩重的感覺。

著裝上最好是能夠搭配你正要應徵的職位之服飾；職業裝是個不錯的選擇。一般而言，男士可著深藍色或灰色西服，配長袖襯衫，以白色或淡色為宜；不宜穿帶有圖案的或條紋的。領帶非常重要，選錯領帶會使昂貴的西裝大打折扣。例如，亞麻質的領帶容易起皺，毛質的又太隨便，合成纖維的不好打結，看上去又很便宜，所以真絲領帶才是不二的選擇。

女士的衣著則有較多的選擇，但切記要像職業婦女一樣，以裙子或套裝為宜，且有適宜的品味。一般可著長及膝蓋的正式裙裝；如果想給人一種幹練的女強人形象時，也可以穿著正統的褲裝。

在外表上，看起來要清潔衛生；指甲要乾淨；頭髮必須經過修剪，梳理整齊，且避免染髮或造型；男士留很長的頭髮仍被公認為是反叛的標誌，或者是懶散的人，所以最好還是遵從社會的善良風俗為宜。以髮型來說，無論男女都應該很清楚地呈現出臉部的輪廓為度。女士的化妝、飾物及香水要適可而止，避免過度打扮，切勿珠光寶氣，香味撲鼻。手提包的帶子不要太長，最好是從肩部垂下，緊貼著腋下。皮鞋不要穿高跟的或沒有後跟的，最好著略微蓋住腳背的皮鞋。不管男女，面試時絕不能嚼口香糖、抽菸或口含東西。

在寒冷的冬天，要遵守「外厚內薄」的穿衣原則。應試者可以

在套裝之外再加一件大衣或者風衣，於面試時可以把大衣脫下來。特別是裡面不要穿著厚厚的保暖毛衣或衛生衣，否則遇到面試場內的空調不足，加上面試時的緊張，可能使你汗流浹背、頻頻擦汗，顯得不夠穩重，將會非常難堪。

12.7　打招呼

　　應試者不要擅自走進試場；在沒有人通知的情況下，即使前面一個人已經結束面試，你也應該在門外耐心地等候，直到獲得通知時才敲門入內。對待通知你進場的人、試場的工作人員，或者考官的秘書或幕僚人員也要非常地友善及禮貌，因為他們常常會在面試之後將他們對你的觀感反映給考官。

　　進入試場之前，記得要把手機及腕錶的聲響關閉。要見考官時一定要先敲門，於獲得回應後才能進入試場。要知考官第一眼見到應試者時，即對你留下非常重要的第一印象。考官要從應試者身上得到第一印象，所需的時間最多不會超過二十秒鐘。換言之，只要能順利掌握初見面的二十秒鐘，讓考官留下良好的印象，你這次的面試就等於成功了一半；以後考官就會把由應試者身上獲得的情報往好的方向解釋。要在這二十秒鐘內給人良好的印象並不困難，畢竟這短暫的時間轉眼即逝，一般只要注意保持笑容及親切的態度，相信都可以輕易地通過第一印象的關卡。

　　見到考官時，應面露微笑，以拉近彼此的距離；如果再加上握手的肢體接觸，就很容易留下深刻的印象。保持微笑能夠掩飾內心的緊張，並讓考官覺得你容易相處、親和力強。等到他主動要跟你握手時，你才以熱誠、友善且面露笑容的態度，很自然地伸出右手，緊緊握住他的手；但不能握得太緊，以不痛為原則。你與對方握手時如果用力過大，或是時間太長都是不妥的；這些動作證明你過度緊張，會讓對方感覺不舒服。但是如果你握得太輕，只是輕輕

一觸，又讓人覺得你不夠熱誠，以及對別人的不尊重。但是唯有女士是例外，因為女士可以輕輕一握就好了。切記，握手時不要上下搖擺；一般以有力的搖兩下即可，然後把手自然的放下。

握手時目光要注視著對方，一面自信地報上自己的名字，一面要口頭感謝求才單位給你這次面試的機會。得體的握手能創造出平等、彼此信任的氣氛。你的自信，會讓人覺得你能夠勝任，而且願意做任何工作。這是創造好印象的良好時機。

因此，握手可以說是一項重頭戲，因為考官常把握手的動作當作考評應試者是否專業及自信的依據。所以握手時要有感染力，絕不能有氣無力，而一定要讓對方感受到你的熱情與自信。

握過手後，如果需要遞送名片也要選擇適當的時機；例如，考官如果雙手都拿著資料時，你千萬不要急著送上自己的名片，以免顯得緊張及不夠成熟。遞送名片時一定要調轉一百八十度遞給對方，以方便他的閱讀。一方面遞上名片，一方面也要報上自己的姓名，並請對方多多指教。在對方請你坐下時才可坐下，並且以謝謝回應。

自己隨身攜帶的大型手提包或其他物品，不可放在考官的辦公桌上。最好放置於座位下靠近右腳的地方。小型的背包或皮包則放在腿上，或者椅側，但絕不能掛在椅背上。請記住，你坐著時應該是心情輕鬆、滿臉微笑、顯出落落大方的樣子。

12.8　面試時的姿態

在面試過程當中要特別注意你的肢體語言，因為肢體語言會透露不同的訊息給對方。

全程要自然地面露笑容、坐姿端莊、抬頭挺胸、精神奕奕、顯出你充滿著活力，而且對面試感到興趣與認真；但不要太僵直緊張，反而顯得你太正式、冷淡、拒人於千里之外，甚至高傲；不要

將背部緊靠著椅背，這樣會顯得太放鬆。也不必彎腰前傾，如果你身體傾向考官，看起來好像要侵占他的私人領域，這樣會被解釋成具有侵略性，或者具有敵意；但在聽問題時上身可以略微前傾，這是一種虛心傾聽的姿態。你無需只坐三分之一的椅面，那樣會顯得你太緊張、太卑微。我們建議你最好坐滿椅面的三分之二，且保持輕鬆自若的姿勢。如果是扶手椅時，可以將肘部擱在扶手上，兩手輕鬆地互握即可。

坐姿如鐘，放鬆心情，雙腳平放，是面試時最基本的坐姿要求。女士應避免翹腳的坐姿，那樣會讓考官產生不端莊的印象。有些女士在坐下時，會習慣性地拉一下裙子，以免曝光，這樣很容易讓考官覺得求職者太過浮躁，所以面試當天應注意自己穿著裙子的長度。

應試時不要呆若木雞，或問一句答一句的。目光要有神，且堅定有力，不要游移不定。對考官應全神貫注，目光始終聚焦在考官的眼睛與鼻尖之間的三角形位置上移動，這樣會讓考官覺得你對他的話十分重視，而且也可以展現出自信及對對方的尊重。我們建議你的目光大概有百分之七十的時間應柔和的注視著考官，另外百分之三十的時間可以看著他的鼻子；這兩者應交叉輪替，絕不能凝視。當面對一個以上的考官時，應交替注視每一個人，而切忌一掃而過，這往往表示輕蔑的意思。總之，你的目光要能顯示出你的開朗、誠實、自信以及關注。

一個人的視線朝下，往往表示害羞且缺乏自信；眼光斜視往往表示鬼祟、欺詐、不誠實、心懷鬼胎或更壞的個性；兩眼到處亂瞄，容易讓人覺得心神飄浮、沒有安全感、賊頭賊腦對任何事都抱持著不信任感的負面印象。

問答過程中要集中精神，並且不時點頭，以表示明白或同意。必要時可以適度地利用雙手以加強語氣，但動作不能太大；原則上可以想像有一個與肩膀同寬的盒子放在你的下巴與腰部之間，將所

有的手部動作都控制在這個範圍內。

應答時一定要避免做出一些表示緊張或煩躁的小動作，例如，坐立不安、玩弄鉛筆或迴紋針、撥弄頭髮、揉搓耳朵、磨牙、弄鼻、摳指甲、時常調整眼鏡等，這些動作將會吸引考官的注意力而使他分心，因此沒有辦法專心聽你的回答，而且也會給人一種「長不大」的感覺，自然就會影響你的成績。面試時也不必使用太多的手勢，它一樣會使考者分心。同時，也不宜有太過於活潑、誇張的動作，這樣容易給人一種不穩重的印象。

總而言之，在面試過程中臉上要保持笑容，說話要親切、熱誠、禮貌、自信。在回答考官的問題時，以平穩、平實的態度為佳。

12.9 回答問題時的態度、語調與誠信

前面已經提及，應徵者在作答時，眼睛要不時地與考官做柔和的眼神接觸；但與考官的眼睛正面交織的時間以三秒鐘為度，不能凝視太久，否則會讓人覺得你懷有敵意。通常考官可以從你的眼神中讀出你的熱忱與炯炯有神的氣勢。

從一個人的言談中，不只可以看出他的成長環境及家教，如果本身消極、沒有衝勁，言詞之間自然也會流露出一種無力感。談話時的笑容、點頭等任何神情動作都會表現出你的心意。因此，面試者回答問題時，要精神抖擻，中氣十足，不要太小聲，以致考官聽不清楚，徒然讓人留下一種沒有自信的印象；但是也不能太大聲。一般而言，低沉平穩的聲音比激昂高亢的聲量，更容易進入考官的腦中。

說話時避免速度太快，而語氣表達則要完整連貫。同時，應試者要小心聆聽考官的問題。想清楚後才回答，但不能停頓太久，在兩三秒鐘之內是可以被接受的。很多人性情急躁，往往等不及考官

把話講完，就中途插嘴，因此常常發生錯誤和不必要的誤解，這樣不只會弄錯考官的意思，而且也是非常沒有禮貌的做法。

應試者在應答時應避免使用高低一致的語調，這樣容易使人想睡覺；因此需要不時的調整語調，當說到重點或得意處時就要調升語調，並且加快說話的速度，以製造高潮，使關鍵語得到加強的效果，以吸引對方的注意力與興趣。當你所求的職位或工作的環境對你非常適合時，就要顯示出興奮、激動或熱忱的樣子；這同時也是告訴考方你就是最合適的人選。

答話時最重要的原則是誠實與自信。一個人具有自信心及企圖心時，語氣就會非常堅定，容易博得信任，有時甚至提到自己的缺點時都會有加分的效果；聲音鏗鏘有力就是表現自信心最簡單的方法。

回答問題要能觸動考官的思維，清楚地表達或陳述自己的看法或意見。所以在言談中要表現出誠懇的態度，同時在用語及說話的方式上多加注意，以讓對方願意用心傾聽。其要訣是在談話時要集中精神，但所謂集中精神並不是過度在意，不要因為專心過頭而搞得緊張兮兮，以致表現失常。再者，談話中不要愈到話尾聲音愈細，或模糊不清，甚至有頭無尾，給人虎頭蛇尾、缺乏自信的不良印象。

應徵者答話時的應對語言及用詞遣字一定要有專業性，你必須使用適合招募職位的專業術語；因為面試不是閒聊，所以每一句話、每一個用詞、甚至每一個字都應有所選擇。絕對避免使用一些特殊的語彙，例如順口溜、俚語、輕佻語言，以及時下青少年使用的網路用語（火星語）等，這樣會顯得不太莊重。

又語言能力是考官考評應徵者的一個重要指標，所以表達方面一定要很流利才行。這個對那些口才不好的應徵者可能是很困難的一件事，但是在今天這種競爭激烈的求職賽中，為了贏得出線的機會，充分的準備及演練再演練才是補拙求勝的不二法門。

　　應試者說話時要清晰切題、直接簡明、突出重點，不要答非所問；表現要大方、自然，並且要顯出精力充沛以及熱忱有加的樣子。不要緊張，而要顯現自信、勇敢及不卑不亢；過分謙卑則流於無能。

　　答話時不必太過謙遜，例如：

- 「我滿相信自己可以有效地領導這個團隊。」
- 「我想我在創新方面的表現還不錯。」

　　使用這麼客氣的言詞，聽起來就好像應徵者對自己的能力抱持著懷疑的態度。西方人就會直接的這樣說：

- 「我有能力領導一個成功的團隊。」
- 「我領導團隊的能力很好。」
- 「我知道我在創新方面的表現很好。」

　　如果你覺得自己很難說出直接的話，那就考慮引用別人對你的評語。舉例來說，如果考官問你的管理作風，你可以這麼說：

- 「我的同事告訴我，自從我上任以後，我用……改變了整個辦公室的氣氛。」
- 「我的同事談過很多我在工作上的作風；他們說……」
- 「在上次的績效考評上，我的長官告訴我，他真的很喜歡我在自己的部門內，設法製造了一種民主的氣氛。」

　　再者，回答時要很有把握、具有說服力；不要背誦一些從書本上抄來的標準答案，因為經驗豐富的考官一定可以分辨出哪些是你

個人的意見,哪些是抄來的答案。

面試過程中一定要找機會,特別強調你的優勢及強項,說出你曾經有過的貢獻;你的回答一定要有真憑實據,如果能有數據證實最好。你必須讓考官覺得你的優點及長處正好符合招募的要求,且對求才公司能做出貢獻。說話時切記不要自吹自擂,虛張聲勢,更不能說謊;前後要一致、不要互相矛盾。對於負面的提問,一定要利用技巧,讓負面的傷害減到最低。

當被問及一些不懂得回答的問題時,不妨誠實以對,婉轉表示自己的不足,但強調你會學習得很快。遇有不明白的地方,不妨請求考官澄清或重複一遍,倒不必唯命是從。有時即使你覺得考官有意出難題來為難你,你也要表現得從容不迫,而且非常鎮定地回答,因為考官不見得真的要獲得你的答案;他只是想看看你遇上難題時的機智反應而已。問答當中不要急著提問有關薪水、休假、福利等問題,除非對方有向你詢問。

有時應試者心情緊張,或一時的心不在焉,聽漏了考官問話的重點;這時你絕不能胡亂地回答一通,你應該機靈地表示:「根據我聽到的,您的意思是不是這樣呢?」如果在面試時漏聽了,也不要打斷對方的談話,唐突地問對方的意思。

12.10　注意考官的肢體語言

考官的肢體語言常常顯示他對面試過程的滿意度。如果他面露笑容或點頭,表示他對面試的進行過程感到很滿意,同時他也同意你的說法。

考官如果遇到他比較中意的人選時,他會不由自主地將身體向前傾。如果他很願意和你談論專業性的話題,這就表示他對你還是感興趣的。但如果他的身體左動右擺、視線移開、玩弄鉛筆、煩躁或低頭看文件,表示他對你的說法不感興趣或不太同意,這時你就

要趕快轉移話題。如果他把身體靠到椅背上，不再注意聽你說些什麼，這就說明他已經對你不耐煩了。如果他皺起眉頭，顯現出煩躁不安的樣子，甚至笑容消失，那就表示他不同意你的看法，或者你已冒犯他了。

12.11 尊重考官的權威

考官絕對有控制全場的權威，所以應試者不應喧賓奪主，想要主導面試過程的討論；切記不要滔滔不絕，甚至與考官爭辯，或想占上風。面試頂多是一種平衡的溝通與交流，應試者不可能也沒有必要贏過他。

利用反面試技巧時（請見第六章），更不要挑戰考官的權威性；問話時一定要非常地自然，絕不能插話，也不能搶話。

12.12 把握結束的時機

面試時間的長短要視面試的內容及依據考官的主控而定。考官要結束面試時，通常都會做以下的暗示：

- 「我們非常感謝你對我們公司的這項工作感到興趣。」
- 「謝謝你對我們招募人才的關心，我們一做出決定後
  就會立刻通知你。」
- 「你的情況我們已經了解了；你知道，在做出最後的
  決定之前，我們還要面試幾位應徵者。」

應試者一聽到此類暗示語之後，就應該主動站起來，露出笑容，和考官握手告辭，並且謝謝他，然後有禮貌地退出試場。

如果面試的時間沒有預先指定時，就要把握適當的時間限制；

談短了不行，談長了更不行。時間長了對應試者不利，一般宜掌握在一個小時以內，最好在半小時至四十五分鐘左右。

12.13 結束前

面試快結束之前，考官可能會給你時間問一些你想問的問題，這時你最好問一些前瞻性的問題；例如，問一些公司或學校未來的展望；問題本身要深入且具體，以顯示你的洞察力；這樣也可讓求才單位認為你真的對該公司或該校感到興趣，並且熱切地期望獲得錄取。

有時在面試結束後，或面試過程的中間，求才單位會特別安排吃飯，尤其是大企業在徵求人才（尤其是高階人才）時更是如此。應試者必須牢記，在這種場合仍然是在面試，絕不能就此放鬆心情，以致平時常有的缺點就不經意地現出原形來。最好就是點一些簡易的、小巧的食物，牛排或龍蝦吃起來十分費事，吃相不雅；喝湯更不能出聲。

12.14 離開前

不少求職者在面試過程中表現不俗，甚至就是求才單位的「意中人」，但是在結束時卻露出破綻，致使「煮熟的鴨子給飛了」。下棋時一著不慎，就會全盤皆輸。其實，成功的編織全在收口。求職過程也是一樣，需要善始善終。就像剛進入面試場的時候一樣，應試者在面試正式結束，準備要離開時，也要給考官留下美好的印象。

首先不要在面試剛結束談話時，就顯得浮躁不安，好像急欲離去的樣子。當你知道考官要結束談話時，就可以起身；離座時記住

要將椅子還原，這個動作非常重要，你一定要做出來。然後向考官行禮以示謝意。

在離開之前，應試者記得要向考官再強調下列兩個重點：

- 表示你對這個職位深感興趣。
- 強調你對這個公司的附加價值大。

當考官主動要與你握手告別時，你就笑容可掬地伸出右手，同時說聲謝謝，感謝公司安排這次面試的機會，感謝考官的接見及對你的考慮，並且感謝考官花費時間主持了這次面試，讓你有機會證明你滿適合這個職位的。同時表示你對這個職位非常感興趣，非常期待，並且以能夠進入該公司服務為榮。這時候要順便請問考官，什麼時候可以得知面試的結果，方便時能否打電話給他等等。再謝一次後即離開。

走出時，如果在你面試前有秘書或接待人員接待過你的話，也應一併向他們致謝告辭。

要注意的是，離開時不要多話，嘮嘮叨叨地感謝個沒完；也不要一邊走一邊說，而應起立後簡短地致謝及請問後續的程序，然後穩步離場。最後記住，要將門輕輕地帶上。

12.15 寫謝函

於面試之後兩、三天之內記得要寫一封謝函，再度感謝考官所花的時間，同時再堅定地表示，你對這個職位非常有興趣。記住信要簡短熱情，信中可以巧妙地提醒考官你的長處及貢獻度，並且表現出自信。這樣可以在他們心目中留下深刻的印象，且在求才單位難予取捨之際，這封信具有決定性的作用。

要知考官的記憶是短暫的，而且有那麼多應試者供他們挑選，

所以他們常常會混淆在一起，不記得誰是誰了。因此，感謝信是你最後的機會。

　　至於感謝信應該用什麼方式寄出，電子郵件或傳統信函？有一個簡單原則是：如果求才單位是用電子郵件約你面談，那麼你也可以用電子郵件發送感謝信。如果你面試的是一家正規的、傳統的公司，那麼你最好利用傳統信函寄出感謝函。再者，感謝信必須要用打字的，這樣比較工整也比較正式。

Chapter 13
教育方面常問的問題與回應要領

13.1　前言

　　如果我們稍微瀏覽一下各種不同面試場合所問的問題，就可以發現其中有很多雷同的部分；即所謂「萬變不離其宗」。因此，面試的問題其實都離不開某些框框，所以應徵者應該先熟悉這些常問或必問的問題，預先準備答案，而且不妨預先操演一下，到時候就可以對答如流，而不至於慌慌張張，或答不出一個所以然來。

　　大凡用人機關在招募人才時，總想了解應徵者的工作經歷、工作能力與個人特質等核心資格。至於應徵者的專長、學歷、畢業學校及科系、外語能力、電腦能力、年齡等基本資料，在簡歷書上已經一目了然，一般不太細問。

　　根據我們的經驗，用人機關比較感興趣的面試題目偏重在三方面：

- 「你曾經做過什麼？」
- 「你能做什麼？」
- 「如果被錄用了，你將怎麼做？」

　　不過，面試一開始，考官最喜歡問的第一個問題通常是「請先談談你自己」。很多應試者認為他已經在簡歷書上記述得很清楚了，為什麼還要再問？因而面露不耐之色。有的甚至回答「這些資

料我不是已經在簡歷書上寫得很清楚了嗎？」有一點質問的味道。

其實，考官問這個問題是要看看應試者的表達能力、邏輯、思考、組織，及誠信與否。請切記，無論如何應試者都應尊重考官所提出的每一個問題，並且誠懇地回應。要知，這個通俗的問題正是應試者推銷自己的大好機會。如果回答得體，會令考官印象深刻，可能你就是得標者。

剛踏出校門的社會新鮮人，因為尚沒有經驗，可談的材料不怎麼豐富，所以面對這個問題時可能覺得無從談起。不過，還是要找話題談。最好的切入點應可從課業上的表現談起，說明一下所選修的課程，以及曾經參加過的社團活動，自己擔任過什麼角色，曾經領導過或主辦過什麼活動；或者打過什麼工，學到哪些社會經驗等等。這些介紹最好對你所應徵的職位有加分的效果。

對於那些有經驗的應徵者而言，一定要在面試之前認真地做好功課，並且好好地認識自己，看看自己的長處在哪裡、特質在哪裡、具備哪些專業技術及知識、過去做過什麼最得意的事情、成就了什麼重要的事蹟等。

如果應試者經常更換工作，或者工作之間曾有一大段空白，從簡歷書上看起來，既不是在唸書，也不是在工作，到底是生病，或者是失業，或其他原因，自己一定要準備好適當的說法。考官如果不問，你就不要觸及這個問題；如果考官一追問，你就得提出很好的理由。

當你在推銷自己時，應該巧妙地在自己的特長與所應徵的職位之間找到很好的著力點及相關性，並將其凸顯出來。在面談的緊張壓力下，你還是要回答得誠懇、自信且有技巧；除了專業的廣度與深度之外，你一定要突出個人積極正面的形象，讓考官很有信心地覺得選擇你一定不會錯。

本書將常見的面試問題分成教育、經歷、管理以及個人特質與其他等四大類來說明。首先先談教育方面常問的一些問題。

13.2 教育方面的問話

(1) 大學時代

- 「請問你是哪一所大學（或學院）畢業的？」
- 「你什麼時間上這所大學（或學院）的？」
- 「你為什麼會選擇這所大學（或學院）？」
- 「你依據哪些因素選定這所大學（或學院）？」
- 「你的主修是什麼？副修是什麼？」
- 「你為什麼要選擇這個科系？你為什麼要選這個當副修？在幾年級時決定的？為什麼？」
- 「你有沒有考慮過要主修或副修其他科系？它們是什麼科系？」
- 「你為什麼選擇這一科系而沒有選擇那一科系？」
- 「你要選擇這所大學（或學院），是受誰的影響？他們是如何影響你的？」
- 「如果時間回到從前，你會不會還是選擇這所學校？為什麼？」
- 「如果時間回到從前，你會不會還是主修這一科系？為什麼？」
- 「如果時間回到從前，你會不會想要轉系？為什麼？」
- 「你想轉到哪一系？為什麼？」
- 「你有沒有副修？你副修哪一科？為什麼？」
- 「你是哪一類型的學生？」
- 「你的學業成績如何？在班上的名次怎麼樣？」
- 「哪一門課你修得最好？哪一門課你修得最差為什麼？」

- 「你最喜歡哪一門課？你最不喜歡哪一門課？為什麼？」
- 「在學校有沒有得過什麼獎？或記功之類的？請說明一下。」
- 「在學校有沒有領過獎學金？請說明一下。」
- 「在學校參加過哪些社團？或參加過什麼活動？請說明一下。」
- 「你在這些社團或活動中擔任什麼角色？有領導過什麼團隊嗎？請說明一下。」
- 「你在班上有沒有擔任過什麼職務？請說明一下。」
- 「你為什麼（怎麼）被選上（擔任這個職務）？
- 「你每週大約花多少時間在功課上？」
- 「你課餘時都做些什麼事情？」
- 「你在大學時代有沒有打過工？」
- 「你打過什麼工？打過多久？」
- 「你上大學的費用是怎麼來的？你自己負擔多少？」
- 「你在大學時代如何規劃你未來的生涯？」
- 「你在大學所受的教育與這個職位有什麼關係？」
- 「在大學時代你最得意的事是什麼？最不得意的事又是什麼？」
- 「在大學時代誰影響你最深？如何影響？」
- 「作為一個大學生，你如何形容自己？」
- 「你現在有改變嗎？為什麼改變？哪些地方沒變？」
- 「在大學時代，同學給你取過什麼綽號嗎？為什麼？他們如何描述你？」

(2) 研究所時代

- 「你在哪一所大學上研究所的?什麼時候?」
- 「你上研究所的目的是什麼?什麼因素讓你做了這個決定?」
- 「你如何挑上這所大學的研究所?什麼因素讓你做了這個決定?」
- 「你的論文題目是什麼?」
- 「除了這個題目之外,你還做過什麼研究嗎?」
- 「你為什麼會選擇這個研究題目?是你自己選的?還是指導教授替你選的?還是受到其他人的影響?」
- 「你認為這樣的選擇是對的嗎?為什麼?」
- 「你做過什麼研究來支持你的論文?研究的結果是什麼?」
- 「你的論文有什麼重要的發現?主要結論是什麼?」
- 「你的指導教授是誰?他如何幫助你完成論文?」
- 「你做論文時使用了哪些資源?得到哪些人的支援?」
- 「你在論文口試時遇到什麼最難的問題嗎?你怎麼答覆的?」
- 「你有沒有將論文的結果發表?在哪個刊物上?叫什麼題目?」
- 「你申請過什麼專利權嗎?請說明一下。」
- 「如果把時間倒回去,你會不會改變你所選的研究主題?如果會,你會選擇什麼題目?為什麼?」
- 「你是哪一類型的學生?」
- 「你的學業成績怎麼樣?」

- 「你得過什麼獎嗎？記過功嗎？或獲得其他什麼榮譽？」
- 「你得過什麼獎學金或獎助金嗎？請說明一下。」
- 「哪一門課你修得最好？哪一門課修得最差？為什麼？」
- 「你最喜歡哪一門課？最討厭哪一門課？為什麼？」
- 「你參加過什麼社團或課外活動嗎？你擔任什麼角色？有領導過什麼團隊嗎？請說明一下。」
- 「你當學生時在班上有沒有擔任過什麼職務？你如何被選上的？」
- 「你每週大約花多少時間在功課上？」
- 「你有打過工嗎？什麼性質？每週大約幾小時？收入有多少？」
- 「你上研究所的費用是怎麼來的？你自己負擔多少？」
- 「你課餘時都做些什麼事？」
- 「你在研究所所受的教育對你的生涯規劃有什麼影響？」
- 「你在研究所所受的教育對目前這個職位有什麼幫助？」
- 「你在研究所時最得意的一件事是什麼？最不得意的事又是什麼？為什麼？」
- 「如果時間倒回，你是否要做些不同的研究？為什麼？你會做些什麼改變？」
- 「在研究所時代誰對你的影響最深？哪些方面受到影響？」
- 「在研究所時同學給你取過什麼綽號嗎？為什麼？他們如何描述你？」

13.3　應答要領

　　教育方面的問題是面試必問的問題，所以應試者應該妥為準備。考官問話的重點在於你為什麼會選擇什麼學校、什麼科系、你的學業成績如何、你所學到的專業知識跟目標職位有什麼關聯等等。以下就擇要地說明一下如何應答這一類問題。

(1) 選校與選系

　　當應試者回答為什麼會選擇某所學校或某個科系時，答案應該導向這個科系所提供的知識與應試者準備要應徵的目標職位有著密切的關係。絕不能說離家很近、很容易畢業，或聽長輩的話等。

　　選擇某所學校某個科系的理由，可以參考下列答覆方法：

- 「學校的整體聲望很好。」
- 「某個科系特別強。」
- 「師資、設備、研究能力等為全國一流的。」
- 「提供健全嚴格的教育課程，尤其強調這些課程對目標職位特別有幫助。」
- 「大學校的資源多，跨領域的研究組合很強；小學校的師生很親密，強調集體創作。」
- 「符合自己的興趣。」

　　如果考官問你選校及選系的準則是什麼時，你可以選擇下列的準則予以答覆：

- 「聲望好、校風好。」
- 「好的師資、提供好的課程。」
- 「就業容易。」

- 「企業界的最愛。」
- 「自己的興趣。」
- 「學費及生活費負擔得起。」
- 「離家的距離適中。」

如果考官問你選校及選系的程序如何時,你可以做如下的答覆:

- 「閱讀大約二十家大學的簡介,同時向親朋好友探聽,注意其師資、課程、設備、研究能力、畢業校友的成就等。」
- 「挑出五家,親自到學校及系所拜訪,並與同學們交談及打聽。」
- 「列出優先順序,並徵詢親友的意見。」

(2) 學業表現

學校功課好的應試者對這一類問題所可以談的內容當然會很豐富,但是對於學校功課表現不佳或表現平平的應試者而言,就要考慮如何說詞,才不至於讓人誤認為你的專業知識不足、技術能力欠缺,或者你不夠積極、在學校混日子等。

在應答的方法上,你可以挑出跟目標職位關係密切的課程,而且成績又特別的搶眼,當作你修得很好的課程,來說明你的學習心得,並且強調它適合目標職位的需求。或者你也可以舉例證明,你的課業表現呈現漸入佳境的趨勢,表示你是不斷地在進步,不斷地在改善;這是考官所樂意見到的現象。

如果你的功課真的讓人無法恭維,那你也許可以說你是半工半讀完成學業的;要自行負擔一半以上的學費及生活費,那麼你這樣

的說詞就比較能夠取信於人，你的苦學也會博得同情。

　　如果你真的很混，那麼只好幽默地說，根據統計資料顯示，一個人的成功與他的在校成績並沒有顯著的相關性；但是你還要補上一句：

　　「我唸書不大計較分數的高低，因為我比較喜歡學習對我將來有用的知識；雖然我的學業成績不是頂尖的，但是我卻有不少的工作經驗；例如，每年暑假我都會到我父親的公司實習，使我在隧道工程方面的實際經驗相信比其他任何同學都要豐富；這些知識如果拿到貴公司來應用，馬上就可以派上用場。」

(3) 修課的好壞

　　考官常常喜歡問應試者什麼課修得最好（成績最高）、最喜歡什麼課，或什麼課修得最差，或者最不喜歡什麼課。關於這一類問題，應試者還是要遵循一定的法則，即挑出的那門最好的課應該要跟目標職位所需要的專業知識密切相關的。

　　修得最好的課不必然是你最喜歡的課。你可以喜歡一門課，但它的成績不一定是最好的。如果你對目標職位相關的課程修得不怎麼樣，你可以回答說你特別喜歡該課程，但因為教科書寫得艱深難懂，或者老師太偏重理論的東西，所以成績只能差強人意。

　　如果被問到修得最差的課，你應該挑選一門跟目標職位無關或關係不大的課程，但絕對不是你成績最差的一門，否則更容易招引考官的注意。例如，你主修工科，你就可以挑出一門跟社會學相關的課程，成績不是很好，但也不是最差的一門。成績不好的原因最好歸之於課程的內容太過於艱深或老師的教學方法讓學生不太習慣，課堂上死氣沉沉，老師自己及學生都想趕快熬完這個學期。

　　那麼你最喜歡的老師是誰呢？比較得體的回答應該說：

　　「教我們……課的老師，能夠使課堂充滿生氣；他常

常舉很多實例，能夠將知識和現實緊密地結合在一起，而不是死讀書本。我跟著他學到很多實用的東西。」

(4) 教育與職位需求的關係

在學校的教育與薰陶之下，會使麻雀變鳳凰，所以學校教育對招募職位的幫助是很大的，你的回答可以包括：

- 「學得專業知識與技能。」
- 「學得分析及解決問題的能力。」
- 「擴大一個人的視野。」
- 「懂得接受別人的觀點及方法等。」

當被問到幫助在哪裡時，應試者應該舉出一、兩個實例，證明你如何將所學到的知識、技術與方法實際應用到問題的解決上。

有時候考官會問：

「你是應屆畢業生，缺乏經驗，如何能勝任這份工作？」

如果考官有此一問，那就表示他們並不是真正在乎工作經驗；所以應徵者的答覆最好是提到誠懇、機智、負責、團隊精神、果敢及敬業等方面的特質。例如你可以這樣說：

「作為一個應屆畢業生，在工作經驗方面確實有所不足，因此在學生時代我就一直利用各種機會，在這個行業裡從事暑期實習或兼職。我從中發現，實際工作遠比書本上的知識豐富、複雜且多樣。但是因為我有較強的責任心、上進心及適應能力，而且比較勤奮，所以在兼職工作中，我不但學到很多非常實用的東西，而且都

能圓滿地完成各項工作；這些寶貴的經驗讓我受益匪淺。請貴公司放心，從學校所學的知識及兼職所獲得的經驗使我一定能勝任這個職位。」

13.4　範例

(1) 選校的原因

範例一：

　　「我選擇成功大學 xx 研究所的主要原因是它的學風敦厚純樸、腳踏實地，很像德國人的民族性；另外，就是成功大學所教育出來的畢業生已經連續五年蟬聯國內企業界的最愛。還有是它的師資及設備是國內數一數二的學校。台灣大學當然是國內首屈一指的大學，無人能出其右；雖然我的成績也可以上台大，但是卻沒有選擇台大，主要原因是台大比較重視理論，成大比較重視實際；因為我不想朝學術方面發展，我希望多學一些技術方面的技能，所以就選擇了成大。」

範例二：

　　「我選擇 xx 大學是因為它的規模比較大。不可諱言的，規模比較大的學校，不但課程的提供比較多元，而且在選課方面可以提供較大的自由。它的師資及設備也比較豐富，可用的資源又比較多。因此，六年來我並沒有後悔我所做的選擇。」

(2) 選系的原因

範例：

> 「我選擇唸理工是因為我在高中時，對數學及物理就感到很有興趣，成績也非常好。我尤其特別喜歡物理，因為它需要利用數學來解決物理學上的許多問題。進大學時我選擇了機械工程，正是因為它是物理學的實際應用，這等於延伸了我在高中時代對物理的興趣。」

(3) 修課對招募職位的幫助

範例：

> 「從宏觀來講，研究所的訓練使我學習如何獨立地解決問題，它教我如何思考、如何分析，以及到哪裡去找答案。說得更具體一點，我曾在研究所選修了兩個學期的遙測學（Remote Sensing），所以在我的工作計畫中，只要碰到地形、地質、水文、土砂災害、環境保護及土地利用等相關調查，我就曉得尋找衛星影像，並且在衛星影像上進行調查及分析；比起傳統的地面調查，這種新的做法不但節省了我很多時間，而且又可以從影像上擷取許多非常可靠的資料；這使我在這個領域內，累積了極為豐富的經驗，而且使我在這門專業上獲得同行的高度肯定。」

(4) 功課的好壞

範例一：

「我在研究所時代修得最好的課有岩石力學、土壤力學及隧道工程，三門的好壞實在難分軒輊；我不但修得好，而且也最感興趣。我在每個暑假都會跑到隧道的工地實習，所以累積了非常豐富的隧道工程方面的專業知識，相信馬上就可以派上用場。我對隧道的模式分析更是在行，這要歸功於我對工程數學的濃厚興趣。至於我修得不怎麼理想的課要算是德文，因為德文老師是一位留德的博士，他的教法不是很靈活，只是照著教科書教，從來沒有利用時下非常流行的 e 化教學法，所以我的吸收非常有限；還好，德文的好壞並不影響隧道的分析及設計，這方面的英文參考資料已經非常多了。」

範例二：

「雖然我的功課只能說是平均的程度，但是我在商業相關的課程方面都表現得相當好，平均都有 3.4；尤其行銷學的成績最好，接近於 4.0。所以行銷學是我最強的科目，也是我最感興趣的科目。」

Chapter *14*
經歷方面的問話與回應要領

14.1 經歷方面的問話

經歷方面的問話體材可以說是包羅萬象。回答的要領還是老套，就是要與應徵職位的需求連上關係。以下就分成目前的工作、過去的經歷以及其他問題等三方面來說明

(1) 目前的工作

- 「在怎麼樣的狀況下你會想進目前的公司（或機關）？」
- 「什麼因素讓你決定進目前的公司（或機關）？」
- 「你目前還在這家公司（或機關）嗎？是什麼職位？」
- 「請描述一下目前公司（或機關）的組織，你是位於什麼位階？」
- 「你的直屬長官是誰？還有誰需要向你的直屬長官報告？」
- 「你的部屬有多少人？」
- 「有沒有其他部門的人因為業務需要而向你報告的？他們是什麼部門？」
- 「你的組織任務是什麼？」
- 「你的業務職責是什麼？」
- 「你的部門預算有多少？每年營業額有多少？每人的

生產量有多少？」

● 「你的部門目標是什麼？哪一個目標的達成率最高？你是如何達到的？」

● 「哪一個目標的達成率最低？為什麼？你會如何加以改進？有些什麼改進的計畫沒有？你將採取什麼步驟？」

● 「在目前這個職位上，你最大的成就是什麼？它對公司有什麼影響？你在這個計畫裡擔任什麼角色？你的貢獻有多大？其他人的貢獻如何？」

● 「在目前這個職位上，你最得意的事是什麼？為什麼？」

● 「在目前這個職位上，你最不得意的事是什麼？為什麼？」

● 「在目前這個職位上，你表現最好的是什麼？為什麼？」

● 「在目前這個職位上，你表現最差的是什麼？為什麼？」

● 「你目前遇到的主要問題或挑戰是什麼？」

● 「你準備怎麼來解決這些問題或挑戰？你期望會得到什麼結果？」

● 「你在職場上換了幾次工作？為什麼有這麼多改變？」

● 「為了這次的改變，你做了些什麼準備？」

● 「你對目前的直屬長官有什麼看法？他（她）是怎麼樣的一個人？他（她）的管理作風怎麼樣？」

● 「你跟直屬長官的關係如何？」

● 「你對直屬長官的管理作風最不欣賞的是哪一點？為什麼？」

● 「你現在的部門有沒有一套正式的績效考評制度？

執行的效果如何？考評的基礎是什麼？分成哪些等
級？」

● 「你最近的考評結果怎麼樣？為什麼會獲得這個結
果？你覺得這樣對你公平嗎？」

● 「你的長官對你的表現最欣賞的是哪一點？為什麼？」

● 「你的長官對你的表現批評最多的是哪一點？為什
麼？」

● 「你同意他的批評嗎？為什麼？」

● 「你對他的批評做了哪些改善？結果怎麼樣？」

● 「你目前公司的加薪幅度怎麼樣？你最近一次加了多
少％？你認為這樣合理嗎？為什麼？」

● 「你的加薪幅度跟你所做的貢獻可以匹配嗎？為什
麼？」

● 「你為什麼要離開目前的公司？什麼因素讓你做這個
決定？」

(2) 過去的經歷

● 「你之前還在哪些公司（機關）待過？是什麼職位？」

● 「你為什麼要離職？」

● 「你認為轉到目前的公司（機關）是一種升遷嗎？為
什麼？」

● 「你轉到目前的公司（機關）時薪水增加了多少？你
對這個增加的額度很滿意嗎？為什麼？」

● 「目前的公司僱用你的原因是什麼？」

● 「你對這次職場的轉變很滿意嗎？你的轉變是正確
的嗎？會不會後悔？這個改變是否符合你的生涯規

劃？」

- 「請描述一下前一個公司（機關）的組織系統。」
- 「你的位階在哪裡？你的職責是什麼？」
- 「你的部門預算有多少？每年營業額有多少？每人的生產量有多少？」
- 「你的部門目標是什麼？哪一個目標的達成率最高？你是如何達到的？」
- 「哪一個目標的達成率最低？為什麼？你會如何加以改進？有些什麼改進的計畫沒有？你將採取什麼步驟？」
- 「在這個職位上，你最大的成就是什麼？這些成就對公司有什麼影響？」
- 「你在這個計畫裡擔任什麼角色？你的貢獻有多大？其他人的貢獻如何？」
- 「在這個職位上，你最得意的事是什麼？為什麼？」
- 「在這個職位上，你最不得意的事是什麼？為什麼？」
- 「在這個職位上，你表現最好的是什麼？為什麼？」
- 「在這個職位上，你表現最差的是什麼？為什麼？」
- 「你曾經遇到什麼問題或挑戰？你如何解決這些問題或挑戰？結果如何？」
- 「你在職場上換了幾次工作？為什麼會做這些改變？」
- 「為了這次的改變，你做了些什麼準備工作？」
- 「你對以前的直屬長官有什麼看法？他（她）是怎麼樣的一個人？他（她）的管理作風怎麼樣？」
- 「你跟以前的直屬長官之關係如何？」
- 「你對以前的直屬長官之管理作風最欣賞的是哪一點？為什麼？」
- 「你對以前的直屬長官之管理作風最不欣賞的是哪一

點？為什麼？」

●「你們以前的部門有沒有一套正式的績效考評制度？執行的效果如何？考評的基礎是什麼？分成哪些等級？」

●「你離職前的考評結果怎麼樣？為什麼會獲得這樣的結果？你覺得這樣對你公平嗎？」

●「你為什麼要離職？有些什麼因素讓你決定要離職？你是自請離職或者被迫離職？」

●「如果我們向你以前的老闆參詢，你認為他會怎麼說你？」

(3) 其他問話

●「在你待過的公司中你最喜歡哪一家？為什麼？」

●「在你待過的公司中你最不喜歡哪一家？為什麼？」

●「在你過去的很多職位中你最喜歡哪一個？為什麼？」

●「在你過去的很多職位中你最不喜歡哪一個？為什麼？」

●「在你過去的老闆中你最喜歡哪一位？為什麼？」

●「在你過去的老闆中你最不喜歡哪一位？為什麼？」

●「在過去的許多工作環境中，你認為在什麼環境之下你最容易發揮？生產力最高？為什麼？」

●「在過去的許多工作環境中，你認為在什麼環境之下你的生產力最低，為什麼？」

●「請你比較一下過去幾個不同的職位。」

●「哪一個職位你最喜歡？哪一個職位你最不喜歡？為什麼？」

- 「在你過去的幾個職位中，哪一個對我們所徵求的目標職位最有幫助？為什麼？」
- 「其他的職位有沒有幫助呢？請說明一下。」
- 「請問你最強的專業優勢是什麼？它對我們所徵求的目標職位有些什麼幫助？」
- 「你認為在專業上還需要加強哪些方面？你準備如何加強？」
- 「請評估一下你的經驗與資歷是否適合我們所要徵求的職位。」
- 「你認為哪一項資格對你最適合？哪一項資格對你最不適合？為什麼？」
- 「你有哪些特殊的技能對我們所徵求的職位是有幫助的？」
- 「對於我們所徵求的目標職位，你認為自己在專業上還有哪些不足的地方？ 你認為這個缺陷很嚴重嗎？為什麼？」
- 「如果我們僱用你，你準備如何補救這方面的缺陷？」
- 「如果我們僱用你，你將如何來執行你的工作？」
- 「如果將工作的表現分成十等，你對自己的工作表現可以打幾分？為什麼？」

14.2 應答要領

在工作經驗方面考官喜歡問一些應試者的優點、弱點、工作表現、重要成就、升遷等等問題。

切記不要提到你並非真正擁有的經驗，高明的考官會更進一步追問，直到他對你的經歷及知識都了解了為止；如果你的閱歷所知

有限,你很快就會露出馬腳的。

　　現在將一些比較重要,需要一些應答技巧的課題說明於下:

(1) 技術上的優點

　　有關應徵者的技術優點與弱點,在面試之前就應該先想好,而且自己要預演一下,看看如何答覆;不能毫無準備,當場隨便答一答。因為這是考方所要問的重點,你答覆的好壞常常可以決定錄取與否,所以不可等閒視之;它需要講求一些回答技巧的。

　　回答技術優點的要領,第一要先找出你最重要的技術強項在哪裡(請見第十章),第二就是要證明這些技術的強項在工作上產生了很好的效果。

　　在回答的技巧上,可以採用逆推的方式,即先從結果談起,再反推回去,看看運用哪些方法才達到這樣的結果。因此應試者可就過去的不同職位中,從每一個職位挑出三至四個重要的成就或值得改進之處(請見第十章),也就是回想一下,你曾經為以前或目前的公司解決過什麼重要的問題或具有挑戰性的課題;然後評估每一項成就及改進曾經為公司帶來了什麼結果或效益。這些結果如果以數字(量化)表示,將會更具有說服力。

　　下一步就是分析一下,你運用了哪些技能或方法才得到這樣的結果;這些鑑認出來的技能就是你的技術強項。這些技術優點最好是與招募職位的技術需求一致,至少也要有密切的關聯。

(2) 技術上的弱點

　　考官通常也很喜歡問問應試者在技術方面的弱點,這些弱點可能會影響到目標職位的執行;因此,應試者對於這種問題的答覆方法應該預為綢繆。一般而言,考官不會因為應試者只提一項弱點就滿足的,所以我們建議應試者最好準備兩個至三個弱點,以備不時之需。

在回答的要領上，應試者可以挑出一些不是很嚴重的弱點（其實你自己不要把它們看成是弱點，而要認為它們是比較不重要的優點）；它們必須與招募職位的技術需求沒有相干的。或者你可挑出那些你已經改善過的缺點，這樣還可以向考官證明，你具有勇於反省及有魄力改進缺點的個人特質。

應試者在敘述弱點時，不要使用絕對性的語氣，而要使用柔軟的、模糊的、見仁見智的、有些人看起來是缺點，但有些人看起來卻是優點的方式；這在第八章已經有詳細的介紹了。談到弱點時，也可用定量的方式，證明它們對公司的影響非常小，而且經過改善後，公司還可因此而獲益。

一個人能看出自己的弱點是不太容易的一件事。應試者只要能夠成功地將缺點轉為優點，例如，具有自覺性、懂得自我提升，而且堅持不懈等，這些特質都有助於提高你的印象分。

(3) 工作表現方面

應試者如何才能顯示其工作表現？ 最好的方法就是採用成果及功勳導向的敘述法。在方法上，應試者可以回想在過去的職位上，曾經為公司做了哪些重大的貢獻，並且舉出一些實例，包括如期或提前達成目標的計畫、做了重大改進的計畫、使公司獲得很大利益的計畫、使公司節省很多成本的計畫、採用新技術、新方法的計畫等等。對於以上的成就最好的證明就是你因而獲得了升遷或獎金或記功等。

當考官問到你最大的成就是什麼時，他的本意並不是只對你的成就感到興趣，其實他想知道的是你對價值觀的判斷。對於這一類問題的回答要領，你得仔細想一想（當然在面試前就要準備好），是否有讓自己與眾不同，且與招募職位相關的事蹟，例如，獲得某種競賽得獎、當選為班長、為校刊撰寫評論文章、在報上的時事論壇投稿，或者在工作中重組一個部門、成功地開啟一條生產線等。

你必須凸顯這些成就的貢獻、效益、衝擊或影響等，儘量提出數據，加以量化及具體化。

　　相反的，應試者也要準備一些表現不如理想的工作實例。這些例子一定不要與目標職位的職務相干的，而且與你的成就相比的話是微不足道的，對公司的影響很小的。

　　對於工作不理想的原因可能是資源不足或來不及供應，或缺乏奧援，或者朝材料漲價、員工離職、罷工、大環境的經濟影響等方向去思考。

　　最重要的是你要補充說明，對於這些缺陷經過檢討之後，已向公司提出一個完整的改進措施，實施後就不曾再犯了；先前雖然花了一點「學費」，但之後公司反而獲得了正面的效益。

　　有時候考官會問「請談談你的失敗經驗」。應試者絕不能因為怕出醜而說自己沒有失敗的經驗。你一定要找出一個與招募職位不相干的失敗例子為例；而且要說明失敗之前，自己曾經與很多人商討過（最好也徵詢過你的長官），所以對於成功的希望滿懷信心。可惜因為外在的客觀因素而導致失敗。為了亡羊補牢，以及避免以後再犯，自己在失敗之後，就立刻深入檢討，並且找出原因，引以為戒。自己從此案中得到許多寶貴的經驗，以後絕不會重蹈覆轍。經過這次失敗的經驗之後，自己很快就振作起來，而且以更積極謹慎的態度面對以後的工作。

(4) 對工作的喜愛度或滿意度

　　當考官問起應徵者對過去所從事的工作、所擁有的職位，或所服務的公司中，哪一個最滿意或最喜愛，以及哪一個最不滿意或最不喜愛時，應徵者的答覆最重要的是你對過去的工作、職位或公司，都很滿意或很喜歡，只是喜愛的程度不同而已，並沒有最不喜愛的工作、職位或公司。

　　應徵者在挑選最喜愛的工作或職位時，一定要挑一些跟招募職

位相關的工作或職位做例子；相反的，在挑選最不喜愛的工作或職位時，就不能挑一些跟目標職位有關的工作或職位。應徵者在回答最不喜愛的工作或職位時，開頭就要聲明，你很難舉出一個不喜愛的工作或職位；而比較不喜愛的原因是這項工作或職位比較不具挑戰性，它只是一種例行的工作而已。

(5) 對工作環境的好惡

在還不知道求才公司的工作環境及公司文化之前，應試者很難答覆最喜愛的工作環境是什麼，所以應試者應該在面試之前就要先做些功課。例如，可以預先蒐集一些公司的簡介資料，或者先向熟悉該公司的親朋好友或該公司的員工打聽一下該公司的情況；如果辦不到，那就要利用反面試的技巧，在面試開始的頭幾分鐘向考官探知上述情報（請見第六章）。例如，你可以向考官客氣地探問類似以下的問題：

- 「請問在貴公司服務時，要怎麼樣才能成功？」
- 「請問貴公司的核心價值是什麼？」
- 「請問貴公司重視的是怎麼樣的工作態度？怎麼樣的個人行為？」

應試者在獲得必要的資訊之後，就比較容易採取有效的策略，做出適當的回應。例如，你可以舉出過去的工作中，與招募職位最接近的工作環境作為你最喜愛的工作環境。

在答覆你最不喜歡或最不滿意的工作環境時，最重要的是你要說以前的工作環境都很好，實在沒有什麼不滿意的地方；如果硬要舉出一個的話，那你就舉一個會妨礙公司或部門進步的環境，例如保守、獨裁、專制、同事們不能同心協力等之類的。

考官很喜歡問「你為什麼要離開目前的公司？」這是考方相

當關切的一個問題，因為他們深怕用錯人。他們想釐清你的離職原因是客觀因素或主觀因素所造成。客觀因素包括公司搬遷、部門改組、公司縮編等；基本上屬於外在環境的因素，非個人能力所可抗拒。而主觀因素則與應徵者有直接的關係，包括工作能力、人際關係、工作態度、工作價值觀、領導能力等。

回答的要領應將重點放在個人的生涯規劃及自我尋求突破上會比較妥當。應徵者一定要讓求才單位相信，你在目前單位的離職原因，在這家求才公司完全不存在。你也不能一味地批評以前的公司，因為喜歡發牢騷的人很難被錄用。應徵者應該避免把離職原因講得太過詳細、太過具體，而且絕不能摻雜主觀的負面感情因素在內，如工作太辛苦、常常要加班、工作壓力太大、競爭過於激烈、薪水太低、人際關係太複雜、勾心鬥角、管理太混亂、常常換主管、公司不重視人才、公司排斥或歧視某一類的員工等。更不能涉及自己負面的人格特質，如不誠實、懶惰、缺乏責任感、不隨和、常常遲到早退、不願意加班等。

應試者也不宜說想要尋找更好的機會，因為這種說法容易讓人覺得你是以自我為中心。最好的答覆方法應該是，你想換一個更具有挑戰性的職位來發揮自己的專長或者技術與經驗。答案一定要力求簡短；如果考官想知道多一點，你就以自己的知識與技能作為回答的基礎。

(6) 對長官的好惡

當應試者被問到最喜歡或最不喜歡哪一位長官時，只有唯一的一條原則，那就是絕不能批評過去的任何一位長官。因為你會批評過去的長官，你就會批評未來的長官。

對目前的主管絕對要表示尊敬，並且給予正面的評價；即使你們的關係很惡劣，也不能講他的壞話；考官很可能認識他，這個世界比你想像的還小很多。談起你目前的部屬時，要顯得很熱情，並

且大大地讚揚他們。如果你批評他們，就會反射出自己的壞影子，因為訓練他們、提升他們的能力應該是你的責任。同樣的，在任何情況下，都不要批評你現在的同僚，無論是什麼理由。

回答這一類問題時，假設要你舉出一個你所喜歡的長官，還是要非常小心；最好先查清楚求才公司所喜歡的是哪一種管理哲學或管理風格；你可以在面試剛開始時就採取反面試技巧向考官探聽。一般而言，一個令人喜愛的長官一般都是具有積極、傾聽、公平、合理、支援、協助部屬成長、忠於公司等特質。

有時考官會故意設計一些陷阱，問應徵者喜歡跟怎麼樣的長官共事；從回話中可以判斷應徵者對自我要求的意識。所以這既是一個陷阱，也是一個機會。應徵者最好不要去形塑你所喜愛的長官是什麼樣子，而應該多談一些對自己的要求；例如：

> 「作為一個剛步入社會的新鮮人，我應該多要求自
> 己儘快熟悉環境、適應環境，而不應該對環境提出什
> 麼要求，只要能發揮我的專長就可以了。」

假設考官要你舉出一個不太喜歡的長官時，你一定要先褒後貶；首先說出他的許多優點，然後才簡短地說出你們觀點有一些不同的地方。其實也無所謂貶，你只要說出他在管理上的一些不合理的舉措就好了；一定要淺談即止，不要愈描愈黑，而且要對事不能對人。

你絕對不能說你不喜歡某一位長官；你一定要強調他非常的好，你們一直都維持良好的關係，只是偶爾你們在工作的方法或步驟上，看法稍微有點不同而已，但從來沒有影響到計畫的執行，以及任務的達成。

14.3 範例

(1) 技術強項

範例一：

> 「我在技術方面最引以為傲的就是，我研發一種能夠快速而且精確地測試輸送帶軸承的磨損率；我利用實驗設計的技術，模擬十年期間的磨損情形；結果使得我們新產品的品管測試時間縮短了將近百分之八十，連帶的使得新產品的產能增加一倍以上，把我們的競爭者遠遠地拋在後面。」

範例二：

> 「我在技術方面的強項之一就是成本分析及降低成本。您告訴過我，貴公司正想辦法要將製造成本降低百分之二十五，以與 xx 公司相抗衡。這正好就是我最有經驗的地方。五年前當我在 xxx 公司當製造工程師時，我曾經改善了煞車器的生產方法，結果在兩年內將製造成本降了百分之三十。創新正是我的強項；相信我可以從這一方面來達成貴公司的期望。」

(2) 技術弱點

範例一：

> 「我在技術方面都能夠勝任愉快，也都能夠受到經理的肯定。只是有時候在趕報告時，經理會說我會打錯字或漏打；雖然問題不是很嚴重，但是我還是時時刻刻要注意才對。」

範例二：

> 「經理對我的工作表現一向都非常滿意，只是去年在年終考評時，他提到一點，說我寫報告時有簡化的傾向。這個問題不是很嚴重，經理只是希望我能夠把工作方法及過程交代清楚就可以了。我想以後我會照著他的意思去做。」

(3) 工作表現

範例一：

> 「我的工作表現可以從我的升遷史看出來：我在五年內從初級工程師做起，做滿兩年就晉升為中級工程師，今年剛升為高級工程師。我的考績也年年得甲等。連總經理都知道我的表現非常出色。」

範例二：

　　「在工作上，我最拿手的、也最能夠激勵我的是，那些需要同時利用分析及創意兩項技能的工作。性向測驗測出我在這兩方面的評價非常的突出。所以目前的公司如果遇到複雜的、沉疴的、嚴重的問題都會找我，希望我想出對策，並且加以解決。我遇到具有挑戰性的難題就特別感到興奮，而且愈複雜、愈困難的問題，我的特殊能力就愈能夠發揮出來。」

範例三：

　　「我的工作能力可以從去年我為目前的公司提升了百分之三十的產能得到證明。去年我們部門爭取到比以往還多的計畫，所以為了運用現有的人力，如期完成這麼多計畫，我就設計一種激勵的方法，只要員工的工作量超出正常的產能，就能夠獲得績優獎金。結果我們不但如期如質地完成任務，而且即使發了獎金，我們的利潤卻也能增加百分之二十。」

範例四：

　　「我的工作表現一向都很受經理及同事的肯定；只是有時候有一些同事會說我沒有耐性。我的工作效率一直都很高，所以有時候在趕報告時，就會顯示不太習慣少數幾個慢郎中的傾向，尤其大家在為同一個計畫趕工的情況下，當我必須等待其他同事的資料時，我就會很急。可是，這並不影響我們同事之間的情誼。」

範例五：

「坦白講，我的考績年年得甲等，去年甚至還被選為員工楷模。如果一定要說我在工作上有什麼失敗的地方時，我只能想到兩年前當我主持一個計畫時，我們比預期的完工日期晚了一個月。這次延遲交件主要是因為當時鋼材短缺，市場上調不到貨，我們的供應商也無能為力；即使找到其他供應商，也是遇到同樣的困境。還好，經過協調後，業主也了解這是無可抗力所造成的，所以放棄了違約求償的權利。計畫完成後，經過結算，我們的執行費用竟然比預算還少了百分之十，為公司節省了將近兩百萬元。」

(4) 對職位的喜好

範例一：

「我最喜愛的職位應該是我在 xx 公司當經理的時候。當時公司正要成立一個新部門，我有幸被委任為該部門的首任經理。總經理要我在四個月之內，招募一百名新員工，結果我辦到了。新員工經過一個月的短期訓練，馬上就可以上線。我比較喜歡在有限的時間內完成一件複雜的任務，那種成就感真是令人興奮。」

範例二：

「其實，我都喜愛以前以及現在所有過的職位，

實在很難挑出一個我所不喜愛的。如果一定要在雞蛋裡挑骨頭，我只能說三年前我在 xx 公司當初級工程師時，公司對於工作內容不是劃分得很清楚；但是這並不是一個嚴重的問題；我還是工作得很愉快。」

(5) 對工作環境的喜好

範例一：

「坦白講，我對過去服務過的公司都覺得能夠勝任愉快，並沒有特別喜愛，或特別不喜愛的分別。如果一定要挑出一個，我只能說，xx 公司是比較受人評論的一家公司，雖然我在那裡一樣工作得很好。這一家公司的管理作風有一點專制的傾向，所以員工的行事受到相當程度的限制，很難激發出創意來。可是對我來講，這並不是一個嚴重的問題。」

範例二：

「我在 xxx 公司服務時，雖然沒有一丁點兒不愉快，但是因為我們的老闆正在算日子等待退休，所以趨於保守；在這種時候很難請他支持一些新的想法，以便進行一些正面的改變。老闆絕對是一位不錯的人，但是在職業生涯的尾聲恐怕很難要他做什麼改變。我所期待的是一個能夠不斷改善的工作環境。」

範例三：

「使我最難忘的是民國 86 年到 92 年在 xxx 公司服務期間，公司允許員工參與決策，而且將一些決策權下放給基層主管；同時，公司還提供給員工一個很好的培育計畫，使員工有一個良好的發展環境。致使整個公司上下一心，士氣高昂，因向心力極強、生產力超高。可惜，該公司於民國 92 年 10 月被 xx 集團所收購，我們的職位也全部被取消了。」

(6) 對長官的喜好

範例一：

「我在職場上一直都跟老闆保持著良好的關係，所以很難指出哪一位主管是我所不喜歡的。其中我印象比較深刻的是施主任，他是一位能力很強的主管，可惜他的腸子一根通到底，他的嘴巴永遠比頭腦還快，所以他跟所長的關係一直處不好。結果使得我們的部門也受到些微的影響，尤其在分配年度預算時，我們的部門預算有時候會被人為的削減百分之三十，使得一些工作無法推動。雖然我跟施主任是很好的朋友，但是坦白講，我還是祝福他能夠提早退休，這樣對他以及部門雙方都好。」

範例二：

　　「以往我跟過五、六位主管，雖然他們的作風不完全一樣，但是我跟他們都相處得非常愉快。我比較喜歡跟的老闆，最好是心胸寬廣、處事公正；他能夠給予部屬適當的壓力及挑戰，要求要有良好的表現；同時，又能給予支持及從旁協助。我想在這種環境下，部屬才會快速地成長。」

Chapter 15 管理方面的問話與回應要領

　　管理方面的問題主要用於晉升的時機。有的是準備轉換角色，由技術階層轉為管理階層；有的則是準備跳槽，且由低階主管晉升為高階主管。因為管理是一種藝術，所以不管是哪一種晉升，面試的問題都會環繞在管理哲學及領導統御方面。以下是常問的問題：

15.1 管理方面的問話

- 「你準備由技術人員轉為主管，在心理上應該如何調適？」
- 「請描述一下你的管理哲學。」
- 「你認為好的管理方法是什麼？」
- 「你認為不好的管理方法是什麼？」
- 「請描述一下你的管理作風。」
- 「你的管理作風是否與你的管理哲學相匹配？」
- 「你的管理作風好像與你的管理哲學相違背，為什麼？」
- 「你用什麼方法來管理你的部門？」
- 「員工的自由與嚴格管理應該如何取得平衡？」
- 「你是否鼓勵員工參與部門的決策？」
- 「你對部屬如何授權？為什麼？」
- 「哪些事情必須由你親自做決定？」

- 「你如何評估部屬的績效？使用哪些準則？」
- 「你如何追蹤部屬的工作成果與績效？」
- 「在對部屬的管制上你利用了哪些工具？」
- 「你對人力資源的看法如何？人才對一個公司有什麼重要性？」
- 「部屬對你的管理作風感覺如何？他們是否可以適應得很好？」
- 「他們對你的管理方法有什麼不能適應的地方？你試圖做過改變嗎？或者你有你的堅持？為什麼？」
- 「你用什麼方法來激勵部屬？」
- 「部屬表現優越時，你如何給予鼓勵？」
- 「部屬表現不理想時，你如何處理？」
- 「你對人力的訓練與開發有什麼看法？」
- 「你認為管理與領導有什麼區別？」
- 「你認為自己是一個管理者或是一個領導者？」
- 「你做過部門的策略規劃嗎？多久檢討一次？哪些人參與規劃的？為什麼？」
- 「你如何驗收策略規劃的執行成果？」
- 「為了執行你的工作，你可用的資源有哪些？你如何有效地利用這些資源？」
- 「你對資源管理有哪些需要改進的地方嗎？」
- 「你的直屬長官對你的管理方法有什麼看法或評語？為什麼？」
- 「他最欣賞你哪一種管理作風？為什麼？」
- 「他曾批評過你哪一種管理作風？為什麼？你同意他的看法嗎？」
- 「如果你同意，你做過什麼改變？」
- 「作為一個經理人，你最強的地方在哪裡？最弱的地

方在哪裡？為什麼？你如何改進？」

● 「如果將管理的效果分成十等，你對自己的管理效果
可以打幾分？」

● 「你的部屬曾經給你取過什麼綽號嗎？為什麼？」

15.2　應答要領

(1) 你的管理哲學

有關管理哲學的答覆是沒有標準答案的。這完全要看應徵者自
己，以及求才單位的公司文化。你的答案最好是配合求才單位的口
味。

因此，應試者要談自己的管理哲學，一定要先知道徵才公司的
管理哲學，否則可能會牛頭不對馬嘴，白白喪失錄取的機會。就如
前述，應試者要利用各種可能的管道去探聽出來。

對於主管的職缺，考官很想知道應試者的管理技巧、面對問題
的態度及解決問題的能力；考官同時也將評估應徵者的管理風格是
否與公司的文化或部門的工作氣氛相容。例如，原來可能是一個作
風開明、意見可以互相交流的工作氣氛，突然來了一個作風嚴謹、
一絲不苟的主管，會不會導致現有人員的大量流失？這才是考方所
要謹慎評量的。

一個上軌道的公司通常會有員工的信條，或全面品管的口號與
目標；從這些文件即可看出該公司的管理哲學是什麼。

目前一般公司的管理趨勢不外乎圍繞在下列幾種面向：

■ 公司的瘦身。
■ 公司組織的扁平化。

- 取消或減少中間管理階層。
- 決策下放、參與式管理。
- 用最小的人力及最少的資源完成更多的工作。
- 創新、不斷的改進。
- 客戶導向、客戶全滿意、客戶零抱怨。
- 全面品管，第一時間就要做對。
- 管理者的角色要求。
- 指出方向。
- 提供支援。
- 提供資源、達成目標。
- 提供機會、提供方便。
- 領導、指導、諮詢、顧問、老師、教練。

(2) 你的管理風格

考官可能會問應徵者執行工作或做計畫能夠完成的原因何在；他的興趣並不在於你做了哪些成功的事例，而在於你的工作態度。你的答覆應該簡短、全面，而且突出重點。例如，你可以將成功的原因歸功於三個原因：

- 第一，是你能夠得到同事的支持，且由於他們的支持而激勵了你在工作中的積極與領導。
- 第二，是你在執行工作時一定要從部門的目標角度去看待你的工作或計畫，這樣使你能夠為整個部門做出貢獻而感到自豪。
- 第三，是你發現每項工作都有困難之處，但是無論從時間上、還是經費上評估，總會有昂貴或者較經濟的方法，而你一定會選擇合理有效的解決問題的方法。

隨後，你需要列舉 一、兩個典型的事例來闡明這些觀點。

一般而言，良好的計畫管理方法如下：

- 良好的工作習慣。
- 有效的組織型態。
- 周全的規劃。
- 確實執行。
- 良好的品質。
- 如期完成。
- 不超出預算。
- 滿足客戶。

因此當應試者被問到工作態度時，就要強調下列要點：

- 全心全力的、努力以赴 。
- 好的規劃者。
- 善於組織。
- 徹底執行，在預算內如質、如期完成。
- 成果導向的。
- 充滿幹勁、積極主動。
- 不斷的改進。
- 使客戶完全滿意。

(3) 你的規劃與組織能力

考官問這一方面的問題，其主要目的在於求證應試人，做事的方法是不是能夠規劃得很有條理、很有組織、能夠理出優先順序來，而且有明顯的目標，執行起來有步驟、有方法等。

依執行期間的長短，規劃可以分為長期規劃、短期規劃、年度規劃、季規劃、月規劃、日規劃等。不同的職位需要做不同的規劃。一般而言，職位愈高者，規劃期就愈長；職位較低者，也許只要做日規劃就夠了。

如果考官對你的日規劃能力比較有興趣，你就要好好的說明你的規劃程序，證明你每天如何有效地利用時間。如果考官對你的長期規劃能力比較有興趣，那麼你不但要談一談你的規劃方法，你還得說明一下你如何追蹤執行的情形，如何驗收成果。如果執行的成果不如理想，你又是如何找出原因，如何加以改進的。

15.3　範例

(1) 管理哲學

範例一：

> 「我認為一個管理者一定要完全開發部屬的工作能力。在管理上我堅決擁護參與式的管理。因為管理者手中握有必要的資源，如人力、資金、原料、設備、技術等，所以他一定要有效地加以規劃及管理，好好地激勵及開發員工的能力，以達成公司的目標。」

範例二：

> 「我想一個成功的公司一定了解全品質管理的重要性；達成顧客全滿意的程度才是保持競爭優勢的不二

法則，第一次就要做對就是滿足顧客的保證。一個好
的管理者必須消除產品的瑕疵及叫回、減少廢棄物以
及消除冗員。我相信在這種管理哲學之下，一個公司
一定可以把競爭者拋在腦後。我也相信全品管是現代
公司成功的基礎。」

範例三：

「良好的管理是一個公司成功的保證。在管理哲學
上，我是一個參與式管理的堅強擁護者。如果把員工當
成是不會思考的螺絲釘，那麼他們將會變成無心的機器
人，我們的產品就是由一群無心的人製造的，結果造成
不只手工藝、低劣品質、抱怨的顧客、攀高的成本，以
及更多的廢棄物等等後果；最後，將導致公司的關門。
相反的，一個成功的公司一定是完全開發員工的能力，
賦予他們對於產品及程序改進的決策權。這是今天在這
種競爭激烈的環境下，一個成功公司的管理哲學。」

(2) 管理作風

有關管理作風的回覆也是沒有標準答案的，這完全要看求才
單位的公司文化而定。如果你要提出一個滿意的答覆，你得了解求
才單位的管理風格才行。以下的範例只是提供一個你可以思考的方
向；如果要做圓滿的答覆，你得稍微修正一下。

範例一：

「我的管理風格完全基於一個信念，那就是任何一

個公司如果要成功，一定要善用它的人力資源，努力開發員工的能力；有些管理學的書甚至建議要賦予超過他們能力的工作，這樣可以使他們更快成熟。我認為我最重要的責任是開發部屬的能力及激勵他們，並且帶領著他們達成公司的策略目標。」

「我是一個參與式管理的擁護者，我懂得授權的重要性。我將部分決策權授予員工，使他們產生一種責任心及榮譽感，這樣可以使部門的士氣及效率倍增。如果部屬有需要，我也會從旁協助及支援。我把他們組織起來，大家朝共同的目標邁進，使員工的向心力達到巔峰。」

範例二：

「我的管理方式完全是團隊取向的。我們每一年都會召開一次策略規劃會議，由所有員工提供他們自己的想法及建議，然後歸納出部門的年度目標及優先順序；並且共同討論出合理的工作分配。如果工作量很多時，再由各組去做進一步的詳細規劃。這些規劃出來的結果，就成為我們日常運作的基礎。」

範例三：

「作為一個經理人，我想最困難的決定就是如何去解僱一個員工。我是採取一種比較人道的做法，我會給表現低於標準的員工一個訓練的機會，如果有進步，我們就續聘；如果表現沒有起色，我們只好忍痛資遣他。但是我們還是會協助他，幫他找到合適的工作。

例如，三個月以前我們才資遣了一個員工，我們協助他找到銀行的工作，他非常適任而且愉快。現在他還跟我們保持聯繫，有時候還會到我們辦公室來聊天。」

範例四：

「部屬公認我是一個很不錯的經理，他們也很感謝我常給他們的支援及照顧；可是我認為自己在某些專業科別方面還有可以改進的地方。我是學土木工程出身的，但是有時候在工作上需要應用地質方面的知識；我覺得自己在這方面的經驗比較弱，所以從去年九月開始，我就利用週末的時間，到 xx 大學地質系進修工程地質學，希望能夠改進我在這方面的不足。」

(3) 規劃與組織

範例一：

「我的部門每年都會通過一個年度計畫，我們就照著年度計畫來做事。但是年度計畫並不是一成不變的，我們設有季檢討會的機制，每三個月就要檢討一次，除了進行工作檢討之外，最重要的就是檢討工作上及管理上有什麼可以改善的地方，以及未來的工作方針需要做些什麼改變。通常我們都會找出四個至六個應該改進的地方，然後定出優先順序，看看哪一個對公司的策略目標影響最大。」

「檢討會的同時，我也不忘跟公司內部的客戶討

論，看看我們能夠提供什麼服務給他們，可以讓他們更容易達成目標。」

「有了這些檢討結果之後，我就會求見總經理，然後徵求他的意見。在我們一起達成共識之後，就可以將部門目標稍做修正。然後根據新的目標，我們就做了一個詳細的規劃，包括預算的調整在內。」

「除了季檢討之外，我自己每個月也會做一次檢核的動作，看看部屬的出席狀況、他們的工作進度、期中成果以及預算的支用情形等等；另外，最重要的是看看有沒有偏離目標。同時，對於每日的例行管理，如果發現部屬有遇到瓶頸的情形，我們就會共同謀求解決，而且我也會從旁給予支援及協助。」

「季檢討可以說是我們最重要的檢討會；有時候，我們可能會拿掉一、兩個目標，而用一、兩個更緊迫、更重要的目標去替代。所以季檢討會是我們選擇重點及改變優先順序的依據，它可以使我們一直聚焦在重要的目標上。」

範例二：

「今年我們的部門設定了三個目標需要達成；我們的總目標是要將部門的工作成本減少百分之三十。這三個年度目標是：

1. 重新檢討部門的工作項目，一方面是確認重要的策略性項目，另一方面是剔除不重要的及沒有附加價值的項目；目標是減少百分之二十五的工作負荷。這一部分工作預期在四月一日以前完成。

2. 進行部門的改組，預計要減少百分之四十的人
　　力。這一部分工作預期在七月一日以前完成。

3. 選擇一家人力派遣公司，預備將例行的、重複
　　的、沒有附加價值的工作委託給他們。這一部
　　分工作預期在九月底完成。」

　　「截至目前為止，我們的實際進度完全合乎預期的
進度；我非常期望我們能夠如期完成重組的工作，屆
時我們將可以把工作成本降到原來的百分之七十。」

　　「以上是我今年的主要工作目標。其實我還有五到
六項比較次要的目標也要在年底前完成。」

Chapter 16
個人特質方面常問的問題與回應要領

16.1　個人特質方面的問話

- 「請描述一下你自己。」
- 「你最大的優點在哪裡？」
- 「你個人最大的特質在哪裡？」
- 「在哪些方面你還有改進的空間？」
- 「你的同事、同學或朋友如何描述你？」
- 「在職場上，你過去的長官如何描述你？他們會怎麼樣形容你的個人特質？ 在哪些方面他們特別的稱讚你？在哪些方面你還有改進的空間？」
- 「你如何改進你自己？」
- 「你的做事態度是屬於非常積極的、被動的或小心翼翼的？」
- 「誰是你最好的朋友？為什麼？」
- 「你最喜歡跟怎麼樣個性的人交朋友？你最討厭哪一種人？為什麼？」
- 「你如何處理人與人之間的衝突？」
- 「你對衝突是採取面對的或迴避的態度？你如何面對

它？或你如何迴避它？」

● 「在過去的長官中，你最喜歡哪一位？為什麼？他有
什麼特質？」

● 「在過去的長官中，你最不喜歡哪一位？為什麼？他
有什麼特質？」

16.2　應答要領

　　個人的特質是面試時考官所要問的重點項目，所以應徵者一定
要做好準備，而且要熟悉答覆的方法與要領。雖然應徵者對自己的
情形比其他任何人都清楚，但是如果答得不得體，很可能就喪失勝
出的機會，不管你的專業知識及能力是多麼的出眾。

(1) 你的優點

　　應試者的優點可以分成兩方面來說，一個是技術面，另外一
個是個性面。技術面的強項已經在經歷方面的問題與回應要領一節
（14.2 節）說明過了，本節將專注在個性的優點方面。

　　當被問到個性的優點時，應試者不能只用一些空洞的形容詞來
形容自己有多好；考官比較希望聽到的是你如何利用這些優點解決
了什麼問題，或克服了哪些挑戰。一般而言，談一些有關具體的體
驗以及自我反省的經驗，可使內容更具有吸引力。例如，由於你的
追根究柢及堅持對的事情的個性，發覺了某一個計畫在工作方法上
的錯誤，經過分析和及時改進之後，使得部門或公司沒有繼續虧損
下去或轉虧為盈。

　　對於這一類問題的答覆，最好加入周圍的朋友、同事或長官
曾經對自己的看法，因為除了個人的說法之外，加上親朋好友的觀
點，不但可以增加說服力，而且可以避免抽象的陳述。

有關個性的優點方面常用的形容詞有：

積極、主動、熱誠、專心、自信、肯定、堅持、執著、
一貫、決斷、創意、不斷改進、目標導向、忠誠等等。

東方人比較低調、謙虛，不太願意表達自己的優點；這在現代
的社會會比較吃虧。如果認為在眾人面前說出自己的優點是一種炫
耀或出風頭，那是一種錯誤的觀念，必須予以打破。過分的謙卑反
而讓考官無法了解你的真正實力與優質。其實，在面試時應該要讓
考官了解你的專業所長及優點，才有可能獲得錄取的機會。所謂自
我推銷，絕非滔滔不絕地說出自己多麼精明能幹、從不犯錯，而是
要站在對方的觀點來思考及陳述，也就是拋開主觀的表達，以較客
觀的方式品評自我；答覆時不妨加入別人曾經給你的正面評價或讚
美。

(2) 你的缺點

人不可能沒有缺點。既然人人都有缺點，所以考官最想知道的
是應徵者是否具有自我省察的功夫、是否看得到自己的缺失，還是
總拿著放大鏡看別人的缺點，卻看不到自己的缺點。其實，考官想
要看到的是：應徵者具備反求諸己的反省能力，而且勇於認錯，同
時知錯能改。對於這些缺點，不管是工作方面的專業技能或溝通協
調，或者是為人方面的待人處事的技巧，都不是重點所在。重要的
是應徵者在發現自己的缺失後，採取了哪些補救措施，有沒有積極
地去改善等。應徵者對於這個問題的應答要領應該是你具有自我反
省的能力、你有改善自己的能力，以及你有不斷成長的行動力與實
踐力。

對於個性上的缺點，應徵者必須預先好好的準備。你絕對不能
說自己沒有缺點；你一定要挑出兩個至三個無關緊要的小毛病，這

些小毛病絕不會影響你對招募職位的工作，它們不是很嚴重，有些人甚至把它們看成是優點；例如，你喜歡就大處著眼而不拘小節，或是你喜歡一天做太多事情。另外一個有效的策略是提起你過去的一項弱點，但現在已經克服了。例如，你可以這麼說：

> 「我知道，當初剛當上（說一個職銜的名稱）的時候，我發覺很難判別事情的輕重緩急，我就像新官上任三把火一樣，很想一下子做好許多事。結果成效反而沒有彰顯出來。不過，那是十年前的事了。我認為現在我已經比較有能力掌握自己的工作了！」

這個問題通常都用複數來問，也就是說你最好準備兩個到三個弱點，但只要提出一個弱點來說就夠了。記得不要落入自揭瘡疤、舉證歷歷的陷阱。

常用的缺點用詞有：

> 鉅細靡遺、過度小心、容易緊張、固執、太過樂觀、敏感性不足、太過教條等等。

(3) 你的個人特質

當應試人被考官問及個人的特質時，特別要謹慎小心，因為你的特質不一定是考官所喜歡的，這與公司的文化及經營哲學有密切的關係。因此應試者應先探聽公司喜歡的是哪一類型的人。如果探聽不到，那就要利用反面試的技巧，從考官的口中取得資訊，並且根據這些資訊，當場就想出答覆的策略。

一般而言，有一些共通的特質可以廣泛適用於各種不同文化的公司，如：

坦率的、忠誠的、熱忱的、友善的、靈活的、靈巧的、
守信的、確實的、可變通的、適應性強的、容易溝通的、
成果導向的、積極的、有進取心的、充滿活力的、精力
充沛的等等。

(4) 你的動力、幹勁與魄力

應徵者的動力、幹勁與魄力可以由其所設定的工作目標與個人
目標,以及有沒有達到自己所設定的目標等指標觀測出來。因此,
應徵者通常就要設定這些目標,俾便在面試時可以端出來;試想有
兩個資格條件相當的應徵者都參加同一個面試,其中一個設定有工
作與個人目標,另外一個卻沒有目標,考官會錄取哪一個已經至為
明顯了。

為了顯示你在這方面優於他人,你必須想盡辦法向考官證明下
列各點:

- 你曾有過具有挑戰性的工作目標,對公司產生了很大的
  良性衝擊。
- 你曾有過具有雄心的個人目標(如在五年內半工半讀地
  取得博士學位),結果如期或提早達成。
- 舉例證明你曾有過出眾的成就,如果曾經獲得獎勵者更
  佳。
- 舉例證明你曾有過亮麗的績效,遠遠超過公司所設定的
  目標。
- 證明你願意多做份外的工作。

(5) 你的人際關係

如果你有很好的人際關係，表示你是一個適應能力很強、具有彈性，而且能夠成功地處理人際衝突的人。在應答中應該好好地證明，你跟同事之間的工作關係非常和諧，能夠有效地執行工作，表示你是一個有自信的、受人肯定的、社交成熟的人。

當被考官問及哪些地方還需要改進的時候，你要首先聲明，你與同事及朋友之間的關係非常的好，人際關係正是你的強項之一。如果一定要說出你在人際關係上的不愉快時，你應該舉一、兩個在工作上跟別人的意見或看法不同的事情為例；雖然兩人曾經有過一點小誤會，但是經過解釋或調整方法之後，這件事並沒有影響到你們的工作。最重要的是，你們的關係反而比以前更加融洽。同時你要強調這種不愉快是非常少有的情況。

(6) 你的溝通技巧

你的溝通技巧在面試時已經直接攤在考官的面前了，所以無法掩飾。因此，你平時就要注意一些溝通上應該注意的事項，如：

- 要富於表情、充滿活力、栩栩如生、避免用同一種語調。
- 要口齒清晰、字句分明、避免含糊不清。
- 要簡明直接、避免毫無邊際的胡扯。
- 要對正焦點、避免天馬行空。
- 要直截了當、避免躲閃迴避。
- 可用適當的手勢強調重點，但避免過於誇張。
- 舉實例證明，如曾經教學、做過教練、經常演講，或發表過很多論文、寫過書等等。

有時候考官喜歡問：

　　「如果你跟上級長官的意見不一致時，你將怎麼辦？」

你的答話要分成兩方面來看：一方面是對於非原則性的問題，你會聽從直屬長官的意見；但如果你堅信你的意見比較可行時，你會向直屬長官做必要的解釋及提醒。另一方面是當直屬長官的意見可能損及公司的重大利益時，你會據理力爭；但如果他仍然堅持己見時，你會循正當的管道向更高層的長官反映。

(7) 你的創意

目前的時代比較偏愛有創意的人，所以應徵者也要準備一下相關的資料。

要證明你的創意，其實就是要看你的分析能力。因此，你可以回想一下，在過去的不同職位上，你曾經利用你的創意，解決了什麼問題，而且得到很好的結果。分析的方法如下：

- 列出你擁有過的所有職位。
- 針對每一個職位，舉出三、四個比較顯著的成就。
- 針對每一項成就，列出它的問題所在。
- 你利用哪些具有創意或比較獨特的方法，解決了這些問題？
- 得到了什麼成果或效益？

(8) 你的堅持

擇善固執常常是一種美德；一個人常常需要為了某種信念而

加以堅持守護；不過要認清，堅持絕對不是頑固。為了對的事而堅持己見，即使沒有任何人贊成，即使阻力再大，你都會勇往直前，表現出雖千萬人吾往矣的氣概，這就表示你有自信、肯定、前瞻、能看到人所未見。具有這種人格特質的人會比較寂寞，但會受人尊敬。

為了證明你的擇善固執的特性，你需要回想過去在執行職務時，有沒有為了什麼事而獨排眾議，為了你的信念，或為了你認為是對的事情，說服大家接受你的看法。舉例之後還要強調，結果證明你是對的。

在說明你的堅持時，應該避免舉出一些經過爭吵，然後強力通過的例子。這不是堅持的本意。

16.3　範例

(1) 優點

範例一：

「我個人的優點可以分成三點來談，就是創意、成果導向及不斷的改進。我在為人處事上經常反省，看看有什麼地方可以改善的。如果改善過程遇到瓶頸，我就會發揮創意，試圖突破，非達目的絕不罷休。例如，我們在撰寫研究報告時，光光繪圖及圖資數化的成本就占了一半以上，所以我就向經理建議，可以將這一部分委外辦理；經理從善如流，結果將成本降低了百分之六十；每年為公司節省了兩百五十萬元的繪圖費。我經常在想如何提高工作效率，以及如何為公

司節省時間及費用。」

範例二：

「我的老闆及同事都說，我這個人具有堅定力及決
斷力；我是一個不容易投降的人，尤其對於困難的問
題，一定要徹底解決了我才會罷手。最好的例子是去
年九月，我們向 xx 公司投了一個五千萬元商機的計畫
案，結果業主準備給予我們的競爭者。我一知道這個
消息，立刻就親自拜訪業主的主辦經理，並且向他說
明這筆生意對我們的重要性；我問他如何才能轉變我
們的劣勢？他的回答是要有更好的服務。我再問他要
怎麼樣的服務才對他們最有益處？他點明了，需要在
九十天之內完成驗收。我答應了他的要求，同時也贏
回這個標。我的堅持改變了不利的情勢；我們不但失
而復得，而且在六個月之後，我們又從 xx 公司贏得一
筆更大的九千萬的計畫案。」

不過必須小心的是：這樣的回答只能適用於私人單位，不能應
用於政府機關；同時，翻轉情勢必須是合法的。

(2) 缺點

範例：

「我個人有兩項缺點，就是太過於專心以及唯成果
是問。所以做起事來，就會把所有心力全部投入，可

能因此就忽略了跟同事之間的寒暄問暖。其實，我跟同事們一直都維持著良好的關係，只是在趕工時，會比較少跟同事們閒聊而已；其實也有很多同事喜歡我的積極作為。」

(3) 特質

範例一：

「我的個人特質可以用三個形容詞來形容，那就是創意、精力充沛及成果導向。我最受長官及同事們稱讚的是：對於困難的問題我常會發出一些奇想。通常，我可以在短時間之內完成很多工作。」

範例二：

「長官給我的評語是精巧、可靠及擅於組織。我有一種特長是能夠化繁為簡，並且能將紊亂的事情組織成有次序的。所以我做起事來，常常循序而進，非常有效率。」

範例三：

「我做事時有一點性急及衝過頭的傾向，因為我只是想要把事情趕快做好，我追求的是工作效率及成果。雖然有少數同事說我沒有耐性，但是這並未造成嚴重的問題；我試圖把腳步放慢，現在已經改進很多了；

同事們可以明顯地看出來，我不再像以前那麼急性子了。」

範例四：

「長官形容我積極、精力充沛，而且具有領袖魅力；同事們都喜歡圍繞著我，聽我高談闊論。我喜歡將負面化成正面的那種挑戰性；我就是不願意被事情所擊倒。我這種不服輸的個性也會帶給同事們一種激勵的作用。」

(4) 動力與魄力

範例一：

「去年我們獲得一項成就，就是將部門的工作成本一口氣降低了百分之六十，比公司要求的百分之三十，還好上一倍。我們採取了創新、組織重組及工作調整等方法，並且將部分工作自動化之後，才能取得這項成果。」

範例二：

「研究機構的收入主要來自研究計畫。所以我們為了維持研究能量，必須多開發一些研究方向。三年前，我們為了開發一個新領域，在公司的同意下，我指派一位研究員到美國取經；回國後，在內部先成立一個

自行研究計畫。經過了一年的培育,現在技術已經成熟。去年,我們就從經濟部拿到一個每年一千萬元的三年期研究計畫。」

範例三:

「在過去三年,我的工作都能夠提前完成,這都要歸功於我利用衛星影像作為調查工具,結果使得調查時間節省了三分之二,調查費用更節省了一半以上。現在這種調查方法已經成為公司的標準調查模式了。」

範例四:

「我現階段的生涯目標之一,就是希望明年暑假能夠取得碩士學位。我想這次的進修可以讓我更廣化在捷運工程方面的知識。在研究所進修的同時,我還強迫自己唸一些管理方面的書,並且以一月一書為目標,以此增強我在計畫管理方面的能力。我常挑選對我完全陌生的領域,這不但是一種挑戰,而且也是對吸收新知的一種訓練。」

(5) 人際關係

範例一:

「我在班上(或公司裡)被認為是人緣最好的人,因為我跟三教九流都談得來。不過,我做人有一個原

則，那就是誠信；對於沒有誠信的人，我是不會跟他深交的。」

「有時候為了趕工作，我可能會把談話縮短，但是這個並沒有影響到我跟同學們的感情。我自己知道這樣不是很好，所以我已經努力在改進，學習有耐性一點。這一方面，我已經改善很多了。」

範例二：

「作為一個人事主管，主要的工作項目之一，就是要為技術部門填滿所有的職缺。去年有一次，xx 部門的經理就怒氣沖沖地跑進我的辦公室，說他的部門有六個職缺，我沒有幫他填滿。起先，我面露笑容，靜靜地傾聽他的抱怨，然後找到適當的時間切入，我很客氣地告訴他：『陳經理，我可以理解你心裡的不爽快，換作是我，我也會非常的不高興；現在如果你願意給我一、兩分鐘的時間，問題就可以化解開來。』這時他突然怒氣全消，靜靜地聽我說明。我就把處理的經過一五一十地告訴他，也得到了他的諒解，他還為剛才的態度向我道歉。不料我們兩個人竟然從此變成莫逆，正應了俗語所說的不『打』不相識。」

範例三：

「在公司內部，不但是自己的部門，連不同部門的同事，我都跟他們保持著良好的關係。如果一定要說有什麼不愉快時，我只能想到，有一段時間當我在研發部時，因為不是生產單位，所以績效不容易量化，

因此部門內部就缺乏一種埋頭努力的誘因；這雖然不
是很嚴重，但是人力沒有好好的發揮，總讓我覺得很
可惜。」

　　「坦白說，這並不符合我的工作哲學。我雖然維持
著跟同事間的良好情誼，但是還是盡我的本分，協助
經理把計畫做好，並且獲得一些對公司很有助益的研
究成果。公司非常重視，而且把我當成是部門裡最有
價值的研發人力。」

(6) 溝通

範例一：

　　「我的溝通技巧大概可以打九十分以上。從以下幾
件事情可以得到證明：第一是我在大三時就當過系刊
的副主編，大四時升為主編。我也常投稿到校刊，曾
經被登過三、四篇。所以我對自己的溝通技巧非常有
自信。我的口頭表達能力也應該可以超過九十分，例
如我在研究所時，就一面唸書，一面當助教，學生對
我的解說都很容易吸收。然後當兵時，也曾當過教官，
所有學員的反應都非常好。」

範例二：

　　「我碰到過最難的一次溝通，是在推動一個跟防災
科技有關的新計畫。因為人們非常健忘，總是在天災
剛發生的當頭才覺得防災的重要；大約過了兩週之後，

你再談防災就沒有人聽你的了。因此,我們為了宣導防災的重要性,以喚醒民眾的重視,我們動用了所有可用的媒體,包括宣導小冊子、報紙、電視、廣播電台、網站等等,無所不用其極。甚至還利用里民大會、學校週會、縣政府的行政會報、文化中心演講會等機會,進行說明或演講。」

(7) 創意

範例一:

「我目前的公司,一年光花在徵募新員的預算就高達一千萬元。所以用傳統的登報徵求方式,不但花費太大,而且效率不佳。因此,我就想出改用直接寄信的方式,不但將費用降低了百分之三十,而且使得徵求目標更加集中。主要是,因為我們是一家科技公司,所以我們所要徵求的新員,他們的專長非常狹窄;因此登報之前,我們必須自己問自己下列一些問題:

- 具有這種專長的科學家閱讀這個報紙的機率有多大?
- 假使平常看的就是這個報,那麼在登報當天他翻閱報紙的機會有多大?
- 假使閱讀當天報紙,那麼翻到求職欄的機會又是多大?
- 假使已經看到求職啟事,那麼對這個職位,以及對工作地點感到興趣的機會又是多大?

答案真的是微乎其微。因此,如果我們先找好目

標，再用寄信的方式寄給科學家本身，或是同類科學家集中的地方；或者我們用網路搜尋的方式，就更能夠定點地找到最合適的人才。

利用這種寄信的方式，使我們的徵募時間減少了百分之八十，徵募費用減少了百分之三十；同時找到的人才更適合我們的需求。」

範例二：

「我不相信一個沒有分析能力的人，可以產生創意。我是一個既有創意，又有分析能力的人。我認為創意的產生，必須運用抽象思考及歸納推理，兩者同時並進。經過深思之後，出現了許多可能性；然後進入分析程序，經過系統性的測試，結果產生一組可能性最大的方案；這還須經過進一步的實驗，才能確定它們的實用性，最後才得出定論。實驗方法的設計，也是需要透過分析思考的。我就是喜歡找出許多可能性，然後一一加以分析，最後才決定它們的實用價值。」

(8) 堅持

範例一：

「我的職業生涯中，碰過最大的阻力是在 xx 公司當人事部門經理的期間，為了推動考評公平制，費了我相當多的心力，又受到公司軟硬兼施的煎熬，總共花了三年的時間，公司才答應照我的方法實施。

傳統的薪水都是依據年資多少來核定，不管員工的績效如何。這種核薪法抹殺了員工的動力及工作效率。我才向公司高層建議，核薪應該依據績效及知識的等級來評定；結果受到董事長及既得利益者的強烈反對。

為了突破這層阻力，我就採用一種內外兼攻的策略，我一方面從內部組織一個薪資改善小組，負責宣導的工作；另一方面則邀請人事管理專家來公司演講。我是想用革心的方式，慢慢潛移默化。終於，皇天不負苦心人，三年之後，公司同意了。我們稱為『高績效考評系統』，員工的薪水完全依據績效及知識的等級來核定。

這個新制度一實施之後，第一年的產值一下子就提升了百分之二十，人力反而減少了百分之二十五。」

範例二：

「我是一個既堅持，又有彈性的人。我希望您不要誤會我是一個沒有原則的人。其實，有時候當某些事情還在論證的階段，好壞未明的時候，我會保持非常彈性的態度，正反兩方的論述我都會仔細聆聽及評估。如果我覺得某一方比較有道理，或者可行性比較高，我就會支持到底。

當我提議某些觀點，而遭到別人質疑時，我會儘量提出佐證，並且說服他們。如果他們提出的論點是我沒有考慮到的，而且我又覺得他們有道理的時候，我就會修正我的觀點，我絕不會堅持錯到底。反過來，如果我的論點是經過深思熟慮的，而且很多人都表示贊同；同時，持相反意見的人不合理時，我就會對自

己的觀點堅持到底。

　　所以我的心完全開放，隨時接納新的想法；經過篩選後，有道理的我就會接受。這樣一方面可以增長知識，另一方面可以互相學習。」

(9) 工作態度

範例一：

　　「我的做事方法可以用聚焦、創新、有組織的三句話來概括。我一向採用自我管理的方式來執行我的工作，首先我會設立目標、確定工作方法，並且按照時程自我管制，最後交出成果；在過程中，我會隨時檢討有沒有改善的空間。我是以顧客的滿意度來當作我的工作目標；我常會邀請他們一起來參與他們自己委託的計畫；我也會親自到顧客那裡，向他們說明計畫進行的情形。迄今我已經收到好幾封由顧客寄來的感謝函。」

範例二：

　　「我相信工作表現不佳的人，主要原因出在失焦及缺乏規劃。他們事事處於被動，一定要等到事情發生了才會採取行動。相反的，工作表現良好的人，他們行事積極主動，不必等到事情發生，他們早就規劃好了，然後非達目標絕不歇手。我做事會先設定目標，再做嚴密的規劃、建立合理的時程，然後依照時間表循序

進行，最後交出成果，以及檢討有無改進的空間。」

範例三：

「因為我每天都同時要被兩、三個計畫纏身，所以常常會顧此失彼，以致經理有時候會不太滿意；不過經過解釋，以及改善之後，經理反而覺得我的做法沒有錯，甚至還稱讚我很有責任心。雖然這件事不算嚴重，但是我相信，以後我可以多花一點時間把規劃做好，這種事就不會重演了。好像上個禮拜，我就閉門構思，進行策略規劃，同時考慮時程，並設定優先順序，將它們記錄在我的日記本上，然後每天就照表操課。我想這是一個好的開始。」

其他方面的問題與回應要領

除了前文所舉的面試問題，其屬性及類別比較清楚之外，考官有時候還會問一些比較私領域，或者與專業沒有直接關聯的問題，應徵者也要預為準備一下。

17.1 其他常問的問話

- ●「請先談談你自己吧！」
- ●「談談你的家庭狀況。」
- ●「你如何利用你的公餘時間？」
- ●「你有些什麼嗜好？」
- ●「你最崇拜誰？」
- ●「你的座右銘是什麼？」
- ●「在你的生涯規劃中，短期目標是什麼？」
- ●「你將如何達成你生涯的短期目標？你對你的進程滿意嗎？」
- ●「在你的生涯規劃中，長期目標是什麼？」
- ●「你將如何達成你生涯的長期目標？你對你的進程滿意嗎？」
- ●「我們將提供的職位跟你的生涯長短期目標有何關聯？」
- ●「請問你最喜歡的工作環境是什麼？」

● 「你在社區內舉辦過或參加過什麼活動嗎？你的角色是什麼？」

● 「你有什麼自我成長的計畫嗎？你打算怎麼去實現？」

● 「請告訴我們，你對這個職位的興趣有多大？有多少把握？」

● 「你為什麼對這個職位有興趣？」

● 「你準備在這個職位上待多久？為什麼？在什麼情況下你才會滿意自己的工作？」

● 「對於這個職位你最關心的是什麼？」

● 「我們有什麼理由可以錄用你？」

● 「在這個職位上你能貢獻些什麼？」

● 「你為什麼想進本公司？」

● 「你認為哪些是本公司可以協助你成長或發揮的，而其他公司所不能的？」

● 「你在職場上非常活躍嗎？你尋找這個職位有多久了？」

● 「請問有幾家公司已經答應你，正準備錄用你？」

● 「你應徵過的幾家公司中，請你比較一下不同的地方在哪裡？」

● 「你目前的待遇是多少？你對待遇有什麼要求？」

● 「你有幾位參詢的對象？你跟他們是什麼關係？你認識他們多久？」

● 「這些參詢人會怎麼描述你？為什麼？」

● 「你有這麼豐富的經驗，為什麼沒有找到更高的職位？」

● 「你有這麼豐富的經驗，為什麼沒有獲得更好的待遇？」

- ●「你現在的公司知道你想跳槽嗎？」
- ●「你曾經跟現在的公司討論過你的職位和待遇嗎？討論的結果如何？」
- ●「你希望什麼時候就能獲知我們的決定？為什麼？」
- ●「你的健康情況如何？」
- ●「你有沒有健康上的問題會影響到你的工作？如果有，影響的程度如何？」
- ●「你還有其他問題想了解的嗎？」
- ●「你還有其他重要的資訊想提供給我們嗎？」

17.2　應答要領

對於以上問題的答話要領，說明如下：

(1) 自我介紹

面試一開始時，考官最喜歡以「請你自我介紹一下」或「請先談談你自己」作為起頭。自我介紹的答話範圍非常廣泛，打從學經歷到個人特質等都可以包含在內。應徵者無須一五一十地平鋪直敘；你最好先把結論講在前頭，例如，你的強項正好符合招募單位的需求，然後再提出你的學經歷及個人特質加以佐證即可。

考官提問這一類問題，其用意無非是想知道你最精彩的部分或你和別人不一樣的地方。考官只是希望從中觀察與評鑑你的言語表達、邏輯思維及組織能力等。此外，他也可以從此判斷你是否了解招募職位的需求；如果你連你未來的工作方向都不知道，那麼你在做自我描述時，往往就會說出一些招募單位不感興趣的東西來。

他還可從你的談話中判斷你是否誠實，因為應徵者可能在簡歷書上寫得很漂亮，但是在臨場的口頭表達上常常會露出馬腳。相反

的，應徵者可能在簡歷書上寫得並不怎麼樣，他希望從你的口中了
解得更詳細一點。他還可由此獲知你的應答態度及人生價值觀方面
的訊息。但是不管怎麼說，自我介紹一定要簡單扼要，抓住關鍵點
就對了。

回答這個問題必須牢記以下幾個原則：

- 只強調能夠肯定自己的特性。
- 以實例證明你所說的，尤其提出一些特殊的例子，並強
  調過去的成就。
- 你的回答最好要配合招募職位所需要的資格。
- 回答要簡明扼要，一般不超過兩或三分鐘。
- 說完後隨即詢問考官，是否還需要知道其他的事。

不少求職者回答這一類問題時，顯得瑣碎，沒有條理。有的從
上小學談起，再國中、高中、大學、研究所等一五一十地交代得太
過詳盡。有的甚至連什麼時候結婚、什麼時候生孩子的私人家事也
詳細介紹出來。這樣不但剝奪了談特長、優點的寶貴時間，而且讓
人覺得非常乏味；要知這些並不是考官想要知道的事情。好的自我
介紹不應該太長，也不宜太短，一般以三分鐘為度。要知道，這是
考官提供給應試者自我推銷的最好機會，所以應試者應該事先就要
以文字的形式寫下來，並且要熟背。

應試者所要特別強調的是自己的資格、條件、能力及經驗特
別適合公司的需求；介紹時一定要切中要害，正好就是考方想要的
（請詳見第六章）。不要浪費寶貴的時間，說一些無關或無用的東
西。你的敘述必須與簡歷書上的描述一致才行；否則你的誠信，或
者可靠度馬上就被打折扣；不管你多麼優秀，你被錄用的機會恐怕
很小。同時，敘述時一定要條理清晰、層次分明，而且要口語化，
不要像背書一樣。舉例時儘量用數據，不要太空洞。當然，介紹自

己時，也要注意口氣，把握分寸，既巧妙地表露出來，又不顯出自我吹噓的痕跡；給人以自信、謙遜、不卑不亢的良好印象。

舉證時你可以先從大學教育談起，然後依序突出個人的優點與特長，再談談個人的個性與特質，不妨舉出老師、長官、同事或朋友對你的評語來支持自己的描述，切記不可誇張。這樣條理分明的分層展開，使自己的優勢自然地逐步顯露，不要一開始就急著羅列自己的優點。所以，應試者在面試之前一定要先做充分的準備。

有時候考官的問法是「請用三個詞描述一下你自己」。考官的目的是要探視你的個人特質或做事的態度。你的答法可能是：

> 「我的適應能力很強、很有責任心、做事有始有終。」

你必須還要個別舉出實例來證明你的話，這樣才算是完整的回答，使考官覺得你頗具有發展的潛力（請詳見第 16.2 節）。

有時候考官會請應試者談談家庭狀況。主要原因是想從應試者的回答中去了解其家教、性格養成、親情觀念、做人做事的心態等。對於這一類問題，應試者宜強調溫馨和睦的家庭氣氛、父母親對自己教育的重視、各個家庭成員的良好狀況、各個家庭成員對自己工作的支持；還有，要強調自己對家庭的責任感等。

瀏覽了你的簡歷書之後，考官有時候會問一些難堪的問題。例如，他看到你的履歷太豐富，他就會問你為什麼在短短時間之內換了那麼多工作，因為他怕錄用你之後，你不會久留。你的回答可以是這樣的：

> 「我刻意在很短的時間內做很多工作，好了解自己真正想做什麼；現在我已明白我喜歡的工作是什麼，我可以在這個工作上盡力地發揮，我想好好留下來，

完全付出。」

　　相反地,你可能長期待在某一個公司、學校或工作崗位上,原地踏步。考官會擔心你沒有彈性,沒有上進之心。你可以這樣回答:「我對這個工作很有興趣,因此我待了很久;看起來是同一個工作,其實我擔任過許多種職務,如 xxxx;現在正是我往前邁進的時候,我正期待著改變。」

　　類似這類問題的回應技巧,應試者應該向考官顯示一種積極的行事態度,也就是化反面為正面的意思。

　　假定應試者曾有一段閒置或失業的時候,考方會認為你不適任;如果錄取你,將會有風險;你可能忘了如何做事,或者你已經不習慣辦公室的生活了。這時應試者可以將其歸諸大環境的影響,而且失業期間你並沒有閒著無所事事。不妨舉一些充實自己而且具有正面意義的活動。例如,應試者可以這麼說:

　　　　「由於國內(或國際)的經濟這麼不景氣,造成我們所製造的產品滯銷;因為經濟的情勢如此惡劣,致使失業率攀高;況且我曾利用這段時間充實自己,到短期訓練班進修 xxxx 課程(或是為了取得資格或證照而努力)。現在我已經整裝待發,覺得自己比以前更加充實,正可以大展身手,全力以赴。」

　　有時候考官會注意應試者的年齡,太老或者太年輕都會引起他的關心。這時候應試者應該要強調自己的資格條件之優越,以及對招募工作可以做出的貢獻。例如,你可以這樣說:

　　　　「雖然我這個年紀的人來這裡應徵,顯得有一點不太尋常,但是我相信自己擁有工作所需的資格與條件

（這時候你必須舉出一些實例來支持你的說法），而且
我工作努力的程度絕不亞於任何人。」

　　如果你的年紀有一點老，你可以談談你的經驗及見識對招募的
職位會有很大的助益；如果你的年紀輕一點，你可以強調你的學習
能力很強，而且可塑性很高，非常具有上進之心。

　　當考官問到應試者的業餘嗜好時，應試者最好不要說自己沒
有業餘嗜好，因為這樣會對應試者的性格、觀念、心態等打一點折
扣。對工作之餘，另外擁有其他興趣的應徵者會比較受歡迎。

　　談到業餘嗜好時，不宜說出一些庸俗的或感覺不好的嗜好；最
好也不要說自己的嗜好侷限在讀書、聽音樂、上網等；這些嗜好令
人覺得你的性格很孤僻。最好舉出一些戶外的業餘嗜好來，而且要
富於團體合作精神的，以加強你的良好形象。

(2) 崇拜對象

　　對於「你最崇拜誰」的回答，應試者絕對不能說自己誰也不崇
拜，更不能說最崇拜自己；也不宜說出一個虛幻的，或名不見經傳
的人；更不宜說出一個有爭議性的，或有負面形象的人。

　　應試者最好舉出一個與自己所應徵的工作能搭上關係的人，或
者在自己的專業領域上很有地位或很有影響力的人；具體地說出他
的特質或思想對你的影響很大，鼓舞著你，以他為師法的對象。

(3) 座右銘

　　如果應試者被問到「你的座右銘是什麼？」時，最好找出一個
能反映自己的某種優秀特質的作為座右銘，例如，你可以說：「腳
踏實地，守時守信」，或「只為成功找策略，不為失敗找藉口」
等。座右銘要簡短有力，不能太抽象。

(4) 應徵目的

「你為什麼選擇本公司？」當考官問這種問題時，表示他試圖要從回答中了解應徵者的求職動機、願望以及對招募工作的態度。回答的要領儘可能由對方的觀點、對方的立場來思考。我們建議要從行業、崗位及企業等三方面切入。例如，你可以說：

> 「貴公司的產品超群，提供的服務也是一流的，而這也是我所追求的價值觀；眾所皆知， 貴公司在產業界是很多人所嚮往的公司，而且我的專業非常適合 貴公司的需求；我認為 貴公司十分重視人才，我相信自己一定能做得很好。」

最好不要回答將來很有發展性或者因為很安定等語，因為他們需要的是你的貢獻度，而不是提供一個訓練的場所給你；即使你只是一個剛畢業的新手，你也可以將學校所學的新技術、新方法或新觀念貢獻出來。

要回答「你能為我們做什麼？」這個問題，應徵者就需要預先做好功課，打聽清楚招募單位期待這個職位所能發揮的作用；然後投其所好，結合自己在專業領域上的優勢來做回答。例如：

> 「我已接受過 xxx 培訓，非常有心得，正好可以用在這個工作上。」

「如果我們錄用你，你將怎麼展開工作？」針對這個問題，應徵者最好以問題來回答問題，例如你可以這樣回問：

> 「您提出一個很好的問題，為了有助於我的回答，能否請問在開始的五、六個月時間裡，您希望我的職

責是什麼？」

當考官在描繪你未來的工作時，你就等於給自己贏得了思考的
時間。等到你回答時，你就可以這樣答覆：

> 「假定說我下個月一號開始上班，我得先熟悉一下
> 工作環境，我將會很快地適應下來；至於真正發揮作用
> （稍微停頓一會兒），請問您目前是否有一個具體的計
> 畫可以讓我參與？」其餘的就是專業上的工作方法了。

應試者只要事先做好功課，就很容易答覆。你只要清楚地敘述
自己想做的事就可以了，但是不要忘了，要趁機提到你對未來的展
望，如「現在想在 xxxxx 工作方面衝刺，將來則希望在 xxxxx 方面
努力」等；朝著自己想要的目標陳述即可。

如果應試者對於招募的職位缺乏了解，最好嘗試採用迂迴戰
術，你可以這樣說：

> 「首先聽取長官的指示及要求，然後研究一下相關
> 條件、環境及可用資源，並且草擬一份工作計畫書呈
> 報，經長官批准後，就根據這份計畫書開始展開工作，
> 務必在經費預算內如期如質地完成工作。」

如果是一個主管的職缺，考官可能會問起當務之急應該針對
哪一方面進行改善的問題。應徵者在充分蒐集過求才公司的資料之
後，應可將你對於這家公司、公司的產品或服務項目、所屬產業，
甚至與競爭對手之間的消長優劣等各方面的了解與研究結果，中肯
且適切地表達出來。考官想要知道的無非是你能否在現況中很快地
找出問題，找出問題之後能否提出對策，作為一個好的管理者你能

否大處著眼、小處著手等等。考官從你所建議的需要改善之項目，以及在改善過程中必須先考慮及先克服的問題之回話中，就可以獲得許多評斷的依據。

「對於這項工作，你可能遇到什麼困難嗎？」應徵者絕不能說出具體的困難之處，否則會令考方懷疑你可能不行。應徵者對於這類問題一樣要採取迂迴戰術，你可以這樣說：

> 「在工作中出現一些困難是正常的，也是在所難免，但是只要憑著堅忍不拔的毅力、良好的合作精神，以及事前周密且充分的準備，努力找到遇到困難的原因，我想任何困難都可以迎刃而解的。」

有時考官會問你對加班的看法如何；這是針對你的工作熱忱而問的。有些公司常常利用加班的方式來剝削員工的勞力，所以無理的加班當然可以商榷。因此，如果你不想加班卻答應說好，那麼你將會被人一直盯住；所以對於這一類問題的回答方法應該這樣說：

> 「如果工作是在我的職責範圍之內的話，那就不算加班了；及時完成工作比較重要。」

考官也很喜歡問「我們為什麼要錄用你呢？」話雖簡單，但是回答起來的難度頗高。考官主要是要測試應徵者的沉靜與自信。應徵者最好站在求才機構的角度來回答這個問題。一般而言，求才單位要錄用一個人時，主要看他的資格條件符不符合、對這份工作是否感到興趣，以及是否有足夠的能力與信心。應徵者可以這麼說：

> 「我的資格及條件完全符合　貴公司的需求；以我目前的專業技能、高度的責任感，以及良好的適應能

　　力及學習熱誠，完全能夠勝任這份工作。我非常希望
　　能為　貴公司服務；如果　貴公司能夠給我這個機會，
　　我一定會非常爭氣，不會讓　貴公司失望的。」

(5) 時事

　　考官有時候會提出一些時事的問題來問應徵者；例如，他可能
問你企業界現在最關心的課題是什麼；主要是想了解有經驗的應徵
者對產業現狀的理解及展望。對於沒有經驗的應徵者而言，考官則
想試探你投入該行業的意願及關心的程度。因此，應徵者平時就應
留意自己行業的現狀與未來的趨勢。回答問題時，不但需要掌握業
界的動向與國際情勢，還需要加入一些個人的見解。

　　有時候考官則會問應徵者對目前一項爭議性很高的話題之看
法如何，他的動機是怕你活在象牙塔裡，對時事或專業上的論題一
點也不關心，而且對外界一無所知；或者想試探你，看你是不是一
個意見偏激的人。對於這一類問題，應徵者最好不要選邊站，因為
你根本不曉得考官站在哪一邊。如果應徵者平時就有在注意這個問
題，那就可以剖析一下正反兩面的看法，接著便點出，要找到兩全
其美的辦法並不容易，所以自己會再多花一點時間研究一下，不同
的方法可能造成的長遠影響。

　　最近對於過勞死的新聞時有所聞，所以考官可能會問應徵者放
假時做何消遣，或者在健康保養方面做何努力等問題。這是說明工
作之外的生活之最好機會，你應該談一談有關運動、睡眠、減壓、
消除疲勞、生活步調、飲食保養等方面的話題。

(6) 希望待遇

　　有關你所希望的薪資待遇方面，如果考官沒有問，你就不要
提。如果考官問起了，你的回答就要非常有技巧，因為這是評估應

徵者的能力與經驗的方式之一。如果你只答以「依公司規定」，可能會被誤認為缺乏自信而非謙虛。

首先，你在面試之前也要做一些功課，最好預先蒐集一下業界的薪資行情，使自己的內心先有個譜。要知，同樣的職位會因公司的不同、行業的不同、地區的不同以及求職者本身經歷的不同等因素而有所差異，所以回答這種問題可以分成兩方面來說明。

一般公司對於沒有經驗的新進人員之薪資都有明確的規定。如果你沒有工作經驗，你的個人能力及表現都沒有紀錄可資證明，所以你就回答：

> 「只要有發展機會，我願意接受　貴公司的薪酬標準，等到有所表現之後希望就依貢獻度調薪。」

對於有工作經驗的人，則可提出一個合理且合乎行情的範圍。一般如果要求比前一個工作的薪水高出百分之十算是合理的範圍，但是你一定要附帶說明提高待遇的理由。

如果你不能確定自己提出的希望待遇是否恰當，你可以請教對方：「這樣的職位通常在貴公司的待遇是多少？」否則說少了，自己吃虧不說，還可能被考官懷疑你的能力不足而缺乏自信；如果說高了，考官會認為你獅子大開口，自不量力，你就可能不被列入考慮的名單內了。如果你的學歷高、資歷又好，而且面談的過程又跟考官很投機，這樣你才有談判的籌碼。但你也不能漫天要價，顯得既貪婪又沒有誠意。所以切記：談希望待遇時，絕不能像菜市場一樣地討價還價，預先探聽行情是最重要的。

(7) 到職時間

考官如果想錄用應徵者時，常常會問：「你什麼時候可以到職？」對於應屆畢業生或目前沒有工作的人而言，一錄取即可上

班,這是最理想的;但是一邊工作一邊進行轉業的人也很普遍。所以事實上,屬於後面這一類的求職者首先需要辭去現有的工作。但是一般公司都有規定,想要離職的員工至少須於一個月之前就要提出申請,因為工作交接至少就要一個月的時間。因此,你必須向考官說明清楚,衡量從你提出辭呈到真正離職,建議一個充裕的報到時間比較好;如果延後報到,可能會對新公司造成困擾。

(8) 應試者發問

面試即將結束的時候,考官一般會留給應試者一個提問的機會,例如,他會說「我的問題到此告一段落,你有沒有什麼需要了解的?」心裡沒有準備的應試者可能不知從何問起,也不知該說些什麼,於是就泛泛地提出一些類似醫療、保險、福利、上下班時間、是否常加班、休假,甚至最壞的是提出退休金的問題。大多數人恐怕只是草草地說:「謝謝您!我沒有什麼需要問的。」這樣很容易讓考官覺得你對這個職位沒有興趣,或者你是一個沒有什麼想法的人,是一個行事消極的人。

以下是一些應徵者可以考慮的問話;這些問話其實在面試過程中就可以提出來請問考官的,它們都是本書所強調的、應徵者可以技巧性地採用的反面試策略之一:

- 「為什麼這個職位目前是一個空缺?」
- 「這個職位的原任者是誰?他為什麼不幹了?是晉升了,還是離職?」
- 「在過去幾年中這個職位換了多少人?他們的出處如何?」
- 「請問考官為何要到　貴公司來?在　貴公司多久了?」
- 「我將向誰彙報工作情況?」

- 「我的工作地點在哪裡？」
- 「公司有制度化的培訓計畫嗎？」
- 「請問工作評估要多久進行一次？主要考評的項目是什麼？」
- 「要在公司裡出人頭地需要具備哪些能力及個人特質？」
- 「在未來的幾年內，公司的主要競爭者是誰？請問考官，雙方的優勢與弱點在哪裡？」
- 「在過去的五年內，公司的成長方式是什麼？」
- 「公司的獲益率（或市場占有率）是多少？」
- 「公司在未來有什麼發展大計？」

提問題時一個足矣，不要窮追猛問。尤其當考官只是客氣的一問時，應徵者只要象徵性地說兩句就告退了。向考官的最後一問有時還要從臨場的表現來看，如果面試的表現良好，就不要再戀戰了；如果臨場的表現不佳，則要儘可能地抓住機會，以爭取最後一搏的機會，說不定還可翻身。

因此，在這種難得的機會之下，應試者應該先提問一些公司未來的展望等相關問題，然後藉機把你的能力、特長以及未來的貢獻度再強調一次，一定要讓對方感受得到你積極進取的個性，以及強烈想爭取這個工作的決心。只要考官對你留下深刻的印象，那麼你將勝利可期了。

當然，你也可以運用反面試的技巧請問考官兩個問題：

- 「您還想知道哪些有關我的情況嗎？」
- 「您對於這次面試的評價如何？」

這兩個問題有助於清除誤解，也可以知道你自己所處的位置。

外企的面試策略

在崇尚貿易自由的今日，到外商公司求職的機會自然就增加了。由於國情、文化背景及價值觀的差異，外國公司的面試方法與國內公司會略有不同，所以本章即將兩者的相異之處，以及應徵者到外企公司面試時，所應採取的策略加以說明。

18.1 外企公司的文化特色

外企公司對我們國內的情況不熟，所以比較會先挑選名校的畢業生，以降低凸槌的機會，主要是因為名校製造出來的「產品」比較可靠之故。其實在他們本國，求職者是否為名校畢業生並不重要，除非他們是畢業於世界排名非常前面的名校，如哈佛、加州大學、史丹福、劍橋、麻省理工等，那麼一個人可能同時會有很多公司搶著要。

其實，外國公司重視的還是求職人的素質與技能。他最好要精於專業知識，具有極強的敬業精神，以及較強的團隊協調意識與溝通能力。語言能力當然也是一種基本需求，但是只要溝通無礙即可。

在台的外國公司非常富有商業細胞，他們很容易接受廣告之類的東西；廣告又能提供最新的資訊，所以他們可以從廣告中了解新奇的東西。美國人做事很執著，如果他們認為是對的就會堅持，不輕易妥協，不會和稀泥。

美國是一個移民國家，他們的祖先來自世界各個不同的地方，

所以他們見面時喜歡問對方的 Hometown 在哪裡。但美國人不談家
世，不談祖宗八代的事情，除非他們的祖先曾經有過豐功偉業，他
們才會很光榮地炫耀。對於美國人而言，絕沒有出身低而自感羞愧
的這種事；他們具有獨立的性格，靠上輩的餘蔭反而令他們感到不
怎麼光彩。又美國人喜歡互相比較，由雙方比能力、比成就、比財
富；其實比較就是一種競爭，比較才是競爭的原動力。但是在競爭
的方式上有一點與國人非常的不同。

一般而言，美國人不做惡性競爭；他們在競爭的擂台上，光明
磊落、公正公平，不暗施小動作，不用低劣的奧步；但是比較有贏
的策略。反觀國人的競爭方式，在敵不過對方，或能力比對方還差
時，就會扯著對方的後腿，不讓對方有施展的空間，等於把對手強
拉住，不讓他往前走，否則就會愈離愈遠。他不思自奮圖強，以超
越對手，而採用這種「同歸於盡」或「焦土政策」的低劣手段。這
種競爭法當然會招致進步緩慢，甚至倒退，以致拖垮公司。

所以美國公司比較可以提供公平競爭的工作環境。但這並不意
味著美國公司沒有辦公室的政治，其實美國人的辦公室政治是非常
赤裸裸的。

外企公司常要求員工要有自己的主見，要有主動性，不能沒有
自己的想法，更不能一個命令一個動作，需要上面處處來為你安排
工作。因此，只要你是公司的一員，你就有說話的權利，你就有權
發表自己的意見。要把公司看成是自己的家一樣，這樣你才算是一
個好員工。所以，在外企公司裡，面對長官不一定要唯命是從；如
果你有比上級更好的想法和意見，你完全可以直言不諱。如果你說
得有理，對方反而會佩服你。當然，你也可能碰到一位不服輸的長
官，這時你就需要非常有耐性地說服他。

外國人做事比較實際，而且很重視投資報酬率；自己付出了勞
力，就應該要求應有的報酬。例如，長官要你加班，你可以當著他
的面提出加班的條件，合則來，不合則罷！你這樣的做法反而會得

到上級的賞識，因為你具有商業意識；公司需要的就是這種人，這種人才能為公司創造財富；這一點非常重要。同時，外企公司希望你在工作時精力充沛、開朗爽快，與別人談話時開口閉口都不忘稱呼自己的公司為「我們的公司」。

18.2 外企公司的面試方法

外企公司在通知求職者面試之前，通常要等待一段很長的時間，使得你望眼欲穿，幾近絕望；除非你的條件非常優越，公司深怕別人捷足先登把你搶走了，或者公司急著在找人。

有些外企公司在面試之前會先舉辦筆試，以把不符資格的人先篩掉。筆試的內容大多為語文、數學、邏輯、智力、性向等。題目很多，難易不一。不要忘了要多留意一些時事問題，尤其是跟本行有關的議題。回答問答題時，字跡要工整，一定要清楚美觀，給考官留下良好的第一印象。一般而言，應試者能夠通過筆試這一關的，就已經算是成功了一半。

外企公司的面試大多數是採用面對面的方式，他們所提問的問題一般都不會出得太難，考官主要是要看應試者對某一件事情的看法；例如，他會問「你有什麼缺點？」如果你直接地答覆說「粗心」或「不擅交際」，那麼你可能就被排除了。其實考官真正感到興趣的並不是你的缺點，而是你如何發覺自己的缺點，你如何改進自己的缺點，改過了缺點之後你得到什麼啟示等等。

外企公司的面試方法可以說形式很多，花樣百出，無奇不有。例如，有的是讓應試者之間展開辯論，有的是要求面試者說服考官買下他的鋼筆，有的是要面試者翻譯一篇外文的論文，然後發表你的看法等等。但大多數都是以口頭交談為主。

有少數外商公司則會採用視訊的方式，例如，微軟公司就採取車輪戰術，由五到八位考官在電視機面前輪流對你發問，每一個考

官都準備著一系列的問題，各有不同的屬性。但主要有四種問題：
你是否夠聰明、你是否夠創新、你是否具有團隊精神，以及你的專
業基礎是否夠強。當你面試結束、起身離去之後，每一個考官都會
立即給其他考官發出電子信函，告訴他們你的面試成績，包括讚賞
的、批評的、有疑問的，及其他評估意見。評估等第則分成四級：
強力推薦、贊成聘用、不能聘用及絕對不能聘用。

　　日本的企業公司都是中規中矩；它們的求才方式包括面試、IQ
（智能測驗）、EQ（情緒測驗）及性向測驗等。不同企業的面試方
法及面試次數不盡相同，但大多包括初次面試（集體面試）、第二
次面試（個別面試），及第三次面試（企業負責人直接面試），真
的是過五關斬六將。不同的職位由不同的考官主持；例如，一般員
工由人事經理負責，個別部門員工由部門主管負責，主管級或以上
的員工則由副總經理負責，更重要的職位可能由總經理，甚至董事
長親自面談。日本企業十分重視面試中的第一印象，尤其是應試者
的才學與氣質，其次才是衣著與長相。有些公司會要求擬僱用的員
工接受指定醫院的身體檢查，其結果要符合工作的需求才能獲得錄
取。

　　外企公司對員工的價值取向跟國內公司有很大的不同。外國公
司希望他的新血輪是成熟的、活潑的、精力充沛的、具有創意的、
有自己的見解的；反觀國內的公司所要的新員工是忠誠度高的、乖
乖牌的、遵守規章制度的、樂於付出的、犧牲奉獻的。這種價值觀
的不同，自然就會反映在面試的問話上，同時也會影響到你的答話
技巧；也就是面試官的喜好決定了你必須知道如何去「投其所好」。

　　另外一點是，外企公司比較欣賞有自信的員工，而國內公司則
不太喜歡會臭屁的人。例如，當考官問你希望多少待遇時，國內公
司比較想聽到的是對薪資要求不高，但謙虛有加的應徵者，這樣可
以顯示求職者的樂於付出，以及不計報酬。相反的，這樣的應徵者
讓國外公司看起來，就是缺乏自信、能力不足的人。觀念上是何其

不同！要知，外國公司不怕你要價高，如果你真的有能力，專業又
強，他們會跟你協商待遇的。

18.3　語言

英文是一種國際通用的語言，所以外商大多可以用英文交談；
日語則是一個例外，因為日本人喜歡用他們的母語交談，這樣感覺
起來比較親切；還有日本人的英文能力，不管是發音或者會話，一
般都比較無法運用自如。以下僅就英語面試時，應注意的事項提出
簡要說明。

英語並不是我們的母語，但是因為工作上的需求，應徵者未來
須以英語交談或書寫，所以在考官面前應該特別表現你對英文嫻熟
的程度，或者告訴考官你是如何在英文方面下工夫的。

無論中外，生人見面都是以第一印象為最重要，所以前面章節
所提的一些禮節與應對方法仍然可以適用。與外國人第一次見面比
較輕鬆，他們往往會笑容可掬地先問一些無關緊要的問題，使得你
好像遇到老朋友一樣，不至於緊張兮兮的。這就叫作 Breaking the
ice 。例如他們會先打個招呼：

"How are you today？"
"Did you have any trouble finding this place？"
"How did you get here？"

你也應該面露笑容，簡短的回答說：

"No, not at all.And thanks to your excellent directions."
"I got here by taxi. It only took me 30 minutes and, as

you had predicted , there was very little traffic. So how are you, Sir？Thanks for the opportunity to visit with you today."等。

當你被問到經歷（Experiences）時，你的回答應該包括與徵求的職位有相關的；或者是不相關，但可以延伸應用的部分。通常考官想知道到的是你過去做過什麼（What），以及你是怎麼做的（How）。記得要舉出一些具體的實例，其中以與徵求職位的相關性愈密切的愈好。記住在外國人面前，你不必顯得太謙虛，但也不能顯現傲氣，而是要顯得有自信。談話時要注意英文的時態，如果是過去做過的事，就要用過去式；如果是目前還在做的工作，則要用現在完成式或現在進行式；這樣考官才知道你目前還在這家公司服務。例如：

"XX Company has employed me for the last two years as a senior engineer"
"I have been conducting this research project for three years."

談到教育過程時，動詞也要用過去式，例如：

"I attended National Taiwan University from 2003 to 2007."
"I graduated with a Bachelor degree in Electrical Engineering."
"I went to National Central University for my undergraduate training and to NationalTaiwan University for my master's."

"I particularly enjoyed the courses I took in engineering geology and geotechnical planning. Another favorite was the courses I took in computer programming."

"As an undergraduate, I was a fairly serious student. I was conscientious and worked hard. My overall grade point average was 3.8 on a 4.0 scale."

如果你還是一個未畢業而即將畢業的學生，那麼回答時應該要用現在進行式，如：

"I am currently studying at National Cheng Kung University and will graduate with a master degree in computer science in this fall."

"I am studying physics at National Taiwan University."

當你在敘述你所受的教育時，別忘了提起你參加過的培訓、得到過的證照（例如，全民英檢、GRE 等）、參加過的研討會，甚至選修過與應徵的職位有相關性的課程，或參與過的研究計畫等都可以提出來，以提高你的適任度及贏的機會。

面談時要強調你所擁有的技術及資格足以勝任應徵職位的挑戰。但是因為過去你的經歷並不一定正好完全適合現在申請的職位，所以你要向考官展示你的適應力（Adapting Skills），這樣才能提升你的成功率。一般而言，外國人比較重視的是你的學習動力以及熟悉新事物的能力，也就是你學習新東西的意願（Willingness to Learn）。

描述及表達你的資格及能力時，必須選擇確切的動詞，因為一個句子中最重要，而且最能表現語文能力的字就是動詞。下面就列出一些描述如何完成工作的動詞；如果你能靈活運用，將會給考官

留下深刻的印象。

(1) 在研究方面

Analyzed, Applied;

Clarified, Classified, Collected, Compiled, Criticized;

Defined, Detected, Diagnosed, Discovered;

Evaluated, Examined, Explored, Extracted;

Identified, Inspected, Interpreted, Interviewed, Investigated;

Organized;

Reviewed;

Summarized, Surveyed。

(2) 在教學方面

Adapted, Advised;

Clarified, Coached, Communicated, Coordinated:

Developed;

Enabled, Encouraged, Evaluated, Explained;

Facilitated;

Guided;

Informed, Initiated, Instructed;

Persuaded;

Set goals, Stimulated。

(3) 在技術方面

Achieved, Advanced, Assembled;

Brought, Built;

Calculated, Changed, Computed;

Defined, Designed, Devised;

Engineered;

Fabricated;

Improved;

Maintained;

Operated, Overhauled;

Programmed;

Redesigned, Remodeled, Repaired;

Solved;

Trained;

Upgraded 。

(4) 在創新方面

Acted;

Conceptualized, Created;

Designed, Developed, Directed;

Established;

Fashioned, Founded;

Illustrated, Improved, Initiated, Instituted, Integrated, Introduced, Invented;

Originated;

Performed, Pioneered, Planned;

Redesigned, Revised, Revitalized;

Shaped;

Upgraded 。

(5) 在執行方面

Acted, Accomplished, Adapted, Advanced, Approved, Arranged, Attained;

Blended, Brought, Built;

Carried out, Catalogued, Changed, Classified, Collaborated, Collected, Compared, Compiled, Completed, Computed, Conceived, Conducted, Constructed, Controlled, Cooperated, Coordinated, Corrected;

Dealt, Decreased, Defined, Dispatched, Delegated, Derived, Designated, Detected, Developed, Devised, Directed, Distributed, Documented, Doubled;

Edited, Encouraged, Engineered, Enlarged, Escalated, Established, Estimated, Evaluated, Examined, Expanded, Experienced, Executed, Explored;

Facilitated, Finalized, Formulated, Founded, Functioned;

Generated, Grouped, Guided;

Handled, Harmonized, Harnessed, Headed;

Implemented, Improved, Increased, Indexed, Initiated, Inspected, Installed, Instituted, Interpreted, Introduced, Investigated;

Justified;

Localized, Located;

Made, Maintained, Managed, Mechanized, Merged, Moderated, Monitored, Motivated;

Opened, Operated, Organized, Overcame;

Perceived, Performed, Planned, Prepared, Presented, Presided, Processed, Programmed, Promoted, Proof Read, Provided, Purchased;

Raised, Recommended, Recorded, Recruited, Rectified, Repaired, Replaced, Restored, Retrieved, Reversed, Reviewed, Revised;

Saved, Screened, Selected, Serviced, Sorted, Sparked, Specified, Started, Stimulated, Strengthened, Summarized, Systematized;

Tabulated, Tested, Transacted, Transcribed, Transformed, Tripled, Typed;

Upgraded;

Validated, Varied, Verified, Vitalized;

Won, Wrote 。

(6) 在溝通方面

Addressed, Arbitrated, Arranged, Authored;

Contracted, Corresponded;

Developed, Directed, Drafted;

Edited, Enlisted;

Formulated;

Influenced, Interpreted;

Justified;

Lectured;

Mediated, Moderated, Motivated;

Negotiated;

Persuaded, Promoted, Publicized;

Recruited;

Spoke;

Translated;

Wrote 。

(7) 在管理方面

Administered, Aligned, Analyzed, Approved, Arranged, Attained;

Chaired, Contracted, Consolidated, Controlled, Coordinated;

Decided, Delegated, Developed, Directed;

Encouraged, Evaluated, Executed;

Governed;

Improved, Increased;

Led;

Maintained, Managed, Motivated;

Organized, Oversaw;

Planned, Prioritized, Produced;

Recommended, Reviewed;

Systematized, Scheduled, Stimulated, Strengthened, Upervised, Supported 。

(8) 在財務方面

Administered, Allocated, Analyzed, Appraised, Audited;

Balanced, Budgeted;

Calculated, Computed;

Developed;

Forecasted;

Managed, Marketed;

Planned, Projected;

Researched 。

(9) 在協助方面

Advised, Assessed, Assisted;

Clarified, Coached, Consulted;

Demonstrated, Diagnosed;

Educated, Expedited;

Facilitated, Familiarized;

Guided;

Referred, Represented;

Trained 。

　　同樣的，在描述工作經歷及個人特質時，也需要使用一些生動的形容詞，如：

Accurate, Action- oriented, Active, Adaptive, Adept, Affable,

Aggressive, Analytical, Approachable, Articulate, Assertive;
Broad-mined;
Candid, Careful, Cautious, Client-focused, Commanding,
Committed, Competent, Confident, Conscientious,
Controlling, Convincing, Cordial, Courageous, Creative;
Daring, Dedicated, Dependable, Determined, Diplomatic,
Disciplined, Discreet, Dominating;
Effective-communicator, Efficient, Empathetic, Energetic,
Enterprising, Enthusiastic, Experienced;
Facilitative, Fairfast-paced, Fast-study, Firm, Flexible,
Focused, Friendly;
Genuine, Goal-oriented, Good-listener, Group-focused;
Hard-working, Honest;
Independent, Individualistic, Innovative, Insightful,
Intelligent;
Logical, Loyal;
Mature, Methodical, Motivated;
Objective, Open- minded, Optimistic, Outgoing;
Participative, Perceptive, Personable, Persistent, Persuasive,
Pleasant, Positive-attitude, Practical, Principled, Productive,
Proficient;
Quality-conscious, Quality-oriented;
Resilient, Respectful, Results-driven, Results-focused, Risk-
taking;
Self-assured, Self-disciplined, Self-motivated, Sense of
humor, Sensitive, Sincere, Straightforward, Strategic,
Successful;
Tactful, Task-oriented, Team-oriented, Tenacious, Thorough,

Thoughtful, Trustworthy;

Understanding, Unflappable;

Values-relationships 。

對於以上所列出的動詞及形容詞一定要背起來,而且還要把它們的意思以及慣用方法運用得滾瓜爛熟,在面試時即可脫口而出,運用自如,不必先透過中文的思考,再譯成英文之後才說出來。為了達到這個程度,應試者平時就要模擬一些常考的題目,先翻成英文答案之後,再背誦起來;這樣在面試時就可以直接說出英文,而且是不太差的英文,可以給考官留下美好及深刻的印象,讓你在眾多應試者中脫穎而出,且幫助自己得到這份工作。

18.4 應付外企面試的策略

在全球各地廣設分公司的外國企業,其歷史一般都非常悠久,在世界上已建立很堅強的商譽,所以欲投靠其旗下者眾。被錄取的應徵者大多數是非常優秀的;斤兩不足的人,是很難叩關的。因此,有勇氣而且有自信的應徵者需要掌握一些面試的策略,才有可能成功。前面章節所介紹的面試策略仍可適用,但是因為文化及國情的不同,所以側重點也會稍有差異。

(1) 掌握公司的概況

由於外國公司擁有一定的歷史及商譽,這是他們最重要的資產,他們視它如生命,所以每位員工都會以他們的公司為榮。應徵者如果想進他們的公司,卻不認識他們的公司,這對他們是莫大的侮辱。

職是之故,應徵者一定要好好研究這個公司。包括總公司的所在地、規模、在全球的活動概況等。該公司在國內設立分公司的時

間、投資規模、經營項目、市場占有率、營業額、組織以及今後的策略規劃等。同時也要了解其在業界的評價如何,更不能漏掉其主流產品,或在國內的業績或貢獻。

這些資料一般都可從公司年報、公司簡介或媒體(包括廣告)得知,但通常都可從網路上獲得。如果無法得到書面資料,也要設法從該公司或其同業中取得資訊。打電話詢問時會有一些好處,例如,對方會對你有印象,而且詢問的動作本身就表示你對他們的公司有興趣。不過打電話時,一定要注重禮節,予人留下良好的印象;他們已經開始對你進行面試了。

(2) 自我介紹要掌握重點、生動簡潔

自我介紹一般是必問的問題。因為應試者在求職信中已對自己做過重點式的介紹,所以在面試時就不必鉅細靡遺地再從頭介紹一遍。這時要強調的應該是你應徵的動機及你所能貢獻的技能,此時無須對自己的出生及學歷背景再贅述一遍。因為面試的時間有限(一般不會超過一個小時),所以應試者應該預先做好功課,先弄清楚求才單位真正需要的是怎麼樣的人才,內部有什麼問題要解決的,然後才「投其所好」,掌握重點,並且以合乎邏輯的方式,一一道出考官所想要知道的。

首先你可以表明你所具備的,與職位需求相關的學識與技能,舉出你曾經經歷過的具體經驗及教訓,以及你如何解決過困難的問題。你也可以提出你的人脈關係(不能膨風)、興趣、個人的特質等,這些均有助於考官對你的了解。

應徵者可能被問到某種並不擅長的技能,你就需要強調自己的學習能力很強,可以很快地迎頭趕上,並舉出一些實例,證明你很容易學習新的事物,以化解考官對你的疑慮,這樣你就可以化缺點為優點,以增加錄取的機會。

(3) 強調及量化你的成就

　　平平淡淡地依年舖敘你的經歷，不但令人感到枯燥無味，而且這些東西在自傳及簡歷書上都已經交代過了，考官不會感到興趣的。同樣的，很多應試者花了很多時間在敘述他們從事過的工作（Job Duties），以及在這些工作上他們所負責的部分（Responsibilities）。就是略過他們的特殊成果（Accomplishments）不提，如發現了新的方法、研究出新的技術、取得了專利權、解決過什麼棘手的難題、為公司節省了多少錢、防止了什麼意外的發生、獲得了主管單位或學會的獎項等等。

　　要知，考官想知道的是你的成就（Achievements）（如果是學生，那就是你的課業及所受的訓練）是什麼，而不是你做過什麼工作；而且他想評估這些成就與其他應試者比較起來，是否特別突出，足以勝任應徵職位所要求的工作。

　　根據我們的經驗，很多應試者都只會強調他們做了什麼（What They Have Been Doing）；其實，考官最想知道的是，你的成就是否比其他人更為凸顯（Your Achievements That Distinguish You From the Other Candidates），而且這些成就是否對他們的公司更為有用。

　　個人的成就很難一下子就想起來，尤其工作經歷愈久的愈難編串起來。所以應徵者在考前就要好好地準備，將自己重要的成就一一依序列出，且將最重要的列為最優先；你所舉出的成就必須要具體，而且最好能夠量化。對外國人而言，你不必太謙虛，當然也不能太驕傲；尤其是有關你的成就，為公司做了什麼貢獻，對公司產生了什麼衝擊，你應該據實以告，不必客氣。

(4) 舉例證明

　　外國人談論事情比較直接，不會拐彎抹角，所以應徵者在面試作答時，應該也要直接（Direct）而精確（Concise）。回答句子的

長短以及語調頓挫要有所變化，或偶爾在回答之前稍微沉思一下，或適量地使用身體語言，如手勢、點頭等，以使面試的過程生動化。

最重要的是描述事實時，應該舉例證明。舉例的內容應該包括什麼事（What）、什麼人（Who）、什麼時候（When）、什麼地方（Where）及如何處理（How）。同時應該將該項行為所造成的效益及衝擊（Impact）或影響力，以量化的方式加以證明。

(5) 以圖表強化你的成就

英語並不是我們的母語，所以講起英語來難免會辭窮或辭不達意；這時如果有一些「道具」來加強我們所要描述的事情，將可達到事半功倍的效果。例如，圖表、照片、**Power Point** 資料、證照、獎狀等都是很好的材料。這些資料應該好好地裝在透明的資料夾內，分門別類的，隨時可以找得到。

當你顯示這些圖表資料時，應該要維持面試的整體性。雖然你可以順勢而為，但不能破壞面試的程序。這一點是非常重要的，因為破壞了面試的氣氛，或因花太多時間於圖表的說明上，反而漏掉應該推銷給考官的重要項目，你是得不償失的。

(6) 尊重考官的面試主導權

考官是面試場的主人，他擁有主導面試場面的權威，應試者應該予以尊重，不宜喧賓奪主，這是無庸置疑的。尤其在面試剛開始的時候，你不要處處要插嘴，更不可喋喋不休。但是因為面試是一種雙向溝通的交談，應試者還是可以發問的，你還是可以採取反面試的策略，向考官提問針對性的問題，以從考官口中探取你想知道的事情；但是插話時一定要自然，不要唐突。

不過，我們也見過少數的考官不太能勝任，無法快速切入正題，徒然浪費寶貴的面試時間，這對你是非常不利的。所以你不能

任他隨性而為，這時你應該禮貌地說：

　　"Do you mind if I tell you something about my background and accomplishments?"

　　很奇怪的是，外國面試官卻不會因此而惱羞成怒，他反而會向你致歉！這樣你才有足夠的時間好好地推銷自己。

　　前面曾經提過，有時候應徵者需要從考官的口中探聽，公司為何要向外界徵求人才；遇到這種情況，很有可能是公司想做某種程度的改變，或者公司遇到某種瓶頸，需要依賴外來的「和尚」來解決，但是他們在面試時是不會明言的。因此，這時候應徵者就需要採取反面試的技巧，選擇適當的時機插嘴；你可以這樣子開頭：

　　"I was wondering if you could help me understand a few general points concerning the position requirements. Would you mind"

接著就問：

　　"What are the key shifts or changes in direction that the company is attempting to bring about? What effect will these shifts or changes have on the department or function in which I will be working?"

　　"Thank you very much because this will help me to focus better on those aspects of my background and qualifications that are of greatest importance to your decision process."

至於在面試過程中，應試者是否應該唯唯諾諾，不能表示自己的意見？無論考官說什麼都是對的？或者相反的，應試者表示過度的自信，因看法不同而與考官爭辯起來？我們認為這兩種方法都不好。應試者應該更具彈性，把

"There is more than one way to handle a given situation."

掛在嘴上。但是應該避免觸及有關政治或宗教等見仁見智的題目；或者容易引起感情衝突的課題，如 Right to Life、Abortion 等等。我們的建議是：Don't Always Agree With the Interviewers 。有時候考官有意問你一些很傻的看法或意見，你倒可不必與他「一般見識」，你應該忠實地說出你的看法，但切記不能爭辯，更不能堅持己見，以致意氣用事；這時候應該以說理為重，而且以維持一定的 EQ 為要，這樣反而可以獲得很高的分數。

(7) 提問有內涵的問題

在使用反面試策略時，或在面試即將結束時，考官會問應試者："Do you have any questions？"你不能說："I have no questions; you've covered it all. "這是一個沒有競爭力及缺乏積極動力的人的說法。求才單位只對那些知識豐富、技能特殊、能力很強、創意十足，又對招募職位有興趣的應徵者特別感到興趣。因此，應徵者應該在面試之前就要對求才單位進行深入的研究，尤其在獲益力、市場占有率及策略規劃等方面；更要想辦法探知求才單位求才的真正目的是什麼。以下就舉出一些提問的方式：

☆針對公司策略

- "What are the prospects for future growth and

expansion of the company?"

● "What kind of annual growth rate do you expect to see over the next 5 to 10 years? Why?"

● "Are any employee cutbacks planned or anticipated in the foreseeable future?"

● Is the company considering ventured or acquisitions as part of its growth plan?"

☆針對求才單位

● "How is the current department/function organized?"

● "What organizational changes do you anticipate? Why?"

● "What are the major challenges and objectives currently faced by the department/function?"

● "What are the major opportunities for the department/ function to improve its overall contribution to the organization?"

☆針對職位方面

● "Why is the position open?"

● "Why was the new position created? What factors led to this decision?"

● "Why did the past incumbent resigned? Where did he go?"

● "Why isn't this position being filled from within the company?"

- "What are the reporting relationships of this position?"
- "What are the functional responsibilities, duties and accountabilities of this position?"
- "What improvement would you like to see in these areas?"
- "What key problems or barriers have prevented progress in these areas in the past?"
- "What key problems would you most like to see tackled early in this position ? Why do you consider these important priorities?"

☆針對公司考核方面

- "Is there a formal performance evaluation system in the company?"
- "What is the basis for measuring employee performance? What criteria are used?"
- "How frequently are performance evaluation done?"

☆針對在職訓練方面

- "What training and development is provided to the employee to help prepare for future promotion and advancement?"
- "Are there formal training programs available? How do these work?"
- "Does the company support additional formal education? What form does such support take?"

(8) 顯示你人性的一面

專業是硬梆梆的，但是還是需要一些人文的素養。尤其在感情及文藝生活方面的調劑是非常重要的。所以應徵者應該表示你的人性的一面。例如，你的嗜好、家庭、公餘休閒等，都要有話可談才行。這一方面常常成為錄取與否的最後關鍵，所以應試者不可輕忽它的重要性，尤其階級愈高，其重要性也愈高。

18.5　外企面試時應注意事項

面試是每個求職人必經的一道關卡，尤其對於外企的面試更須謹慎從事。由於文化背景的不同，對於事情的看法或有程度上的不同，但是對於普世價值觀則一。所以前面章節所述的面試應注意事項仍然適用於外企的面試場合。本節僅就重點再強調一下。

(1) 不要遲到與失約

遲到及失約是面試的大忌。這會使得考官認為應徵者沒有時間觀念及責任心，而且對於徵求的工作沒有興趣。因此，應徵者最好提前十五分鐘至三十鐘抵達試場。一方面可以好整以暇、從容不迫地準備面試，另一方面可以先熟悉求才單位的外在環境及公告事項，以便在面試時有話題可談，斯可增加考官對你的印象分數。

如果有確切的理由遲到或不能如期赴約，也應儘早打電話通知求才單位，說明理由，並且另外約定面試的時間；記得帶上一句話，告知對方你對這個職位非常的期待，請對方再給你一次機會。

(2) 不要數落現在或以前的公司及長官的不是

人之常情是做一行怨一行，對現在或以前的公司或長官以及同事喜歡加以批評與埋怨，顯現一種不滿現實、好像別人都對不起他

的樣子,且年資愈淺愈是如此。這樣做,不但得不到同情,而且只會令人覺得你喜歡發牢騷、不知上進、不念舊情、不知如何與同事相處,所以求才單位絕不會錄用這種人。

(3) 自己提供的資料要誠實可靠

自己提供的自傳或簡歷資料一定要真實,在面試時更不能說謊;不能偽造歷史,或者將別人的功勞據為己有。

偽造行為很難被外國人所接受的,這是人格上一種很嚴重的缺陷。如果你這樣做了,你也許可以瞞騙別人於一時,但是不可能一輩子不被發現。等到東窗事發時,你大概就要消失於職場中了。

因此,應徵者在面試時應該實話實說。雖然你可以揚長隱短,卻不能以謊言代替事實。

(4) 妥為準備、侃侃而談

無論應徵者的學歷如何高、資歷如何好、工作經驗如何豐富,對於面試還是要做充分的準備,以整理出一套精簡而有組織的資料;尤其因為要用外語表達,所以更要謹慎面對。如果應徵者不肯下苦功,只是敷衍應付,回答時毫無條理,不知所云,則考官會認為應徵者對新職位沒有誠意,其結果就可想而知了。

即使應徵者準備了充分的資料,還是要善用本書所提供的策略,很有技巧地將自己推銷給考官,顯示自己與別人不同的地方,證明自己才是最適合的人選。切記回答問題時,只須針對問題重點,侃侃而談即可;切勿滔滔不絕、喋喋不休、長篇大論、沒完沒了,反而令考官如遭疲勞轟炸,以為你這個人不切實際,動口不動手。

相反的,回答時羞羞答答的,不懂得把握機會表現自己,無論回答什麼問題,答案只是短短的一兩句,甚至只回答「是」、「有」、「好」、「可以」等,這也是不足取的。所以對於生性害羞

者,更應該痛下苦功,好好練習,以做到談吐自如的地步。

(5) 要有明確的人生規劃

一個人要有明確的事業目標(生涯規劃的目標),才能顯示他的進取、積極、主動、創新的人格特質。因此,應徵者千萬要給考官留下這樣的深刻印象。

外企情願錄用一位各方面雖然表現稍微遜色,但卻具有事業目標以及熱忱的求職者!這種人才會給企業帶來獲益的能力,所以對公司是一項很重要的資產。

Chapter 19

會讓你突然愣住的問題與回應要領

　　前面章節所談的大多是一般面試場合所常遇到的問題，只要抓住回應要領，都不難應付。但是不可諱言的，也有少數考官或公司因為職位的特殊性，需要利用非傳統的面試技巧，才能挑選出適任的人選。這些公司一般以 IT 相關者居多。他們有時候會問一些你意想不到的問題，使你突然愣住，不知所措。如果你在慌張之下，胡亂應答，或者啞口無言，這都不是很好的反應；你可能因而失去了被錄取的機會。本章將告訴你一些應付這些無厘頭的面試問題之策略與原則。

19.1　可能會問的問題

　　2011 年整年在就業與職涯社群網站 Glassdoor.com 上，有網友分享了 8 萬個面試問題，該網站再從中篩選出最古怪的 25 個。它們列於以下問題中的前面 25 個；主要來自蘋果公司（Apple）、谷歌公司（Google）、亞馬遜網路商店（Amazon）以及其他科技公司。

- 「在一個星期五下午兩點半時分，舊金山有多少人正在上臉書？」（Google 準備挑選 Vendor Relations 經理）。
- 「請講個 5 分鐘的輕鬆話題給我聽吧！我不想發問！」（Acosta 準備挑選 Leadership Development Program 的副主持人）。

- 「如果說德國人是世界上最高的人,你會怎麼證明?」 (Hewlett-Packard 準備挑選 Product Marketing 經理)。
- 「給你 20 個在某個高度以上即會爆破的燈泡,現在有一棟 100 層的高樓,你將怎麼測定燈泡會破裂的高度?」 (QUALCOMM 準備挑選工程師)。
- 「你對花園地精石像的看法如何?」(Trader Joe's 準備挑選組員)。
- 「你認為大學的 GPA 點數可以反應你的潛力嗎?」(The Advisory Board 準備挑選 Strategic Marketing 副理)。
- 「你認為莫罕達斯‧甘地可以成為一位很好的軟體工程師嗎?」(Deloitte 準備挑選分析師)。
- 「如果你的工作表現最好,但是所有的同事都不喜歡你;或者你的工作表現雖然排在第 15 位,但是所有的同事都很喜歡你,你要選擇哪一種?」(ADP 準備挑選 Inside Sales 副理)。
- 「你要怎麼解決世界的飢荒問題?」(Amazon 準備挑選軟體開發研究員)。
- 「房間、桌子、及汽車三個當中,你會先清潔哪一個?」 (Pinkberry 準備挑選輪班的工頭)。
- 「幸福愜意的生活會吸引你嗎?」(Ernst & Young 準備挑選稅務分析師)。
- 「請拼寫 "diverticulitis" 這個字。」(EMSI 工程公司準備挑選會計室主任)。
- 「請說出沒有釘書針的釘書機之五種用途。」 (EvaluServe 準備挑選商業分析師)。
- 「在 2008 年,達拉斯的居民一共花了多少錢在汽油費上?」(American Airlines 準備挑選 Revenue Management 的職員)。

- 「你身處一艘小船上，這艘船是在一個裝滿水的大水槽內。你將船錨拋出船外，錨鏈的長度足以讓船錨完全落入水槽底部。這時水槽內的水位是上升還是下降？」（Tesla Motors 準備挑選機械工程師）。

- 「你要如何將一隻大象裝入冰箱內？」（Horizon Group Properties 準備挑選行政助理）。

- 「你有一束花，當中除了 2 朵外，其他都是玫瑰；除了 2 朵外，其他都是雛菊；除了 2 朵外，其他都是鬱金香。那麼你一共有多少朵花？」（Epic Systems Corporation 準備挑選計畫主持人）。

- 「現在有幾架飛機飛越堪薩斯的上空？」（Best Buy 準備挑選 Demand Planning 分析師）。

- 「你有幾種方法可以將山腳下湖泊裡的水弄到山頂上？」（Disney Parks & Resorts 準備挑選計畫工程師 Project Engineering Intern candidate.）。

- 「37 乘上 37 是多少？」（Jane Street Capital 準備挑選外貿助理）。

- 「如果你是一位超級英雄，你會想擁有什麼權力？」（Rain and Hail Insurance 準備挑選 Claim Auditor candidate.）

- 「如果你是微軟 Office 的程式，你會是哪一個？」（Summit Racing Equipment 準備挑選 Ecommerce candidate）

- 「你喜歡喝百事可樂或可口可樂？」（United Health Group 準備挑選計畫副理）

- 「你正呼出熱氣嗎？」（Walker Marketing 準備挑選客戶經理）

- 「你對於國會那些小丑有何看法？」（Consolidated

Electrical 準備挑選管理員）

- 「你要用多少籃球才能填滿這間房間？」（Google 準備挑選人力分析師）
- 「在不使用磅秤的情況下，你如何幫一頭大象秤重？」（IBM）
- 「你是處女嗎？」（Steve Jobs）
- 「這是一份需要逆向思考的工作，也是一份充滿創意和顛覆的工作，所以可不可以請你告訴我，從小到大，你做過「最壞」、「最搗蛋」、「最讓父母頭痛」的事是什麼？」
- 「我覺得你太乖、太聽話了，性格又過於內向，這恐怕與我們的需求不太合適。你知道，我們這一行，平時常會遇到一些很難纏的客戶呢。」
- 「你的學歷對我們來說似乎太高了一些，你為什麼願意屈就這個工作呢？」
- 「你今天來面試，為什麼不穿西裝？你對穿西裝有什麼看法呢？」
- 「你對最近流行的事物，知道多少？」
- 「人孔蓋為什麼是圓的？」
- 「如果你是 Google Adwords 的產品經理，你打算怎麼行銷這項產品？」
- 「如果在高速公路上，於三十分鐘內有一輛車經過的機率是 0.95，請問 10 分鐘內有一輛車經過的機率是多少？」
- 「你擁有一個很多使用者會上傳資料的網站，請問你要怎麼從中賺錢？」
- 「現在是 3:15 分，請問時針跟分針間的角度是多少？」
- 「全世界有多少鋼琴調音師？」

- 「美國每年生產多少台吸塵器？」
- 「請用三個句子解釋『資料庫系統』給你的八歲姪女聽，要使她明白，請開始。」
- 「如果公司把清洗全台北市的窗戶的任務交給你，你要收多少費用？」
- 「怎麼樣才能最有效率的對一百萬個整數做排序？」
- 「以公司策略的角度來看，你覺得 Larry Page 該注意什麼事情？」
- 「你覺得一個專做地區性的零工派遣公司（一到兩人）願意花多少錢在 Adwords 上面？」
- 「請估算一下大中華地區的 Adwords 潛在客戶有多少。」
- 「你有兩個水壺，一個容量 3 公升，另外一個容量 5 公升。使用這兩個水壺，你怎麼量出 4 公升的水？」
- 「Youtube 想引進一個新功能，就是在標題的旁邊能夠放上 5 張從影片中抽出來的圖片，看看這樣會不會有更多的使用者喜歡用。不過問題來了，怎麼選出那五張圖片，你對這個有什麼想法嗎？」
- 「你知道 "dead beef" 的意思嗎？」
- 「如果我要你找出台灣現在正在上網的人數有多少，你會怎麼做？」
- 「你有 8 枚便士，7 枚一樣重、1 枚比較輕，給你 1 個秤，你要如何在 3 次機會中找出那個最輕的？」（Intel 準備挑選系統驗證工程師）
- 「如果把你縮小成 1 枝鉛筆的大小，並且放入攪拌機內，你要如何逃脫？」（高盛準備挑選分析師）
- 「從 1 到 10 分，你對於自己的古怪程度會給幾分？」（第一資本金融公司準備挑選經營分析師）
- 「在 1 到 1000 的範圍內，要你猜中 1 個特定數字，但會

提示你『高一點』或『低一點』，你最少要猜幾次？」
（臉書準備挑選軟體工程師）

- 「如果這場比賽中有 5,623 名參賽者，需要比賽幾場才能決定最後的贏家？」（亞馬遜網路準備挑選商店的店長）

- 「現在有 3 個盒子，1 個只裝蘋果、1 個只裝橘子、另 1 個則是兩者都裝，但盒上的標籤都標錯。你要如何打開 1 個箱子，拿出 1 顆水果，僅看這顆水果，你要如何立即把箱子上的標籤都更正過來？」（Apple 準備挑選軟體品管工程師）

- 「你為什麼認為只有一小部份的人年收入超過 15 萬美元？」（美國紐約人壽保險公司）

- 「一週以來，這座城市一共喝掉了多少瓶啤酒？」（尼爾森公司）

19.2　應答要領

　　從以上的題庫可以看出，這一類型的問題真是五花八門，天馬行空，非常難以預期。不過很明顯的，考官問話的目的主要要測出求職者的臨場反應、專業造詣、解決問題的能力、以及對問題的看法，甚至有無創新的天份。這些問題是為了考驗應徵者的思考過程及邏輯能力，它們通常沒有標準答案。其實答案並不重要，而重點在於應徵者的分析過程。問題雖然很尖銳、具有挑戰性，但是比較能夠分選出適任者與不適任者，或者優秀與平庸的兩大族群；這類型問題也最能測出準備充分，且真心想加入頂尖企業的求職者。

(1) 心理層面

　　在學生時代我們都經歷過臨考時很容易緊張，而考後的成績不甚理想的懊惱情況。一般言，容易緊張的人在考前都會出現徹夜難眠，而考完總是出現手腳冰涼冒汗的情形，此因心理壓力過大，懼怕考試成績不理想而遭到家長的責備，或者拿不到獎學金等等緣故。

　　其實，考試緊張人人有之，它是一種正常現象，幾乎每個人或多或少都會如此。不要以為別人不緊張，其實他可能比你還緊張。這樣一想，你的緊張程度將可消除大半，負面影響也將大為減輕。當然太過於緊張也是不好，這就要注意如何適度的釋放壓力。

　　面試的結果攸關我們生涯規畫的成敗，所以面試時可能會更加緊張，因為我們所要面對的是人生的大關卡之一；對於那些容易緊張的人可能覺得面試一旦失敗，整個人生就會暗然無光一樣。既然緊張是一種自然反應，差別只在程度而已，所以首要的，我們應該接受緊張乃是一種自然不過的現象之事實，然後遵循下列的建議，可以幫助你在面試時保持輕鬆：

　　①提高自信心

　　自信心是致勝的必備心理。在面試前可以做一些事情，以提升自己的自信心。

　　一般言，當我們的壓力特別大的時候，自信心會減弱，所以不要對這次面試過於緊張，該吃飯的時候就吃飯，該打球的時候就打球，該睡覺的時候就睡覺，不要打亂你日常生活的步調及習慣；在戰略上，你壓根兒就要藐視這次的面試。

　　一個人是否有自信，體現在回答問題時的聲音大小。聲音小，表示底氣不足，缺乏自信；聲音宏亮，表示底氣足，具有自信。所以一定要在面試之前，對著鏡子練習大聲說話，保持宏亮的聲音。

　　同時，考前可以作一些適當的減壓動作。不要全心專注於這次

面試，例如你在面試前可以轉移一下目標，包括在準備好了的情況下，可以做一下運動，理個髮之類的。這些都是很好的減壓方式。

②想像成功的狀況

各界的頂尖人物大多運用想像的技巧來克服緊張的問題。

想像是指在進行正式面試之前，先在心裡演練整個面試的流程。想像你在進入面試房間時，心裡冷靜沉著、輕鬆自如；想像你自信且鎮定的回答問題；跟面試官建立和諧的關係，甚至運用幽默的口吻，採取反問的技巧，給自己留下一點有限的思考時間；最後心情愉快的離開房間。

考前要維持面試的最佳狀況，要想知識，不要想結果，這樣將有助於你在面試當天可以保持沉著應戰的心態。

③演練如何回應

面試緊張通常源自於對未知狀況的恐懼，或者擔心啞口無言或講錯話時的尷尬。演練回答這一類無厘頭的面試問題（見 15.1 節），不但能讓你在面試當天感覺得更自在，同時也讓你更肯定自己能夠作適宜且充分的回應。

花時間作充分的準備有助於保持輕鬆的心情。所以考前一定要模擬一些無厘頭的考題，並且思考一些適宜的答案。一般言，這些答案最好要導向與你應徵的專業，或者職務有關。

④正面思考

改變你對面試的看法，將可大大減低你所受的壓力。不要想像自己是在受審或受考。嘗試將面試過程視為你跟專家在討論專業上的課題，你要將新的發現、新的知識、新的方法、或新的技術分享給求職單位；你與面試官的關係不過是平起平坐，互相論證而已。

(2) 專業層面

許多無厘頭的問題都離不開專業的範疇，它們與專業的關係都是緊密相關。因此，你在專業方面的知識是應付這類無厘頭問題

最重要的基礎。而這類無厘頭問題又與你要應徵的職務有絕對的關係。所以你在模擬考題時絕不要忽略這一類無厘頭的考題。只要你有充分的準備，是不難應付的。

　　根據無厘頭問題不離其宗的前提，你要向面試官說明你曾達成了哪些與考題有關的成就，專注於你具有哪些可以引入新職務的優點。避免期待自己能夠提供完美無瑕的答案，或思考那些你無法控制的事情。將精力集中於你可盡力達成的工作即可。

　　對於突如其來的問題，你可能感到緊張，可能會急於想作回應，甚或忘記考官所提問的內容。這時你可以利用反面試技巧，把問題重述一遍，並且請問面試官你所複述的問題重點是否正確；另外，這時候你要一心兩用，一面利用這個非常有限的時間，思考與考題相關的因子，理出頭緒，作深呼吸，然後專注的、慢慢而清楚的回答問題。如果你忘記問題的內容，需避免回答你不能肯定的答案。你應保持冷靜，並詢問面試官，您的回答是否涵蓋了各項重點。

　　如果你想讓別人相信你的觀點是代表了大多數人的觀點，那就重複你的觀點。有一項令人稱奇的心理學研究結果證明：在一個團體中，一個人把一個觀點重複三次，與三個不同的人表達一個相同的觀點，前者所達到的效果是後者的百分之九十。

(3) 邏輯層面

　　邏輯層面可以分成垂直思維及水平思維兩方面來說明。

　　垂直思維就是大家慣用的邏輯思維，或稱為收斂性思維。其思考的方法往往是從問題的本身出發，依循邏輯路線探索答案，如果此路不通，就換另外一條思路。不論用了幾條思路，也不管每一條思路的複雜性，這些思路是針對著那個清楚又確定的答案集中收斂。

　　垂直思維講求按部就班、循序漸進，因此不僅要求每一步驟及

每一階段都必須是絕對；而且要求推論過程中的每一事物都須接受
嚴格的定義及推論的正確無誤。藉由垂直思考所獲得的真理較具系
統性、正確性及普遍性，故較適合學術研究，因此一般的學校教育
比較重視及鼓勵這一類思考。

　　基於邏輯思考在本質上的要求，即對腦中的思緒做了嚴密的控
制，對每一件事都先加以邏輯分析，再予綜合。因此，頭腦永遠被
強制的希求事事物物都要簡單、明白、有條不紊；如此的思維方法
將難以接受事情的變化。同時由於一旦找出一條通往正確結論的途
徑，便不再費神去尋找其他更快的方式。結果就很難形成新概念或
提出有創見的看法；這種思維方式常使我們在認識不清的時候便很
容易的排斥一個新概念，甚至還可能使我們完全忽略一個極為有用
的概念。

　　為了彌補垂直思考的缺陷，於是就有水平思考的思維方式。水
平思考的方式不再遵循垂直思考慣常所用的按部就班之步驟。它的
思維方式是先選好一個新穎而大膽的觀點來考量問題。然後，再回
過頭去，試著發掘這個新觀點與問題起點之間是否位於合理的途徑
上，可以彼此相通。因為它的求解思路是從各個問題的本身向四周
出發，各指向不同的答案，故又稱為「發散性思考法」。

　　水平思考的原則係由不同的觀點來解決問題；面對問題時，
預先構思它有幾種解法；刻意把某些正常的關係故意顛倒過來；試
著把抽象的形勢轉化為具體的譬喻；或者刻意的轉移問題的重點等
等。

　　水平思考不急於去解釋、去分類、去組織什麼，我們的意識才
能自由開放，從容不迫的去接納一切的可能性。也就是在這種情形
下，才能產生新概念。我們有很多新發明的產生均是突破垂直思維
的窠臼，而運用水平思考的方式創造出來的。

　　不過，基本上水平思考是邏輯思考的一種，它類似於歸納式的
邏輯思維。水平思考和頓悟能力、創造力、以及幽默之間的關係十

分密切：這四種歷程都具有相同的基礎，但是後三種能力都只是可遇而不可求，而水平思考卻是在我們的能力可以掌握的範圍內。

(4) 另類思維

　　傳統的教育偏重於垂直的思考方式，講求標準答案，喜歡循規蹈矩的學生，所以才會培養出大批缺乏創意的人力出來。但是現在的企業卻希望招募到具有創意的生力軍；可見，教育與企業是存在一些脫節的現象。其實，創意不是與生俱來的，創意力是可以訓練的。

　　時下很多青少年很喜愛腦筋急轉彎的遊戲。腦筋急轉彎就是一種創意的訓練，它不僅可以培養一個人的機智感和幽默感，還可以在日常生活中培養一個人的思維能力。要應付本章所謂的突然愣住的面試問題，其實就是類似腦筋急轉彎的遊戲。

　　應付這種無厘頭的問題，必須掌握以下幾種原則：

　　①跳出傳統思維

　　腦筋要跳出尋常思路的限制，尋找不同於平常的答案。例如當你被問到：

　　● 台灣的健保制度連外國人都稱羨，到底誰天天去看病？

　　對於這個問題，如果你的答覆是老病號，雖然沒有錯，但是卻不是考官所要的答案。你要思考的是看病這種動作或過程中有哪些人參與（因為考官問的是誰，誰就是關鍵字，所以是跟人有關），只有三種可能性，即病人、醫師、及護士，而醫師才是看病的主角。

　　另外一個問題是：

　　● 你能用一枝紅筆，寫出一個既是紅字，又是藍字的字

嗎？

乍聽之下，這個問題好像非常不合邏輯，既是紅筆，怎麼可能寫出藍字呢？這就是我們所受的教育，要我們採用收斂式邏輯思考的關係。遇到這一類問題，你要思考或想像的是用紅筆寫字的過程與結果：即字的型式與字的顏色是兩回事；所以答案是用一枝紅筆寫一個「藍」字，這個字從顏色上看雖然是紅色，但是從字的本身來看卻是個「藍」字。

②同類相比

回答時，有時需要透過一種已知事物的特點來探求另一種具有相同特點的事物。例如：

● 爸爸問兒子，什麼東西渾身都是漂亮的羽毛，每天早晨會叫你起床？兒子猜對了，但答案不是公雞，那是什麼？

問題的關鍵在於「漂亮的羽毛」，既然不是公雞的漂亮羽毛，還有什麼具有漂亮的羽毛？答案是雞毛撢子，即爸爸每天早晨用雞毛撢子把兒子「打」起來。雞毛撢子與公雞的共同特點就是具有「漂亮的羽毛」；每天早晨都能「叫」兒子起床。

③思維外延

即思考問題時，思維必須指向某一個問題的全部外延。例如：

● 老張從直升飛機裡掉了下來，不但沒有摔死，而且沒有受到一點傷，為什麼？

這個問題的關鍵字在「掉」這個字，既沒有摔死，連傷都沒有，顯然是高度不大。所以不能僅僅考慮飛機在空中的飛行狀態，

還應考慮到它停在地面的靜止狀態。

又：

● 想一想，一年當中，哪個月有 28 天？

不要被 28 天所惑，不能因為出現 28 天就直覺的想到 2 月，命題有時候會插入一些沒有關聯的無用資訊。因此答案應該是每個月都有 28 天。

④深入思考

回答問題時當然必須深入思考，不可淺嘗即止。如果不假思索、隨口而出，常會出錯。例如：

● 船邊掛著繩梯，離海面有 2 公尺，因為漲潮的關係，海面每小時上升 0.5 公尺，那麼幾小時後海水會淹到繩梯？

乍聽起來，這個問題不過是個簡單的算術問題，只要將 2 除以 0.5 即得。但是你一定要隨著海水面的上升過程思考，水漲船高，所以海水是不會淹到繩梯的。

又：

● 樹上有 10 隻麻雀，用獵槍打落了一隻，樹上還剩下幾隻？

這也是一個乍聽起來就像算術問題一樣。其實，你要想像槍彈打出去之後，麻雀的行為如何？因此，答案應該是獵槍一響，樹上的麻雀受到驚嚇之後就全部飛走了，一隻也不剩。

⑤多元答案

尋求多元的答案必須從問題的關鍵點出發，然後以此為輻射點，儘可能的列出符合該條件的答案。例如：

● 打破了什麼東西，不但不會被人責，反而會使很多人感到高興？

顯然這個問話的關鍵點在於「東西」，而這個東西不一定要實體，也可以是抽象的，包括傳統、制度、主義、教條，還可以是規則、規範、合約、紅線等等；也可以是數字的，如體重、身高、限重、限量、競技的記錄等。因此本題的答案可以是壞的制度、壞的法規、全國記錄、亞洲記錄、世界記錄、金氏記錄等等。

⑥關鍵條件

考官對於考題的命題可能會故意出一些與主題無關的條件，俾來擾亂你的思緒；你可要排除無關的干擾條件，選擇有用的關鍵條件，抓對關鍵字，直搗問題的核心。例如：

● 你擁有一艘船，而船上一共有 3 個領航員，6 名水手，20 位乘客，及 30 噸貨物。你能馬上說出船主的年齡嗎？

這個問題的關鍵字在於「船主」。雖然命題中列出了很多資料，其實它們都屬於無關條件。因為第一句話就已經告訴你「你擁有一艘船」，所以你自己就是船主了。

⑦語音的關聯性

有些無厘頭的問題只是在語音上帶有關聯性而已，並無實質上的關係，所以問題與答案都會帶有幽默的色彩，並不是要你實答。因此，對於這一類問題的回答，需要跳出問題的本身，巧妙地借某

種聯繫來作答。例如：

● 家有家規，校有校規，那麼動物園裏有什麼？

這個問題的關鍵字在於那個「規」字，因為它被提了兩次，所以答案應該要跟這個「規」字有一點關係，這個關係不一定是文字上的，讀音也可以，所以烏龜應該是最適宜的答案了。

又：

● 讀完台灣大學需要多少時間？

這個問題調皮的地方當然不在於唸完課程、修足學分、完成學業的慣常邏輯思考。你一定要跳脫老套，避實就虛，幽默的答出讀完「台灣大學」四個字所需的時間，兩秒足矣。有很多問題需要特別注意其動詞，譬如本題的「讀」字。

再如：

● 為什麼現代人越來越言而無信？

這一題的關鍵詞在於「言而無信」，尤其是「言」與「信」兩個字；也就是現代人多講話、少寫信。這是因為通訊科技發達，所以打電話，或者利用電腦的視訊比寫信快得多了。

又如：

● 世界上什麼海不產魚？

本題的關鍵字在於「海」，所以非海的海都是適宜的答案，如「辭海」、「雲海」、「花海」、「人海」等均可。

復如：

● 怎樣把今天變成冷天？

這是文字上的關聯性，也就是把「今」字變成「冷」字。所以這一題很簡單，只要在「今」字的左邊加兩撇即可。

⑧相對性

愛因斯坦提出相對論，其實日常生活中，也有很多事物必須經過比對之後，才知其好壞、優劣、緩急、輕重等。例如：

● 有一根棍子，要使它變短，但不許鋸斷、折斷或削短，
　該怎麼辦？

這一題的關鍵是有一根棍子，不要變動它，但要使它看起來「變短」，唯一的方法就是拿一根更長的棍子來跟它相比。這就是「有比較才有鑒別」的道理，使我們懂得評估或判斷的相對性。

⑨永續發展

我們常聽到「地球只有一個」的警語，呼籲地球人不要破壞地球，讓地球能夠永續發展。最近大家常說的「節能減碳」就是讓地球永續發展下去的途徑之一。我們的地球是動態的，科學家證實它還在慢慢的演化（Evolution）當中；同樣的，人類的文明也是在慢慢的演進當中。因此，面試時有時候也會出現一些與「演進」或「發展」有關的問題。例如：

● 有一隻羊，一年能吃掉草地上一半的草，那麼牠把草全
　部吃光需要多少年？

這也是一個暗藏陷阱的問題，依照問題的表面來看，好像兩年

就可以把草吃光了。但是深入一想,草是可以再生的,因此這一題的答案應該是這隻羊永遠不會把草吃完,因為草會不斷的生長。

19.3　結語

天生我才必有用,所以無需為了一個面試而廢寢難安。如果你被問到一個無厘頭的問題,即使一時愣住了,也不必慌張。你大可採取兩種策略中的一種,從容的應付。

第一種是積極性的,就是與考官周旋到底,你可以採取反面試技巧,一個步驟一個步驟,主動的向考官發問,一問一答,好像猜啞謎一樣;或者你也可以用自問自答的方式,秀給考官看你的思考方式及過程;其實答案並不重要。這種策略可以顯示你的邏輯及分析能力。

第二種策略比較消極,就是棄甲曳兵,表達投降之意,但要說出你的強項,以及你在其他方面的貢獻(屬於非創意的、不必快速反應的);這種策略可以顯示你的腳踏實地以及穩定可靠的人格特質。對於這兩種策略你可視職務的特性與需求去作抉擇,不必一成不變。

即使你碰巧知道了答案,建議你不宜立刻將答案說出來。最好你把解答的過程一一表達出來,讓考官了解你的邏輯思考能力。這個步驟才是考官感興趣的地方。

最後講一個網路上所流傳的笑話,以證明面試其實只是一種對談及藝術,你只要對了考官的胃口,問題不會答或答錯了又何妨!

話說某公司有一位男經理想要徵求一位女秘書,結果來了五位女生應徵。由經理本人及人事室主任共同給她們口試。

為了測驗她們的性格,經理只出了一道很簡單的題目:〔1+1=?〕

第一位女生非常快速的回答:「2」;經理評論說:「做事非常

果斷，但是缺乏思考」。

第二位女生想了一下說道：「應該是 2 吧！」；經理評論說：「事前會思考，但是作決策時將會優柔寡斷」。

第三位女生想了一下，然後在紙上寫了一個「王」字；經理評論說：「很有創意，但是缺乏務實性」。

第四位女生回答說：「數字為 2，國字為王」；經理評論說：「考慮周詳，但是模糊了真正答案的焦點」。

到了第五位女生，她說：「數字為 2，國字為王，但是真正的答案只有經理知道；如果經理希望是 2 那就是 2，希望是王那當然就是王囉」；經理評論說：「各方面都不錯，可是有點拍馬屁的嫌疑」。

這時候人事室主任請這五位小姐先回去，等候明天打電話通知結果。

然後主任很為難的問經理：「妳想挑選哪一位？好像她們都答得不錯吧！」

經理說：「就挑第二個，穿著迷你裙、身材很不錯的那一位吧！面試嘛！看順眼就好了！」

這個笑話證明了一點：你最好要擁有至少一項的人格特質、做事特長、甚至特技，完成過傲人的作品，或者思考慎密、談吐不俗或出口幽默，有別於他人，只要能夠打動考官的心，給他留下深刻的印象，則你脫穎而出的機會就會大增。

結　語

　　每一年的六、七月間，全台灣共有超過一百一十萬的大專畢業生，超過十萬名剛取得碩士學位，以及超過一萬八千名剛獲得博士學位的職場新鮮人踏出校門，湧進就業市場，內心惶恐不可終日，感到前途茫然不知所措；或者也有不計其數的老鳥想換個更有發展、更有興趣、更能適應或待遇更好的工作；尤其現在一個人的職場生涯中一生平均要更換兩個至三個公司。這麼多的鯉魚如何躍入這麼窄的龍門？絕對不是簡單或隨便地投一張亮麗的履歷表，就會得到人家的青睞；也不是靠關係就會有工作，因為別人的關係可能比你的還硬。

　　求職本身就是一種藝術；求職要成功必須講究一些策略與技巧；而決勝點就在面試。我們認為面試絕對不是見個面試一試的就可以了，有準備與沒有準備的效果真有天壤之別。本書雖然以企業界的求才與面試為主要題材，但是因為我們在產、官、學、研各界都有相當的經驗，我們深信這本書所推薦的策略與技巧對於上述各界的徵才、甄試、考試、升遷等各種場合的面試都一體適用，原理都是一樣的。

　　本書教你如何在面試時，從眾多的應徵者中脫穎而出。如果你在讀過本書之後，能夠再加以靈活運用，我們相信你將會成為職場的寵兒。

　　不管你要求職、求學、考研究所、參加甄試，或者甚至轉換跑道，或單位內部的升遷等，你都要經過面試這一個關卡，而這一關正是你決定勝負的主戰場。可能有很多人筆試跟你一樣好，或者比

你更好，但是如果你的面試非常成功，你在考官的心目中留下極好的印象，最後奪魁的就是你！

20.1 不可談論的話題

面試時有些話題非常敏感，或者與考官的立場或喜好不一樣，應該避免談論。舉例如下：

- 以前公司的商業機密或專利權不應洩漏；如果洩漏了，會讓考官認為你這個人不可靠、不值得信任。
- 數說以前的長官或同事的不是，未來你也會批評求才公司的長官或同事。
- 性別或種族歧視，這不但與目前的社會認知相違背，而且也是為法所不容。
- 政治話題，尤其是黨籍歸屬。
- 宗教話題。
- 私人話題，如離婚。
- 自己喜愛的歌星、演員、運動員等，你喜歡的可能正好是考官最討厭的。
- 與生涯毫無關聯的個人憎惡，如不喜歡胖子，也許董事長就是一個胖子。
- 憎惡某些學科，如數學、英文等，說不定求才單位正需要一位擅長數學或英文的人才。
- 對你準備要搬離的辦公地點或住地的氣候、交通、公共設施，或任何風土人物批評得體無完膚，也許那正是考官的家鄉或其親人住的地方。
- 抱怨面試時間讓你等太久、接待人員不夠周到、等候的房間太熱，或者公司的某些缺失等；你應該在考官面前

表示你的積極面，而不是一味的抱怨。

- 提議為考官取得某物或某種特殊商品，好像在賄賂考官一樣，即使他想錄用你，但為了避嫌，只好割愛了；不過，重點還是在私人品德方面。
- 老是提大人物的名號，自抬身價；或像是向考官施壓一樣，炫耀你有很強的背景。
- 炫耀自己或自己的子女到自吹自擂的地步。
- 透露自己力有未逮之處，例如，週六要進修上課或每天下午五點需要接小孩下課而無法加班等，你不必自暴己短；但如果常常加班是接受這個職位的必要條件，那麼你就得實話實說，也許可以商量看看，有沒有兩全其美的辦法。
- 讚美考官到了拍馬屁的程度；即使你仰望他，也只能說「仰慕先生已久，與您面談是我最大的榮幸，謝謝您」。

20.2　不被錄用的人

請特別記住，招募公司絕不會錄用以下的幾種人：

- 過分奉承、逢迎、拍馬的人。
- 批評或惡言中傷過去的長官、公司的人。
- 過分謙卑的人。
- 過分自信、吹噓、炫耀的人。
- 口若懸河、滔滔不絕、不知聆聽別人說話的人。
- 過分想博取對方好感、過於凸顯自己的人。
- 到處遊蕩、喜串門子、搬弄是非的人。

- 遲到早退、拖延交報告的人。
- 強詞奪理、爭功諉過的人。
- 只揀輕鬆的工作做、喜占別人便宜的人。
- 無事生非、製造麻煩的人。
- 不能合群、只能單獨工作的人。
- 墨守成規、一成不變、不會創新改進的人。
- 怨天尤人、處世悲觀的人。
- 只顧自己的工作、行有餘力不知協助他人、常說「這不是我的工作」的人。
- EQ 低、容易被激怒、感情用事的人。

20.3 重要的個人特質

招募公司所要求的個人特質，特別注重下列幾點：

- 協調性：包括合群、溝通協調、團隊精神方面的特質。
- 積極性、主動性、創新性、獨立性。
- 分析力、判斷力及理性客觀。
- 實踐力、堅毅力。
- 守時、守信。
- 體力。

求職者應針對上述要求，找出自己符合這些特質的實例，每一項至少兩則以上，以便在面試時特別予以凸顯出來，以加深考官對你的印象。回答問題時，要嚴守下列原則：

- 凸顯你的優良特質及專業技能。

- 充分展示你勤奮工作、合群協調及追求團體目標。
- 將你的長處轉換成工作業績及效益，且儘可能予以量化。
- 強調你的創新能力及追求卓越。
- 強調你對公司的忠誠度及貢獻度。
- 一定要針對公司招募人才的真正需求而投其所好。

20.4　最後的叮嚀

　　面試的應答不要背誦標準答案，因為富於經驗的考官一定可以分辨出哪些是抄來的答案，所以要知所變通，而將本書教你的原則及策略加以融會貫通，然後用自己的話把它說出來。誠實是第一要則；你可以隱惡揚善，但不能說謊，更不能把別人的貢獻當成自己的；也不能自吹自擂。當被問及一些不知如何回答的問題時，最好是誠實以對，婉言表示自己的不足，這樣考官將不會為難你。有時考官會故意提出一些難題來測試應徵者的反應，當你遇到這種情況時，就要表現得從容不迫、心緒鎮定、不卑不亢，因為考官要的不是你的答案，而是你的反應。

　　除了極少數的例外之外，每一個人的一生當中都會經歷過至少一次的面試機會。要知，面試絕對是有訣竅；面試已經成為一門學問。相信不久的將來，坊間就會出現面試補習班。很多朋友及學生在面試之前，只要經過我們稍微面授機宜之後，都說我們所言不虛。

　　我們竭誠地祝福你，在職場中一帆風順、一躍入龍門！

五南文化廣場

橫跨各領域的專業性、學術性書籍
在這裡必能滿足您的絕佳選擇！

五南全國展售門市

【逢甲店】
【台大店】
【嶺東書坊】
【海洋書坊】
【環球書坊】
【台中總店】
【高雄店】
【屏東店】

海洋書坊：202 基 隆 市 北 寧 路 2號 TEL：02-24636590　FAX：02-24636591
台 大 店：100 台北市羅斯福路四段160號 TEL：02-23683380　FAX：02-23683381
逢 甲 店：407 台中市河南路二段240號 TEL：04-27055800　FAX：04-27055801
台中總店：400 台 中 市 中 山 路 6號 TEL：04-22260330　FAX：04-22258234
嶺東書坊：408 台中市南屯區嶺東路1號 TEL：04-23853672　FAX：04-23853719
環球書坊：640 雲林縣斗六市嘉東里鎮南路1221號 TEL：05-5348939　FAX：05-5348940
高 雄 店：800 高 雄 市 中 山 一 路 290號 TEL：07-2351960　FAX：07-2351963
屏 東 店：900 屏 東 市 中 山 路 46-2號 TEL：08-7324020　FAX：08-7327357
中信圖書團購部：400 台 中 市 中 山 路 6號 TEL：04-22260339　FAX：04-22258234
政府出版品總經銷：400 台中市軍福七路600號 TEL：04-24378010　FAX：04-24377010
網 路 書 店　http://www.wunanbooks.com.tw

專業法商理工圖書・各類圖書・考試用書・雜誌・文具・禮品・大陸簡體書
政府出版品總經銷・中信圖書館採購編目・教科書代辦業務

五南圖解財經商管系列

※ 最有系統的圖解財經工具書。

※ 一單元一概念，精簡扼要傳授財經必備知識。

※ 超越傳統書籍，結合實務精華理論，提升就業競爭力，與時俱進。

※ 內容完整，架構清晰，圖文並茂·容易理解·快速吸收。

圖解行銷學
/ 戴國良

圖解管理學
/ 戴國良

圖解作業研究
/ 趙元和、趙英宏、
趙敏希

圖解國貿實務
/ 李淑茹

圖解策略管理
/ 戴國良

圖解人力資源管理
/ 戴國良

圖解財務管理
/ 戴國良

圖解領導學
/ 戴國良

圖解會計學
/ 趙敏希
馬嘉應教授審定

圖解經濟學
/ 伍忠賢

國家圖書館出版品預行編目資料

面試學／潘國樑，邱宇溶著. --二版--. --

臺北市：書泉，2013.02

面；　公分

ISBN 978-986-121-798-7（平裝）

1.就業　2.面試

542.77　　　　　　　　101021659

3M51

面試學

作　　　者	潘國樑　邱宇溶
發 行 人	楊榮川
總 編 輯	王翠華
主　　編	侯家嵐
責任編輯	劉祐融
文字編輯	陳欣欣
封面設計	侯家嵐　盧盈良
出 版 者	書泉出版社

地　　　址：106台北市大安區和平東路二段339號4樓

電　　　話：(02)2705-5066　　傳　真：(02)2706-6100

網　　　址：http://www.wunan.com.tw

電子郵件：shuchuan@shuchuan.com.tw

劃撥帳號：01303853

戶　　　名：書泉出版社

總 經 銷：朝日文化

進退貨地址：新北市中和區橋安街15巷1號7樓

TEL：(02)2249-7714　　FAX：(02)2249-8715

法律顧問　林勝安律師事務所　林勝安律師

出版日期　2008年 5 月初版一刷
　　　　　2009年12月初版二刷
　　　　　2010年10月初版三刷
　　　　　2013年 2 月二版一刷
　　　　　2014年 6 月二版二刷
　　　　　2017年 3 月二版三刷

定　　　價　新臺幣280元